Annelies Ismail
und Mona Gabriel
# Mein Mann ist Ägypter

W0175160

Annelies Ismail
und Mona Gabriel

# Mein Mann ist Ägypter

## 15 Frauen erzählen aus ihrem Leben

**Bibliografische Information der Deutschen Nationalbibliothek**
Die Deutsche Nationalbibliothek verzeichnet diese Publikation in
der Deutschen Nationalbibliografie; detaillierte bibliografische
Daten sind im Internet über http://dnb.d-nb.de abrufbar.

1. Auflage 2008
© Glaré Verlag
Postfach 500 717, 60395 Frankfurt/Main
www.glareverlag.de
Alle Rechte vorbehalten
Umschlaggestaltung: Glaré Design
ISBN-13: 978-3-930761-62-3
ISBN-10: 3-930761-62-9

# Vorwort

Die Idee zu diesem Buch kam mir, als ich 2006 in Alexandria einige deutsche Frauen, Schweizerinnen, Österreicherinnen und andere Frauen verschiedener Nationalitäten kennen lernte. Sie sind alle mit ägyptischen Männern verheiratet, und manche von ihnen leben seit vielen Jahren in Ägypten. Sie erzählten mir ihre ganz persönlichen Geschichten. Alle diese Geschichten sind wahr, lediglich die Namen habe ich auf Wunsch geändert. Bei vielen ist es eine Geschichte von der großen Liebe, manchmal sogar einer „Liebe auf den ersten Blick".

Ich selbst bin seit 1965 mit einem Ägypter verheiratet. Die meiste Zeit haben wir zusammen in Deutschland gelebt, einige Jahre in den USA und in Frankreich. Unser Leben war interessant und vielseitig, manchmal auch schwierig. Aber als all diese Frauen mir ihre Geschichten erzählten, verschlug es mir mehr als einmal die Sprache. Viele dieser Emigrantinnen haben in Ägypten unter teilweise schweren Bedingungen ihre Kinder aufgezogen. Sie haben in einer fremden Umgebung mit einer sehr schwierigen Sprache gelebt. Sie leben in einer kulturell und religiös „gemischten" Ehe, meistens Moslem und Christin. Sie haben vorgelebt, dass man mit Liebe und Toleranz vieles überwinden kann. Natürlich gibt es Fälle, in denen die Familie auseinander ging. Aber ich denke, dass alle Frauen, die ein solches Risiko auf sich nehmen, besondere Fähigkeiten und die Bereitschaft mitbringen, Schwierigkeiten zu meistern und nicht beim kleinsten Problem alles hinzuwerfen. Alle Frauen, die ich interviewt habe, sind der Meinung, dass diese besondere Situation ihr Leben bereichert hat. Nur ganz wenige sagten mir, sie hätten ihre Entscheidung bereut.

Allen diesen Frauen ist dieses Buch gewidmet.

Mein besonderer Dank gilt meinem Mann Moniem Ismail. Er hat mir von Anfang an zu diesem Projekt Mut gemacht. Durch seine konstruktive Kritik wurden die Geschichten schlüssig und verständlich. Meine Tochter Mona Gabriel hat die von mir gesammelten Geschichten in eine zeitgemäße, lesbare Form gebracht.

**Annelies Ismail**                    **Alexandria, Dezember 2007**

# Betty I.
# Manchmal führt der Weg nach Ägypten über England…

*Zum ersten Mal begegnete ich Betty an einem Nachmittag mit anderen deutschen Frauen in Agamy. Aus Neugier fragte ich sie ein bisschen über ihr Leben aus. Spontan erzählte sie mir ihre Liebesgeschichte und sofort war ich fasziniert von ihren Erfahrungen in Ägypten und mit den Ägyptern. Vieles hat mich überrascht, obwohl ich selbst seit mehr als 40 Jahren mit einem Ägypter verheiratet bin. Ihre Geschichte ging mir nicht mehr aus dem Kopf und so fragte ich sie, ob ich das aufschreiben dürfte. Sie war schnell einverstanden und nach vielen weiteren Gesprächen und interessanten Geschichten entstand daraus irgendwann die Idee zu diesem Buch.*

*Betty ist ziemlich groß und hält sich sehr aufrecht. Nach zwei Knieoperationen geht sie etwas vorsichtig. Mit 79 Jahren ist sie die Älteste der Frauen, die mir ihre Geschichte erzählt haben. Trotzdem wirkt sie noch sehr rüstig. Beim Erzählen stockt sie manchmal und ich muss oft nachfragen.*

*Hier ist ihre Geschichte, wie wir sie zusammen rekonstruiert haben:*

Eigentlich war mein Weg nach Ägypten wohl vom Schicksal vorherbestimmt. Ich war gerade mal 12 Jahre alt, als ich mit einer Freundin zu einer Wahrsagerin ging. Nach einigen „Hms" und „Ahs" behauptete diese weise Frau schon damals: „Sie werden unter Palmen leben!" Das habe ich natürlich nicht ernst genommen und sofort wieder vergessen. Und jetzt ist es am Ende trotzdem so gekommen!

Ich bin 1928 in Hamburg geboren. Mein Vater ist früh gestorben, da war ich noch ein kleines Mädchen. Als 1943 der große Bombenangriff die Stadt in Schutt und Asche legte, lag meine Mutter mit Leukämie im Krankenhaus.

Sie musste schnellstens verlegt werden. Bei diesem Krankentransport zog sie sich eine Lungenentzündung zu, an der sie kurz darauf starb. Mit nur fünfzehn Jahren war ich bereits Vollwaise, und das mitten im Krieg. Zwar hatte ich noch eine Tante, doch auch für sie war es im Krieg sehr schwer. Ihr Mann war bereits gefallen und ihre beiden Söhne ebenfalls, sodass sie selbst kaum wusste, wie sie zurechtkommen sollte. Auf ihre Unterstützung konnte ich also nicht zählen.

Dennoch gelang es mir irgendwie, meine Ausbildung zur Kindergärtnerin zu beenden. Anschließend ging ich zum Praktikum in die Nähe von Jesteburg in der Lüneburger Heide.

Eines Tages fuhr ich nach Hamburg und musste feststellen, dass mein Bruder in der Zwischenzeit unsere Wohnung aufgegeben hatte. Er sei fortgezogen, teilten mir die Nachbarn lapidar mit. Da stand ich nun vor verschlossener Tür und wusste nicht, wohin. Zwar habe ich ihn später noch getroffen, aber eigentlich war unser Kontakt damit beendet. Nun war ich also ganz auf mich allein gestellt und hatte auch in Hamburg keine Bleibe mehr.

Zum Glück wurde ich schnell in Jesteburg heimisch. Ich lernte Lili kennen, sie wurde meine beste Freundin. Eigentlich hieß Lili Elisabeth, wie ich. Aber sie wurde nur Lili genannt, ich dagegen Betty. So gab es keine Verwechslungen. Lili lebte bei ihrer Tante Else, die auch mich bei sich aufnahm und schnell in ihr Herz schloss. Bald gehörte ich zur Familie und Tante Else wurde für mich zu einer Ersatzmutter. Unsere Freundschaft blieb eng, bis sie mit 92 Jahren starb.

1947 – da war ich gerade mal 19 Jahre alt – eröffneten Lili und ich gemeinsam einen Kindergarten in Jesteburg. Vom Staat gab es damals noch keinerlei Zuschüsse, das heißt, wir mussten unsere Einrichtung komplett kostendeckend betreiben. Für jedes Kind bezahlten uns die Eltern zehn Reichsmark. Im Rückblick war das eine sehr schöne Zeit dort im Dorf. Einfach jeder kannte und schätzte Tante Lili und Tante Betty. Natürlich gab es wenig zu essen, aber die Bauern hatten schon genug und keiner musste hungern.

Dann kam 1948 die Währungsreform und auf einmal wurde alles anders. Von heute auf morgen hatten die Leute kein Geld mehr und keiner konnte sich den Kindergarten mehr leisten. Bald hatten wir kaum noch Kinder zu betreuen, und dann mussten wir ganz schließen.

Was nun? Arbeit gab es für uns in Deutschland nicht und von irgendwas mussten wir ja leben. In England gab es Arbeit, Kindermädchen und Pflegerinnen für Irrenanstalten waren gefragte Arbeitskräfte. Lili ließ sich auf einer der Listen eintragen und fand kurz darauf eine Stelle in England. Als Kindermädchen half sie auf einer Farm aus. Natürlich blieben wir in Kontakt und bald schrieb sie mir, ich solle nachkommen. Sie hätte sogar eine Arbeitsstelle für mich gefunden.

So machte ich mich 1949 auf den Weg. Mit dem Schiff fuhr ich von Hamburg nach Hull. An vieles erinnere ich mich nicht mehr genau, außer an die Überfahrt, die war schrecklich. Fast alle wurden seekrank, ich natürlich auch, es war ja meine erste Seefahrt. Obendrein war ich ganz allein. Als ich in England ankam, fühlte ich mich hundeelend. Dort sollte es mit dem Zug über Darlington nach Newcastle weitergehen. Ich war noch nie aus Deutschland herausgekommen und Englisch konnte ich nur aus der Schule, abgesehen von ein paar Privatstunden in letzter Minute vor der Abreise. Als ich endlich im richtigen Zug saß, kam ich mir ziemlich verloren vor. Verständigen konnte ich mich kaum. Also beobachtete ich meine Mitreisenden. Zwei Frauen strickten aus dicker Wolle Schals oder Pullover. Aber wie sie das machten, ganz anders als bei uns. Es sah verwirrend aus, so etwas hatte ich noch nie gesehen, dass man auch so stricken konnte. Mir sank der Mut, langsam war ich richtig verzweifelt: ganz allein, ohne ausreichende Sprachkenntnisse und jetzt stricken die sogar anders… Auf einmal fühlte ich mich sehr unerfahren, alles war neu und fremd für mich.

Als der Zug in Newcastle ankam, wartete schon die nächste unangenehme Überraschung auf mich. Lili hatte mir versprochen mich abzuholen, aber sie war nicht da. Nachdem ich mich eine Weile suchend umgeschaut hatte, sprach mich ein Inder auf Englisch an. Immerhin verstand ich soviel, dass er mein neuer Dienstherr war. Er verfrachtete mich samt Gepäck in sein Auto und redete dabei ununterbrochen. Ich verstand kein Wort. Irgendwann machte er dann doch eine Pause und ich fragte ihn: „Where is Elisabeth?" Erst da bemerkte er, dass ich ihn überhaupt nicht verstanden hatte. Er hatte mir nämlich gerade in aller Ausführlichkeit erklärt, warum Lili nicht kommen konnte. Darüber mussten wir beide herzhaft lachen. Als wir bei ihm zu Hause ankamen, stellte er mir seine Frau und die beiden Kinder vor. Seine Frau war Engländerin, aber sie verstand ich auch nicht besser als ihn.

Ich war fünf Tage unterwegs gewesen und hatte kaum etwas gegessen. Endlich gab es Abendessen. Es war eine Art kalter Salat: Rote Beete, Tomate, Gurke, auch etwas kaltes Fleisch, alles mit Mayonnaise. Ich fand dies sehr seltsam und geschmeckt hat es mir überhaupt nicht. Nach der langen Reise war ich richtig ausgehungert und hätte mir eine heiße Suppe gewünscht. Damit war es aber leider nichts.

Man zeigte mir mein Zimmer und bald ging ich schlafen. Am nächsten Morgen zeigte mir mein Hausherr, wie man Feuer im Kamin macht. Von da an war das immer eine meiner Aufgaben. Außerdem half ich im Haushalt und passte auf die Kinder auf. Das hört sich einfach an, war aber manchmal ganz schön schwierig. Oft stellten sich die beiden nämlich mit Absicht ganz störrisch an und behaupteten einfach, sie verstünden mich nicht. Ich fand sie ziemlich frech und ihre Mutter behandelte mich von oben herab.

Die Farm, auf der Lili arbeitete, lag eine ganz schöne Wegstrecke entfernt. Trotzdem trafen wir uns natürlich an unserem ersten gemeinsamen freien Tag. Mit dem Bus fuhren wir nach Newcastle in die Stadt. Ich sprang wie gewohnt auf den Bus auf, aber Lili war das furchtbar peinlich. Sie fuchtelte wild mit den Armen herum und rief: „Komm da runter, kommst du jetzt da runter! Hier stellt man sich an, queue nennt man das („queue" heißt „Schlange"). Wenn du das noch mal so machst, geh ich nie wieder mit dir weg." Das habe ich dann schnell gelernt. Wir verbrachten den ganzen Tag in Newcastle, ich war ja so froh, sie zu sehen! Wir hatten eine Menge zu erzählen und ich war glücklich, dass ich mal wieder Deutsch sprechen konnte. Auf dem Rückweg fuhr ich dann schon allein mit dem Bus – nachdem ich mich brav in der queue angestellt hatte, versteht sich.

Die englische Sprache machte mir bald keine großen Schwierigkeiten mehr. Es gab aber doch ein paar lustige Missverständnisse.

Eines Abends erwartete meine Hausherrin Besuch. Kurz vorher musste sie noch mit dem Rad ein paar Kleinigkeiten einkaufen und wollte, dass ich schon mal anfing zu kochen. Also fragte sie mich: „Can you make Ships?". Na, klar kann ich das, behauptete ich im Brustton der Überzeugung. Dann setzte ich mich in die Küche und schnitzte Ships, also Schiffe aus Kartoffeln. Wenn es ums Werkeln geht, bin ich ganz begabt, also machte ich richtig schöne Einmaster, Zweimaster usw. Ich verstand zwar nicht so ganz, warum ich das machte, aber ich verstand ja sonst auch nicht immer alles. Dann kam meine Hausherrin vom Einkaufen zurück. Sie brachte ihre Einkaufstüten in die Küche und fragte beiläufig: „Hast du Ships gemacht?" „Ja, hier, Ships", antwortete ich und zeigte ihr stolz meine kleine Armada. Das gab ein großes Gelächter. Später hat sie es allen möglichen Leuten erzählt, sogar am Telefon: „Betty hat Ships gemacht." (Anmerkung: Chips nennt man im Englischen Kartoffelchips oder Pommes.)

Ein anderes Mal sollte ich Fisch braten in „batter", also in Teigpanade. Sie fragte mich ausdrücklich, ob ich das könne. „Ja", antwortete ich, das konnte schließlich nicht so schwer sein. Leider hatte ich aber „butter", also Butter, verstanden. Kaum hatte meine Dienstherrin die Küche verlassen, machte ich mich ans Werk. Erst konnte ich keine Butter finden. Dann fand ich doch ganz hinten im Kühlschrank drei Pakete. Wenn sie kochte, wurde alles in viel Fett gebraten, also würde ich es genauso machen. Als sie nach Hause kam und das Ergebnis meiner Kochkünste begutachtete, war sie dann doch etwas ungehalten. Immerhin war Butter damals noch rationiert und ich hatte den gesamten Monatsvorrat aufgebraucht.

Alles in allem fühlte ich mich nicht richtig wohl bei diesen Leuten. Die Kinder gehorchten mir nicht und die Frau des Hauses schien einen unterschwelligen Groll gegen mich zu hegen. So war ich ganz froh, als mich eine befreundete Deutsche, die ebenfalls als Kindermädchen arbeitete, in eine neue Familie vermittelte.

Meine nächste Station in England war die Familie eines Arztes. Er war Lungenspezialist und seine Frau war Krankenschwester. Ich bekam ein schönes Zimmer und dort fühlte ich mich zum ersten Mal seit langem richtig wohl. Die Kinder wuchsen mir ans Herz und eigentlich hätte ich in diesem Haushalt lange bleiben können. Nach zwei Jahren wurde ich dennoch unruhig. Ich war jetzt 22 Jahre alt und stand auf eigenen Füßen. Aber ursprünglich hatte ich mir mein Leben doch ganz anders vorgestellt.

Ich beschloss, erst einmal zurück nach Deutschland zu gehen und besuchte Tante Else in Jesteburg, anschließend besuchte ich noch eine Freundin in Hamburg.

Weil ich es so gewohnt war, stellte ich mich natürlich erst einmal in die Schlange, als ich in den Zug einsteigen wollte. Der fuhr mir dann direkt vor der Nase weg. Hier machte man das eben nicht so, sondern jeder sprang einfach auf, wann und wo es ihm passte. Es dauerte ein wenig, aber bald gewöhnte ich mich wieder daran. Trotzdem fühlte ich mich in Hamburg nicht mehr richtig zu Hause.

Natürlich schrieb ich an Lili in England und erzählte ihr, wie es mir in Deutschland erging. Ihre Antwort kam postwendend: Ich solle doch einfach wieder zurück nach England kommen.

Diesmal kam ich zu einer Witwe mit zwei Kindern. Die Witwe hatte gleichzeitig mehrere Freunde (heute würde man sagen Beziehungen), die öfters zu Besuch kamen. Das gefiel mir überhaupt nicht, meine Moralvorstellungen waren sehr konservativ. Aber ich muss zugeben, dass sie immer sehr nett zu mir war. Auch ihre Kinder waren recht lieb. In ihrem Haus hatte ich ein schönes Zimmer und war ausschließlich für die Kinder zuständig.

1953 entschied ich dann aber, dass ich doch noch etwas anderes im Leben erreichen wollte, als auf die Kinder anderer Leute aufzupassen. Ich begann eine Ausbildung zur Krankenschwester. Natürlich musste ich vorher eine Prüfung in Englisch ablegen, aber die bestand ich ohne Probleme, mein Englisch war inzwischen recht gut.

Nun war ich also Schwesternschülerin – „Lernschwester" sagten wir damals. Ich wohnte mit vielen anderen Lernschwestern im Schwesternwohnheim. Wir schliefen in Mehrbettzimmern und wenn man nicht im Speisesaal im Krankenhaus essen wollte, konnte man sich in der Gemeinschaftsküche etwas zusammenbrutzeln. Ich lebte mich schnell ein und fühlte mich in der Gemeinschaft wohl. Meine beste Freundin war Trudi, ebenfalls eine Deutsche.

Nach einem Arbeitstag im Krankenhaus wollte ich fast immer noch an die frische Luft. Trudi begleitete mich oft, und mit dem Bus erreichte man in kurzer Zeit den Hyde Park. Wir gingen gern dort spazieren, genossen die frische Luft und unterhielten uns. Manchmal hörten wir an der „Speakers Corner" den Rednern zu, die über alles Mögliche, Gott und die Welt, Politik oder andere Themen sprachen. Nur die Königsfamilie wurde ausgeklammert, über die durfte man nicht reden und schon gar nicht spotten.

Eines Abends war Trudi zu müde, um abends noch mitzugehen und so zog ich allein los. Ich fuhr zum Hyde Park und ging spazieren. Irgendwann kramte ich aus meiner Manteltasche eine Zigarette, fand aber keine Streichhölzer. Damals rauchte ich noch, wie eigentlich alle Krankenschwestern. Ich sah mich suchend um, ob jemand in der Nähe sich wohl gerade eine Zigarette anzünden wollte. Bald bot sich eine Gelegenheit, und ich fragte: „May I have a light?" Ein Mann trat mit seinem Feuerzeug auf mich zu und ich zündete meine Zigarette an. Er ließ das Feuerzeug ziemlich lange brennen, er wollte mich länger betrachten, hat er mir später erzählt. So kamen wir ins Gespräch. Er erzählte, er käme aus Südamerika, das fand ich ein bisschen seltsam. Ich hielt ihn sofort für einen Ägypter. Ich hatte schon einige Ägypter gesehen, im Krankenhaus arbeiteten Ärzte aus Ägypten. Er sprach davon, dass er erst einige Tage hier sei, er sei ganz allein und ziemlich einsam. Das konnte ich gut verstehen, denn ich hatte mich auch oft einsam gefühlt. Ich erzählte ihm, dass ich aus Deutschland käme und so unterhielten wir uns eine ganze Weile bis ich nach Hause fahren musste. Zum Schluss verabredeten wir uns für einen der nächsten Tage wieder im Hyde Park.

Ich hatte mich aber noch nicht endgültig entschieden, ob ich ihn wirklich wieder treffen wollte. So wollte ich die Entscheidung dem Zufall überlassen. Ich ging also am verabredeten Abend zur Bushaltestelle und dachte: „Ich nehme den ersten Bus, der kommt. Wenn der zum Hyde Park fährt, dann treffe ich ihn dort. Wenn er woanders hinfährt, dann fahre ich eben auch woanders hin."

Der Bus kam und es war tatsächlich die Linie zum Hyde Park.

Also fuhr ich zum vereinbarten Treffpunkt. Und da stand er und wartete auf mich.

Von da an trafen wir uns fast jeden Tag, so oft ich konnte. Natürlich musste er irgendwann zugeben, dass er aus Ägypten stammte und nicht aus Südamerika. Warum er mir zuerst etwas anderes erzählt hat, weiß ich bis heute nicht. Vielleicht hat er sich nur einen Scherz erlaubt. Er hieß Ibrahim. Wir verstanden uns sehr gut, wir redeten und redeten. Schon am dritten Tag fragte er mich, ob ich ihn heiraten und mit ihm nach Ägypten gehen wolle. Ich war überrascht und sagte natürlich Nein. Ich konnte mir nicht vorstellen, so weit weg in ein unbekanntes und so fremdes Land zu gehen. Obwohl mir England vor nur wenigen Jahren fast ebenso so fremd erschienen war, fühlte ich mich hier inzwischen beinahe heimisch.

Aber so schnell gab Ibrahim nicht auf. Jeden Abend fragte er mich wieder und immer wieder sagte ich Nein. So ging das über einige Wochen: Wir trafen uns, gingen spazieren und redeten. Und jedes Mal, wenn er fragte, ob ich ihn heiraten wolle, sagte ich Nein. Einmal in dieser Zeit ging ich sogar mit in sein Hotel. Ich kann mich nicht erinnern, was ich mir dabei gedacht habe, denn natürlich versuchte Ibrahim zudringlich zu werden. Das half ihm aber auch nicht weiter, denn ich wehrte ihn ab und wir trafen uns weiterhin. Es blieb also alles beim alten.

Meinen kurz bevorstehenden Jahresurlaub wollte ich nutzen, um Lili in Newcastle auf der Farm zu besuchen. Am letzten Abend vor dem Urlaub traf ich mich wie immer mit Ibrahim im Park und wir gingen spazieren. Anschließend begleitete er mich zum Bus und wir verabschiedeten uns wie sonst auch. „Bye, bye", sagte ich. „Bye, bye", antwortete er. Ich erinnere mich, dass wir uns zuwinkten. Ich wusste, dass er nun bald nach Alexandria zurückfahren würde. Seine Geschäfte in England waren beendet, er musste zurück nach Ägypten, sich um seinen Laden kümmern. Er kaufte und verkaufte gebrauchte Elektrogeräte, damals gab es ja kaum neue Geräte zu kaufen, an allem herrschte noch Mangel. In England hatte Ibrahim Verschiedenes eingekauft, das es in Ägypten nicht gab, und sich außerdem über neue Techniken informiert. Sein Auftrag war erledigt und nun musste er nach Ägypten zurückkehren. Wir würden uns nicht mehr sehen. Das alles wusste ich zwar, doch schien es mir unwirklich zu sein.

Ich fuhr mit dem Bus zurück ins Wohnheim. Meine Sachen hatte ich schon gepackt, denn für die Dauer des Urlaubs musste ich mein Zimmer abgeben. In dieser letzten Nacht vor dem Urlaub durfte ich bei Trudi schlafen, denn sie hatte in dieser Nacht Dienst. Ihr Freund war ein ganz netter Engländer und außerdem hatte er ein Auto. Am nächsten Morgen wollten ihr Freund und sie mich dann zum Bahnhof bringen.

Ich betrat Trudis Zimmer und setzte mich aufs Bett. An Schlaf war nicht zu denken. Also setzte ich mich an den Tisch und schrieb einen Brief an „ihn". Anschließend zerriss ich den Brief in kleine Fetzen und weinte. Ich begann von vorn und schrieb einen zweiten Brief. Dann weinte ich wieder. Es war ganz schrecklich. Jetzt endlich und schlagartig wurde mir klar, dass ich ihn ja nie wieder sehen würde! Ibrahim war jemand ganz Besonderes, da war ich mir sicher. Er war anständig und aufrichtig, und er würde mir so sehr fehlen!

Als Trudi am nächsten Morgen vom Dienst kam, warf sie nur einen kurzen Blick auf mein Gesicht, dann wusste sie Bescheid. Ich heulte wieder oder noch immer, und sie riet mir, ihn unbedingt noch einmal zu treffen. Aber ich war sehr unsicher, ob ich das tun sollte. In den letzten Wochen hatte ich ihn so oft abgewiesen, nun stand mir mein eigener Stolz im Weg. Aber Trudi redete mir gut zu. Eigentlich habe ich es ihr zu verdanken, dass ich mich dann doch noch für die Liebe entschieden habe.

Zuerst wollten wir zum Bahnhof fahren, um nach der Abfahrtszeit meines Zuges zu sehen. Dann wollten wir noch einmal zu seinem Hotel fahren. Wenn Ibrahim schon weg wäre, dann sollte es wohl nicht sein. Aber wenn er noch da wäre? Was dann?

Als wir dort ankamen, war ich sehr aufgeregt und von der letzten Nacht auch ein wenig aufgelöst. Mit klopfendem Herzen ging ich zu ihm in sein Zimmer. Er war noch nicht weggefahren. Ich musste die Türe ganz aufmachen und ins Zimmer hineingehen, um ihn zu sehen. Ibrahim lag vollständig angezogen auf dem Bett. Immerhin sah auch er ziemlich übernächtigt aus. Vielleicht hatte er sogar ebenfalls geweint. Das Einzige, was er dann zu mir sagte, war: „Are you coming?" – „Yes", antwortete ich einfach nur. Plötzlich war alles klar. Alles war entschieden.

Alle meine vorher so fein säuberlich geschmiedeten Pläne änderten sich praktisch über Nacht. Zunächst einmal sagte ich meine Reise ab. Und dann mussten wir unsere Papiere zusammentragen, um zu heiraten. Als Ausländer musste man von verschiedenen Stellen Bescheinigungen beibringen, es war ein ziemliches Gerenne. Endlich dann, nach einigen nervenaufreibenden Wochen, heirateten wir in der London City Hall. Danach aßen wir in einem schönen Lokal in London und meine Freundinnen Lili und Trudi waren natürlich auch dabei. Es war ein sehr glücklicher Tag für uns.

Als nächstes gingen wir daran, unsere Reise von England nach Ägypten zu organisieren. Um die Weihnachtszeit herum war es endlich soweit, und wir gingen in Dover an Bord eines Schiffes, das uns bis nach Port Said in Ägypten bringen sollte. Die Überfahrt dauerte fünf Tage, aber mir kam es vor wie eine Ewigkeit. Um die Langeweile zu vertreiben, wurden manchmal Spiele gemacht. An eines dieser Spiele kann ich mich noch genau erinnern: Man musste allerhand Gegenstände sammeln, unter anderem auch einen Mistelzweig. Da passierte es dann. Ein Engländer erwischte mich unter einem Mistelzweig. Getreu der englischen Sitte küsste er mich. Das fand Ibrahim gar nicht lustig, im Gegenteil, er regte sich sehr darüber auf und war sehr eifersüchtig. Es war unsere erste größere Meinungsverschiedenheit. Von da an achtete ich immer darauf, dass so etwas nicht passierte, denn die Ägypter verstehen in solchen Dingen wenig Spaß.

Nach fünf Tagen auf See war ich froh, als wir in Port Said an Land gingen. Dazu kam noch die Aufregung. Ägypten sollte meine neue Heimat werden, aber ich hatte lediglich eine vage Vorstellung davon, was mich dort tatsächlich erwarten würde. Im Hafen herrschte ein unübersichtliches Hin und Her. Seltsam, dass sich in dem Durcheinander überhaupt jemand zurechtfand. Ein Neffe von Ibrahim holte uns ab und die ersten Tage wohnten wir bei ihm in einer kleinen Wohnung. In diesen Tagen sah ich zum ersten Mal Frauen, die ganz in schwarz gekleidet waren. Zunächst hielt ich sie für Nonnen. Ibrahim erklärte mir dann, dass diese Frauen wohl vom Land kämen. Dort sei das die traditionelle Kleidung der Frauen. In der Stadt gab es damals im Gegensatz dazu fast keine Frauen mit Kopftüchern. Das kam erst viel später.

Mit dem Auto fuhren wir schließlich nach Alexandria, wo Ibrahim eine Wohnung hatte. Seine Eltern waren schon gestorben und seine beiden Schwestern verheiratet. Die ältere Schwester war schon länger verheiratet und hatte viele Kinder. Einer ihrer Söhne hatte uns in Port Said vom Hafen abgeholt.

Die andere Schwester war erst kurz verheiratet. Ibrahim hatte zuerst seine Schwestern verheiraten müssen, ehe er selbst daran dachte, sich zu binden. Das ist in Ägypten auch heute noch so Sitte.

Die erste Zeit wohnten wir noch in Ibrahims Wohnung in Alexandria. Ibrahim wollte aber gerne ein Haus bauen und sah sich nach einem Baugrundstück um. Schließlich kaufte er ein Stück Land bei Sidi Bishr.

Heute stehen in dieser Gegend viele Häuser, aber damals war dort nur Wüste. Zwischen dem Meer und unserem Haus war nur Sand, Sand und noch mal Sand. Außer uns wohnten noch einige andere Familien dort, fast alles Ausländer. Und weiter draußen in der Wüste lebten Beduinen. Wir bauten ein kleines bescheidenes Haus mit drei Zimmern, Küche und Bad. Schon nach einem halben Jahr konnten wir einziehen und uns einrichten. Besonders gerne erinnere ich mich an unseren Garten. Wir ließen Erde auffüllen und pflanzten Bäume, Sträucher und Blumen. Schon bald blühten Margeriten und Geranien und viele andere Blumen. Hier wuchs einfach alles, natürlich nur, wenn man es regelmäßig bewässerte. Wir pflanzten vier Eukalyptusbäume und waren erstaunt, wie rasch sie in die Höhe schossen. Bald konnten wir im Schatten unter den Bäumen sitzen, und es duftete nach Eukalyptus und nach Blumen. Unser Garten war wirklich wunderschön und gehört zu meinen schönsten Erinnerungen.

Manchmal gingen wir auch zu den Beduinen und wurden von ihnen in ihre Zelte eingeladen. Sie teilten ihr Essen mit uns, und wir durften an ihren Festen teilnehmen. Da gab es Trommeln,

Singen, rhythmisches Tanzen, manchmal mit einem großen Stock, es war einfach ganz wunderbar. Sie machten das nicht für die Touristen, sondern es war ihre ganz eigene traditionelle Art zu feiern. Ich habe ihre Bräuche hautnah miterleben können, ein unvergessliches Erlebnis.

Zu Beginn meiner Zeit in Ägypten war es natürlich nicht nur mit der Verständigung schwierig. Vieles kannte ich nicht und die Gepflogenheiten der ägyptischen Sitten erschlossen sich mir nur langsam.

Ibrahim ging mit mir einkaufen und ich merkte mir alles so gut ich konnte. Ich lernte die arabischen Bezeichnungen.

Irgendwann kam der große Tag, und zum ersten Mal machte ich mich alleine auf den Weg zum Gemüsehändler. Ich deutete auf Auberginen, Tomaten und Zwiebeln, handelte den Preis aus und am Ende befand sich tatsächlich alles, was ich brauchte, in meinem Korb. Ich war stolz und freute mich wie ein kleines Kind, dass ich diese Aufgabe so gut gemeistert hatte. Zur Belohnung überreichte mir der Händler eine rote Rose.

Dann ging ich nach Hause und begann das Essen vorzubereiten. Als Ibrahim nach Hause kam, war ich noch immer ganz glücklich über meine neuen Fähigkeiten und zeigte ihm fröhlich, was ich alles eingekauft und gekocht hatte. Natürlich entdeckte Ibrahim sofort die rote Rose und fragte, woher ich die hätte. „Vom Gemüsehändler", antwortete ich spontan und ohne nachzudenken. Ein Fehler, denn wieder regte sich Ibrahim sehr auf, er verbot mir, dort noch einmal hinzugehen und beruhigte sich erst wieder, als ich es ihm versprochen hatte. Er war sehr eifersüchtig. Wirklich verstanden habe ich das erst viel später. Wenn er wegging, mussten die Haustüre und die Gartentüre immer fest verschlossen sein. Wenn ich alleine war, durfte ich auch niemanden einlassen. In Ägypten sieht man es so, dass eine Frau allein immer eine Versuchung darstellt. Das ist die allgemeine Vorstellung. Sie hat mindestens ihren guten Ruf zu verlieren. Wenn eine Frau zum Beispiel allein irgendwo herumsteht, wird das so interpretiert, dass sie einen „Kunden" sucht. Deshalb gehen die Frauen, wenn sie sich allein auf der Straße bewegen, mit dem Blick nach unten gesenkt, man geht möglichst schnell und zielbewusst, sodass niemand auf dumme Gedanken kommt. Die Gesellschaft hier ist eben so. Die Eifersucht des Mannes dient insofern immer auch dem Schutz der Frau.

Eines Tages hatten wir Ibrahims Familie zu uns nach Hause eingeladen. Ibrahim kam kurzfristig etwas dazwischen, er musste arbeiten. Das sollte aber kein Problem sein, dachte ich mir, schließlich kam ich inzwischen auch allein ganz gut zurecht. Sorgfältig überlegte ich, was ich anbieten wollte, und ging los, die nötigen Zutaten einkaufen. Dann machte ich mich ans Vorbereiten, räumte das Haus auf, kochte und backte. Als es an die Tür klopfte, war alles bereit und ein gutes Essen stand auf dem Tisch. Nacheinander trudelte die gesamte Verwandtschaft ein, alle waren gekommen. Man begrüßte sich überschwänglich und fragte hin und her: „Wie geht's?" Immer wieder, das ist hier so üblich. Die Antwort darauf ist meistens: „Gut, mit Gottes Hilfe."

Ich hatte draußen im Garten den Tisch gedeckt. Es war ein schöner Tag, nicht zu heiß und nicht zu windig. Alle setzten sich und ich trug stolz die Schüsseln mit Leckereien auf. Jedem Einzelnen bot ich etwas an und jeder nahm sich eine winzige Portion. Aber ich fand, dass sie wirklich zu wenig aßen. Ich bot also alles noch mal an. Und dann noch ein drittes Mal. Als dann keiner mehr etwas nahm, trug ich alle Platten und Schüsseln wieder in die Küche und kochte Tee. Zum Nachtisch gab es selbst gemachtes Gebäck, auch davon wurde nicht viel verzehrt. Irgendwann begann man sich zu verabschieden und alle gingen wieder nach Hause.

Als Ibrahim abends nach Hause kam, fragte er natürlich, wie es mir ergangen sei. Eigentlich ganz gut, erzählte ich ihm, nur dass alle so wenig gegessen hatten. „Hast du ihnen denn das Essen auf die Teller gelegt?", fragte Ibrahim sofort. Das hatte ich nun nicht getan. In Deutschland ist das ja nicht üblich. Dass es hier erwartet wurde, wusste ich eigentlich schon, aber in der Aufregung und vor lauter Anstrengung, einen guten Eindruck zu machen, hatte ich es doch glatt vergessen. Nun dachte die ganze Familie sicher, dass ich geizig sei. Zum Glück konnten wir dieses Missverständnis später sehr einfach aufklären. Ab dann wussten sie alle: Wenn man bei Betty zu Besuch ist, muss man sich selber nehmen. Sie nahmen es mir jedenfalls nicht krumm, sondern betrachteten es mehr als seltsame ausländische Gewohnheit. Ich selber habe mich umgekehrt nie ganz daran gewöhnen können, bei Einladungen stets den Teller randvoll gehäuft zu bekommen. Erstens hatte ich Schwierigkeiten mit dem Schneiden und Essen, wenn mein Teller zu voll war. Und zweitens war ich aus Deutschland gewöhnt, dass man seinen Teller immer leer essen muss, was bei diesen Mengen einfach nicht möglich ist. So sind die Sitten eben verschieden. Wenn man länger hier ist, gewöhnt man sich schon daran.

Im Jahr 1954 wurde unser Sohn Tarek geboren. Als die Wehen einsetzten, saßen wir gerade beim Picknick in Shatby am Strand. Ibrahims Schwester und ihre Familie waren auch dabei. Nach dem Picknick wollte Ibrahim mich mit dem Auto zurück nach Sidi Bishr bringen. Daraus wurde dann aber nichts mehr, stattdessen lieferte er mich direkt im Krankenhaus in Shatby ab. Ich kam auf die Entbindungsstation, Männer waren natürlich nicht zugelassen. Zwischen den Wehen lief ich hin und her – zum Entsetzen der Schwestern, die darauf bestanden, ich müsste mich hinlegen. Aber ich wusste es besser, ich hatte während meiner Ausbildung im Krankenhaus schon einige Entbindungen miterlebt. Die Geburt verlief ganz normal, und dann brachte mir die Schwester meinen Sohn, der vollkommen in Tücher eingewickelt war. Als Erstes nahm ich das Paket komplett auseinander, ich wollte genau wissen, ob wirklich alles in Ordnung war. Erst nachdem ich den winzigen Tarek aus allen Schichten herausgeschält hatte, war ich zufrieden: Unser Sohn war kerngesund.

Schon im Jahr darauf brachte ich unseren zweiten Sohn zur Welt. Ihn nannten wir Khalid.

Nun hatte ich alle Hände voll zu tun, denn Hauspersonal gab es bei uns nicht. Ich machte sämtliche Hausarbeiten selbst. Wer selbst zwei Kinder gleichzeitig in Windeln hatte, kann sich in etwa vorstellen, wie viel Arbeit das bedeutet. Obendrein gab es keine Pampers, die Windeln wurden gewaschen und auf dem Herd ausgekocht. Von der sonstigen Wäsche ganz zu schweigen Immerhin nahm mir Ibrahim meist das Einkaufen ab. Auf seinem Heimweg von der Arbeit ging er beim Gemüsehändler oder beim Fleischer vorbei und brachte mir dann alles Notwendige mit.

Es war eine anstrengende, aber doch sehr schöne Zeit. Ibrahim war ein guter Ehemann und Vater.

Anfangs sprach ich mit Ibrahim meistens Englisch, denn er konnte kein Deutsch und ich noch kein Arabisch. Seit unserer Ankunft in Port Said lernte ich aber fleißig Arabisch und mit der Zeit konnte ich mich immer besser in dieser fremdartigen Sprache ausdrücken. Später sprachen wir meistens Arabisch miteinander. Mit meinen Kindern sprach ich zuerst Englisch. Ich fand, sie sollten sich auch mit meinem Mann gut verständigen können. Erst als sie älter wurden, sprach ich Deutsch mit ihnen, und heute sprechen alle meine Kinder neben Arabisch und Englisch auch sehr gut Deutsch.

Wie in vielen anderen Familien ging mein Mann morgens aus dem Haus und kam abends oft erst spät zurück. Er betrieb einen kleinen Laden mit An- und Verkauf von Elektroartikeln. Meistens kaufte er Geräte, die kaputt waren, setzte sie instand und verkaufte sie dann wieder, zum Beispiel Petroleumherde oder Kühlschränke. Es gab ja damals fast nichts zu kaufen und deshalb wurde praktisch alles repariert und wieder verwertet, so lange es eben ging. Ibrahim hatte immer viel Arbeit, und der Laden brachte genug ein, so dass wir gut leben konnten. Bald konnten wir uns sogar ein Auto anschaffen.

Das Angebot an Lebensmitteln war recht gut, ich war nicht sehr verwöhnt von Deutschland oder England. Natürlich gab es vieles, was ich nicht kannte, wie Betingan (Auberginen) oder Bamia (Okra), auch mir fremde Gewürze, wie Kamun (Kreuzkümmel), aber ich kam ganz gut zurecht. Ibrahims jüngere Schwester half mir, mich zurechtzufinden und brachte mir nach und nach bei, ägyptisch zu kochen. Die ägyptische Küche ist wirklich lecker, ich liebe diese Küche mit den vielen schmackhaften Gewürzen sehr. Ibrahim mochte auch die deutsche Küche gern. Zwar war die Versorgung in diesen Jahren im Allgemeinen nicht so gut, aber mein Mann konnte alles bekommen, was wir brauchten. Gemüse und Obst gab es sowieso stets reichlich.

Der weite Strand von Sidi Bishr war unser liebstes Ausflugsziel in dieser Zeit. Die Kinder waren noch klein, aber Sand und Meer liebten sie damals schon. Zu Fuß liefen wir über den Sand, überquerten die Straßenbahnlinie und gingen weiter durch den Sand bis ans Meer. Als die Kinder noch nicht laufen konnten, packten wir sie in eine Reisetasche und trugen sie hin, denn natürlich hatten wir keinen Kinderwagen. So etwas gab es damals in Ägypten noch nicht. Wir gingen schwimmen und die Kinder konnten im Sand spielen. Das waren herrliche Ausflüge für uns und wir waren sehr glücklich. Heute ist Sidi Bishr dicht bebaut mit Hochhäusern und es gibt wenig offenen Strand, die wenigen Sandstreifen sind meist Privatstrände.

Sehr viel Zeit verbrachten wir in unserem schönen Garten. Einen Club, so wie das heute üblich ist, brauchten wir nicht, wir hatten es zu Hause schön und die Kinder konnten spielen und toben. Wenn wir am Wochenende draußen saßen, kamen oft Freunde und Familienangehörige vorbei, in Ägypten besucht man sich gerne und häufig. Alle Besucher wollten natürlich bewirtet sein, und so hatte ich immer allerhand zu tun.

Manchmal fuhren wir auch in die Stadt, in einen schönen Park oder in den Zoo. Eine ganz große Freude für die Kinder war es dann, wenn wir anschließend noch in das Restaurant „Ahmed Taieb" gingen und dort Foul und Tameia aßen. Schon bald kannten uns die Wirtsleute dort, wir wurden extra gut bedient und die Kinder waren stets willkommen. Und ich freute mich natürlich besonders darüber, denn dann brauchte ich nicht zu kochen.

Mit unseren direkten Nachbarn hatten wir regen Kontakt. Da gab es einmal die Beduinen, aber außerdem lebten auch Griechen und eine Familie aus Malta in unserer Siedlung. Und natürlich Ägypter. Einer von ihnen hatte einen Laden in Alexandria. Jeden Morgen fuhr er mit seinem Eselkarren in seinen Laden. Dieser Esel faszinierte unseren Sohn Khalid sehr, und wie jedes kleine Kind wünschte er sich auch so ein Tier. Jeden Tag fragte er Ibrahim, ob er so einen Esel bekommen könne. Der sagte nie nein, sondern antwortete immer „Insha Allah", also „So Gott will". Irgendwann wollte sich Khalid aber mit dieser Auskunft nicht mehr abspeisen lassen. Er wurde zornig und heulte: „Ich will keinen Esel Insha Allah, ich will einen richtigen Esel." Erst da begriff er, dass er doch keinen Esel bekommen würde.

Die Zeit verging wie im Flug und bald war es Zeit, sich über die Schulausbildung der Kinder Gedanken zu machen. Die beiden Jungs kamen zuerst in einen französischen Kindergarten, das erschien uns die beste Lösung. Später schickten wir sie auf eine ägyptische Schule. Damals sagte man uns, dass Kinder von ausländischen Schulen später in Ägypten nicht weiterkommen könnten. Ob das stimmte oder nicht, weiß ich nicht, aber jedenfalls klappte es für unsere Kinder gut an dieser Schule. 1962 wurde unser Sohn Nabil geboren und 1972 bekamen wir noch eine Tochter, Hanja. Nun war unser kleines Haus eindeutig zu klein und so bauten wir noch ein zweites Haus auf demselben Grundstück. Wenn wir Besuch hatten, konnten die Gäste dort übernachten, und als die Kinder größer wurden, hatten sie dort ihre Schlafzimmer.

Ibrahim war ein sehr guter Vater, er verbrachte seine Zeit gerne mit den Kindern, spielte und beschäftigte sich mit ihnen. Er war auch ein lieber Ehemann. Ich hatte mich damals in England nicht in ihm getäuscht. Meine Entscheidung, mit ihm zu gehen, ist ganz und gar richtig gewesen. Noch heute bin ich Trudi dankbar, dass sie mir gut zugeredet hat und mich schließlich dazu brachte, nachzugeben. Trudi ist übrigens später nach Deutschland zurückgekehrt und hat dort ebenfalls geheiratet. Wir hielten noch lange Kontakt, und einmal hat sie mich auch in Ägypten besucht.

1971 wurde die Straße in Alexandria, in der unser Geschäft lag, gesperrt, weil dort Rohre verlegt wurden. In Ägypten kann so etwas länger dauern, Monate oder Jahre. Nun gab es keinen Durchgangsverkehr mehr und die Kundschaft blieb aus. Das Geschäft ging immer schlechter und schließlich musste Ibrahim den Laden aufgeben. Plötzlich standen wir ohne Einkommen da. Nachdem es in Alexandria keine Arbeit für Ibrahim gab, beschloss ich 1972 nach Deutschland zu gehen und dort zu arbeiten. Da Hanja damals noch ein Baby war, nahm ich sie mit. Die Jungs blieben mit Ibrahim in Ägypten. Ich fand eine Stelle in einem Kindergarten und verdiente dort das Geld für die ganze Familie. Nach einem halben Jahr kam mein Mann mit den beiden jüngeren Söhnen nach. Der Älteste konnte nicht mitkommen, er musste seinen Militärdienst ableisten.

Wir gingen sehr sparsam mit dem Geld um und konnten nach einem Jahr alle gemeinsam nach Ägypten zurückkehren. Die Zeit in Deutschland hat Ibrahim verändert. Zumal er sich daran gewöhnen musste, dass ich als Frau arbeiten ging und unser Geld verdiente. Da es aber in Deutschland nicht so ungewöhnlich war, gewöhnte er sich wohl irgendwie an den Gedanken.

Als wir wieder in Ägypten waren, fing ich an, für einige wohlhabende Familien zu kochen. Insbesondere für Partys und Empfänge kochte und backte ich, und die Qualität meiner Küche sprach sich natürlich schnell herum. Außerdem backte ich Kuchen und Berliner, die ich dann an der deutschen Schule verkaufte.

Mein Ältester, Tarek, ging nach dem Abitur auf eine Handwerksschule, der zweite, Khalid, besuchte die Handelsschule. Als es dann aber konkret um die Jobsuche ging, wollten beide in Deutschland arbeiten. Zunächst war Ibrahim einverstanden, aber später hat er sehr unter der Trennung von den beiden gelitten.

Natürlich kommen beide manchmal nach Ägypten zu Besuch, aber ihr Leben spielt sich in Deutschland ab. Tarek ist verheiratet und hat zwei Söhne. Er arbeitet in einer großen Firma in Deutschland. Khalid ist nicht verheiratet. Er betreibt ein Restaurant in Hamburg. Übrigens war die erste Anlaufstelle für meine Söhne Tante Else in Jesteburg. Bei ihr kamen sie für die erste Zeit unter und sie half ihnen bei der Arbeitssuche. Sie war wirklich für uns alle wie eine liebe Verwandte.

Ibrahim ist 1982 an einem Herzinfarkt gestorben. Für mich war das ein schlimmer Schlag. Wir haben uns immer sehr gut verstanden und noch heute fehlt er mir sehr. Als er starb, boten Tarek und Khalid mir sofort an, nach Ägypten zurückzukommen, um bei mir zu sein. Sie fanden, ich brauche sie hier, die Familie müsse nach einem solchen Schlag zusammen sein. Aber ich wollte das nicht. In Deutschland haben sie ein gutes Leben und alle paar Jahre machen sie hier in Ägypten Urlaub.

Schon kurz nach meiner ersten Ankunft in Ägypten 1954 hatte ich Kontakt zu anderen Deutschen bekommen. Als 1991 eine deutsche Gruppe gegründet wurde, war ich von Anfang an dabei. Dadurch habe ich viele nette Freundinnen kennen gelernt und auch einige, die ebenfalls mit Ägyptern verheiratet sind. So hat man vieles gemeinsam. Man trifft sich regelmäßig zu kleinen Ausflügen, privat zum Kaffee und einmal im Monat im Goethe-Institut. Dieses Netzwerk gibt mir Halt, ich fühle mich nie allein und verliere auch den Kontakt nach Deutschland nicht.

Mein jüngster Sohn Nabil lebt heute in Alexandria, er ist verheiratet und hat zwei Kinder. Meine Tochter Hanja lebt ebenfalls in Alexandria. Auch sie ist verheiratet und hat zwei Kinder: Ihr älterer Sohn ist zehn Jahre alt, ihr jüngerer Sohn eineinhalb. Mit Hanja habe ich viel Kontakt. Ich sehe sie oft und kann mich auch manchmal um den Kleinen kümmern. Diese Stunden genieße ich in ganz besonders, und so geht das Leben weiter.

Im Sommer 2006 war ich drei Monate in Europa. Meine Stationen waren Deutschland, Österreich und England. Die Kinder waren eigentlich gar nicht dafür, dass ich eine so große Reise alleine mache. Aber mir war es sehr wichtig, einige Leute noch mal zu sehen. Ich besuchte meine Freundin Lili in England und einige Freundinnen in Deutschland. Verwandte habe ich keine mehr, jedenfalls keine, mit denen ich Kontakt hätte. Vielleicht war das meine letzte große Reise, und ich fand es sehr schön, vieles noch mal zu sehen. Aber eines ist dennoch klar: Zu Hause bin ich hier in Alexandria, wo ich so viele glückliche Jahre verbracht habe. Als ich Deutschland damals verlassen habe, hatte ich weder Heimat noch Familie. Heute ist Ägypten meine Heimat.

# Elisabeth H.
# Meine große Liebe

*Die Geschichte von Elisabeth ist ganz anders als alle anderen. Ich habe lange darüber nachgedacht, ob ich sie hier aufnehmen soll. Nachdem Elisabeth einverstanden ist, möchte ich sie erzählen, denn wir denken beide, dass sie viele Wahrheiten enthält. Manches davon bezieht sich auf Ägypten, aber vieles davon hätte auch in jedem anderen Land passieren können. Elisabeth hatte weiß Gott kein einfaches Schicksal, doch nach aller Tragik gibt es heute doch noch ein Happy End. Für mich ist es sehr erstaunlich, wie gut Elisabeth ihr Schicksal in Ägypten nach der geschilderten Tragödie gemeistert hat.*

*Elisabeth erzählt mir ihre Geschichte offen und ehrlich, aber man merkt, dass es für sie nicht einfach ist, darüber zu sprechen.*

Ich habe meinen späteren Mann Sherif 1962 in Mainz kennen gelernt. Ich war 24 Jahre alt, arbeitete bei einem Rechtsanwalt und war von zu Hause in ein möbliertes Zimmer in Mainz gezogen. Sherif lebte in Mainz bei einem Cousin. In Ägypten hatte er Philosophie studiert und wollte ursprünglich Lehrer werden. Für Philosophen ist es wohl überall auf der Welt besonders schwer, und so blieb Sherifs Suche nach einem Job in Ägypten erfolglos. Aber irgendwie musste er ja Geld verdienen und von etwas leben. Sein Cousin lebte in Deutschland und vermittelte ihm eine Stelle bei Daimler. Das war damals nicht sehr schwer, und so kam Sherif nach Deutschland. Dieser Cousin war seit einiger Zeit mit meiner Freundin Katrin verlobt. Klar, dass wir den neuen Cousin aus Ägypten bald nach seiner Ankunft kennen lernten. Wir gingen zusammen essen und schon beim ersten Treffen funkte es zwischen Sherif und mir. Wir verliebten uns Hals über Kopf ineinander.

Vom ersten Moment an gab es keinerlei Zweifel, dass wir zusammengehörten. Natürlich konnten wir uns erst mal nur treffen und miteinander ausgehen. Nur ein einziges Mal besuchte mich Sherif in meinem möblierten Zimmer, und als meine Vermieterin davon Wind bekam, wurde mir sofort gekündigt. Es blieb uns eigentlich gar nichts anderes übrig als möglichst schnell zu heiraten.

Vorher musste Sherif natürlich meine Eltern kennen lernen, aber zum Glück mochten sie ihn sofort. Zwar sorgten sie sich etwas, dass ich einen Mann aus einem so fremden Land heiraten wollte, aber sie merkten bald, dass er ein anständiger Kerl war.

Nach nur drei Monaten heirateten wir in Mainz auf dem Standesamt. Es gab eine kleine Feier in einer Pizzeria, wir hatten nur ein paar Freunde und Freundinnen eingeladen. Meinen Eltern erzählte ich es erst, als alles vorbei war, vielleicht war ich mir doch nicht so sicher, wie sie reagieren würden. Aber später gaben wir dafür ein richtig großes Fest bei meinen Eltern auf dem Dorf. Ich stamme aus einer großen Familie aus Nordhessen und hatte sieben ältere Geschwister, sechs Brüder und eine Schwester. Bei unserem Fest ging es dementsprechend fröhlich und turbulent zu, während unsere Hochzeitsfeier in Mainz eher ruhig und gemütlich war.

Mein Vater war Postbeamter und Malermeister. Er war sehr musikalisch und spielte mehrere Instrumente: Geige, Klarinette, Trompete und noch mehr. Ich war froh, dass meine Familie Sherif sofort akzeptierte, meine Neffen und Nichten waren ganz angetan von ihrem neuen Onkel aus Ägypten. Leider sind meine Geschwister fast alle bereits verstorben. Nur meine Schwester lebt noch in Nordhessen, sie ist acht Jahre älter als ich.

Nach der Hochzeit bezogen Sherif und ich eine Wohnung in Mombach. Sherif arbeitete nun bei MAN in der Lackiererei, und da er sich gut anstellte und fleißig war, wurde er bald zum Gruppenleiter befördert. Er verdiente ganz ordentlich und es fehlte uns an nichts. Ich arbeitete weiter wie bisher. Schon nach einem Jahr wurde unsere Tochter Nadine geboren (1963) und ab da blieb ich mit dem Baby zu Hause. Wir führten das ganz normale Leben einer jungen Familie, genossen die erste Zeit zu dritt und besuchten gelegentlich meine Eltern. Sherif fügte sich sehr gut in meine große Familie ein, verstand sich mit allen und alle mochten ihn. Beim Kochen nahm meine Mutter Rücksicht auf seine Essgewohnheiten, Schweinefleisch stand ab sofort nicht mehr auf dem Tisch. Für uns war das nicht selbstverständlich, denn bei uns auf dem Land wurde ja noch selbst geschlachtet. Ich habe allerdings schon als Kind kein Schweinefleisch gemocht und so war das für mich kein Verlust.

Es ging uns sehr gut. Sherif war ein häuslicher Typ und ein guter Familienvater. Wir hatten genug Geld und waren eigentlich sehr zufrieden mit unserem Leben. Doch dann bekam Sherif Heimweh nach Ägypten. Ich denke, die meisten Ägypter hängen sehr an ihrer Heimat und irgendwann sehnen sie sich zurück. Sie wandern nicht gern aus und wenn sie doch in ein anderes Land gehen, dann kehren sie später im Laufe der Jahre zurück. Sherif gab sich alle Mühe, mir die Ausreise schmackhaft zu machen und malte mir alles sehr schön aus. Seine Eltern würden da sein, seine ganze Familie. Sie alle lebten im selben Dorf und bestimmt würde er dort ebenfalls sein Auskommen finden. Am liebsten wollte er selbstständig arbeiten und er war sich sicher, dass ihm das auch gelingen würde. In keiner Weise bereitete er mich auf das vor, was ich erleben sollte, und ich hatte keine Ahnung von den wahren Zuständen in Ägypten. Jung und naiv wie ich war, glaubte ich ihm jedes Wort. Trotzdem dauerte es noch ein paar Jahre, bis er mich überzeugt hatte.

1966 war es dann soweit. Ich verschenkte fast alle meine Sachen, Bettwäsche, Möbel, warme Kleidung. Ich wusste ja nicht, dass ich das bald alles dringend brauchen könnte. Meine Freundin Katrin war schon seit einiger Zeit in Ägypten, im selben Dorf. Als sie erfuhr, dass ich kommen wollte, war sie ganz begeistert und half bei der Überzeugungsarbeit kräftig mit. Auch sie hat mich vor den Zuständen in Ägypten nicht gewarnt. Vielleicht war sie weniger empfindlich als ich oder sie war einfach froh, bald eine Freundin aus Deutschland an ihrer Seite zu haben. Katrin wohnt noch heute in Mansura und wir haben noch sporadisch Kontakt. Aber dass sie mich nicht gewarnt hat, verstehe ich bis heute nicht.

Sherif kaufte einen Mercedes Diesel und ich nahm mein Auto, einen Opel, auch mit. Dabei hatte Sherif gar keinen Führerschein. Den Mercedes wollten wir in Ägypten verkaufen, obwohl es dort gar keine Diesel-Pkws gab, die waren in Ägypten nämlich noch verboten. Dort angekommen, gelang es uns aber, das Auto ausgerechnet an jemanden von der Regierung zu verkaufen.

Wir kamen in Alexandria im Hafen an und wurden von der ganzen Familie abgeholt. Mein erster Eindruck von Ägypten glich einem kleinen Kulturschock. Es war heiß, voll und chaotisch und obendrein verstand ich die Sprache nicht. Mit meinen blonden Haaren wurde ich angestaunt wie ein Weltwunder. Die Menschen waren aber alle sehr lieb und herzlich zu mir. Wir fuhren nach Sherbien, das ist ein kleines Dorf im Nildelta. Mit einem Dorf in Deutschland hatte es aber wenig gemeinsam. Als wir dort ankamen, hungrig und erschöpft von der langen Reise, verschlug es mir erst einmal die Sprache. Man lebte in einfachsten Verhältnissen. Es gab keinen Strom, Wasser gab es nur nachts. Kühlschrank, Waschmaschine, all diese Dinge, die zu Hause in Deutschland zum allgemeinen Lebensstandard gehörten – Fehlanzeige. Ich war wie vor den Kopf geschlagen. Es fiel mir sehr schwer, mich einzugewöhnen, alles war so primitiv und fremd. Die Hitze machte mir zu schaffen und die Stechmücken, die in steter Einigkeit über mich herfielen. Nur der Hund des Hauses, ein Mischling, der gefiel mir, und ich freundete mich sofort mit ihm an. Immerhin hatte ich so etwas Ablenkung.

Unser Auto musste angemeldet werden, und deshalb fuhren wir nach Kairo. Wir konnten die paar Tage bei einer Cousine meines Mannes wohnen. Doch dann wurde Nadine krank, sie bekam die Masern. Es war eine sehr anstrengende Zeit und erst nach sechs Wochen konnten wir nach Sherbien ins Dorf zurückkehren.

Meine Schwiegermutter war sehr lieb zu mir. Sie merkte genau, dass es mir nicht gut ging und mir das tägliche Leben in Sherbien ziemlich zu schaffen machte. Jeden Tag backte sie frisches Brot für mich und versuchte mich irgendwie aufzuheitern. Wenn sie mit mir redete, sprach sie immer sehr laut, sie dachte wohl, dass ich sie dann besser verstehen würde. Ich bat Sherif, ihr zu sagen, sie möge doch bitte ganz normal mit mir sprechen, und danach ging es besser. Die Eltern meines Mannes besaßen eigenes Land und betrieben Landwirtschaft. Sie selbst arbeiteten aber nicht, sondern es gab Bauern, die für sie das Land bestellten. Mein Schwiegervater war ziemlich groß (1,84 m) und kräftig, er wog zwei Zentner, meine Schwiegermutter dagegen war klein und dünn.

Sein ganzes Leben lang war Sherif seinem Vater dankbar dafür, dass er es ihm ermöglicht hatte, zur Schule zu gehen und anschließend zu studieren. Er war der Erste aus der Familie, der studiert hatte, die anderen hatten viel weniger Möglichkeiten als er. Die meisten waren hier in Sherbien geblieben und lebten als einfache Bauern.

Wir lebten also auf dem Dorf und ich lernte mit sehr wenig Luxus zurechtzukommen. Nach einigen Fehlversuchen und mit viel Hartnäckigkeit lernte ich auf dem einfachen Gaskocher zu kochen. Es gab nur Grundzutaten wie Mehl, Schmalz oder Eier, keinerlei industriell gefertigte Hilfen. Wenigstens mein Kochbuch und mein Backbuch von Dr. Oetker hatte ich nicht verschenkt und nun leisteten mir beide gute Dienste. Zum Kuchenbacken benutzte ich eine Form aus Aluminium, die oben verschlossen wurde. Meine einfachen Rührkuchen wurden von der Familie begeistert aufgenommen, denn in Ägypten sind Süßigkeiten sehr beliebt und so etwas kannten sie gar nicht. Mit der Zeit gewöhnte ich mich an die Lebensumstände, obwohl ich vieles aus Deutschland vermisste. Sherif hingegen war glücklich, wieder in seiner Heimat zu sein. Ich dachte, wenn er glücklich ist, werde auch ich mich damit abfinden können. Es würde schon gehen, glaubte ich.

Den Traum von der Selbstständigkeit hatte Sherif natürlich nicht aufgegeben. Jetzt sollte es langsam losgehen. Aus dem Verkauf des Mercedes hatten wir ein hübsches Sümmchen als Startkapital. Sherif kaufte Land und importierte Kühe aus Holland. Mit der Milch müsste leicht ein gutes Geschäft zu machen sein, glaubte er. Was er nicht bedacht hatte, war, dass man dazu auch eine gewisse Infrastruktur braucht, um die Milch verarbeiten und verkaufen zu können. Am Ende verkaufte Sherif noch die Kälber und schließlich wurde der ganze Viehbestand aufgelöst. So endete unser erster Ausflug in die Selbstständigkeit eher kläglich.

In Sherbien selbst konnte man gar nichts einkaufen, es gab keinerlei Läden. Um unsere Vorräte aufzustocken, mussten wir immer mit dem Auto nach Mansura fahren, das ist die nächste größere Stadt. Lange Zeit, bis weit in die 70er Jahre, waren viele Lebensmittel wie Zucker, Öl oder Butterschmalz noch rationiert. Was man aus der Landwirtschaft selbst gewinnen konnte, wie Obst, Gemüse, Kartoffeln, Eier und Mehl, gab es aber immer im Dorf. Fleisch aßen wir nur am Donnerstag und Freitag, denn donnerstags wurde geschlachtet. Da wir keinen Kühlschrank hatten, war unsere Vorratshaltung sehr eingeschränkt.

Um etwas Abwechslung zu haben, mieteten wir eine Wohnung in Gamasa am Mittelmeer, das liegt zwischen Alexandria und Port Said. Freunde von uns wohnten schon dort, es war nur 16 km von Sherbien entfernt. Die Wohnung hatte zwar nur zwei Zimmer, aber dafür gab es Strom und fließend Wasser. In Gamasa hatte ich alles, was ich brauchte: Kühlschrank, Elektroherd, Dusche und vieles mehr, was mir in Deutschland so selbstverständlich vorgekommen war. Endlich konnte ich halbwegs „normal" kochen und backen. Diese Wohnung haben wir viele Jahre als Sommerwohnung genutzt und ich verbinde viele glückliche Erinnerungen mit Gamasa. Ich fand dort schnell Anschluss an nette Leute aus Belgien und England. Fast täglich schwammen wir im Meer, ein unglaublicher Genuss für alle. Gerade im Sommer war es dort viel erträglicher als in Sherbien. Manchmal besuchten uns auch meine Schwiegereltern und der Rest der Familie in Gamasa. Meine Schwiegermutter ging dann mitsamt ihrer Kleidung ins Wasser und tauchte nach Muscheln. Anschließend suchte sie sich einen ruhigen Platz, weit von mir entfernt, und verzehrte ihre Beute roh. Sie wusste inzwischen, dass ich keinen Fisch mochte und mich sehr davor ekelte.

Ich selbst konnte in Gamasa ganz unbefangen, wie alle anderen, im Badeanzug schwimmen. Heute baden die Ägypterinnen nur noch vollständig bekleidet. Diese äußeren Umstände haben sich seit damals sehr geändert, und nicht unbedingt zum Besseren.

Wir wohnten drei Jahre lang die meiste Zeit im Dorf und im Sommer am Meer. 1968 wurde unsere Tochter Nevien in Mansura geboren. Als die Wehen einsetzten, waren wir gerade bei einer meiner Schwägerinnen zu Besuch, doch die Hausgeburt verlief sehr gut und ich war erleichtert, wieder ein gesundes Mädchen zur Welt gebracht zu haben. Wie alle in Ägypten stillte ich meine Kinder lange. Es blieb einem auch gar nichts anderes übrig, denn es gab nirgendwo im Land Babynahrung.

Das Geschäft mit den Kühen war kein Erfolg gewesen und langsam wurde Sherif wieder unruhig. Er spielte mit dem Gedanken, nach Deutschland zurückzukehren. Dazu war ich sofort bereit, in Ägypten fand ich das Leben doch sehr beschwerlich und wollte gerne in meiner Heimat leben. Vorher kaufte Sherif seinem Vater aus Dankbarkeit ein Stück Land, weil er so viel für ihn getan und ihm Schule und Studium finanziert hatte. Meine Schwiegermutter bat uns, einen von Sherifs Brüdern mit nach Deutschland zu nehmen. Ich war zunächst dagegen, denn die Verantwortung erschien mehr sehr groß. Schließlich willigte ich jedoch ein und Sherif und sein Bruder Jussef bekamen durch mich das Visum für Deutschland.

1969 waren wir also wieder in Deutschland. Die erste Zeit konnten wir bei meinen Eltern wohnen. Sherif nahm Kontakt zu seiner alten Firma MAN in Mombach auf und konnte sofort wieder dort anfangen. An guten Arbeitskräften herrschte Mangel und sie waren sehr froh, dass er wieder kam. Gleich nach unserer Ankunft in Deutschland boten uns viele Leute ihre Hilfe an, sogar der Pfarrer. Alle waren sehr hilfsbereit und zuvorkommend, aber eigentlich war es gar nicht nötig, denn alles war ziemlich einfach. Sherif hatte Arbeit und bald darauf mieteten wir eine Wohnung in Mombach. Mein Schwager Jussef erhielt seine Arbeitserlaubnis nach zwei Monaten und konnte sofort bei derselben Firma wie Sherif anfangen.

Die Männer gingen also zur Arbeit, ich war zu Hause mit den Kindern. Nadine ging schon zur Schule. Alles war ganz normal, bis auf die Tatsache, dass mein Schwager zusätzlich zum Haushalt gehörte. Unsere Wohnung war zwar teuer, aber wir kamen zurecht. Für mich war es trotzdem selbstverständlich, dass auch Jussef etwas zum Lebensunterhalt beitragen sollte, schließlich lebte er mit uns unter einem Dach und aß, was ich für uns alle kochte. Als ich ihn aber danach fragte, regte sich mein Mann sehr auf. Nach ägyptischer Sitte sei so etwas eine „Schande", denn unter Verwandten könne man kein Geld annehmen und schon gar keines verlangen. Ich verstand das absolut nicht, immerhin verdiente Jussef ganz gut und hatte kaum Ausgaben. Es half aber nichts, dagegen anzureden, es blieb einfach dabei, dass wir ihn mit durchfütterten, solange er bei uns wohnte. Nach einem Jahr suchte er sich dann eine eigene Wohnung in Mainz.

Sherif besaß noch immer keinen Führerschein, obwohl wir ein Auto hatten. Ab und zu besuchten wir meine Eltern in ihrem Dorf in Nordhessen, ungefähr 250 km entfernt. Mein Mann ging auch in Deutschland nie aus, er verbrachte seine Zeit am liebsten mit der Familie. Sein Bruder Jussef allerdings hatte regen Kontakt zu anderen Ägyptern und war viel unterwegs.

In dieser Zeit in Deutschland wurde Sherif schwer krank. Bei der Untersuchung stellte der Arzt einen Nierenstein fest, der irgendwie festsaß. Sherif musste dringend operiert werden, doch danach hatte er noch immer Verwachsungen und musste noch einmal operiert werden. Gott sei Dank ging alles gut, er erholte sich von den Strapazen und wurde wieder ganz gesund.

Sherif war Moslem, aber wohl mehr aus Tradition. Mir gegenüber war er immer sehr tolerant, ich durfte auch in Ägypten immer alles anziehen, was ich wollte. Ein Kopftuch habe ich nie getragen und tue das auch heute nicht.

Nach nur drei Jahren in Deutschland, also 1972, plagte Sherif wieder das Heimweh nach Ägypten. Wir hatten etwas Geld gespart, kamen also nicht mit leeren Händen. Bald packten wir wieder unsere Siebensachen und machten uns auf den Weg. Diesmal war ich besser vorbereitet und wusste, was mich erwartete. Sherif wollte einen zweiten Anlauf in die Selbstständigkeit wagen und kaufte dazu in Deutschland zwei Lastwagen. Ich wollte gerne nach Alexandria ziehen, ans Meer. Auf gar keinen Fall wollte ich wieder nach Sherbien, und Mansura, die nächste Stadt vom Dorf, war mir einfach zu schmutzig. Als Wohnort kam für mich ausschließlich Alexandria in Frage. Zunächst kamen wir bei Freunden in Alexandria unter und begannen sofort mit der Wohnungssuche. Eine gefiel uns ganz gut und mit dem Vermieter wurden wir schnell einig. Nach nur einer Nacht aber verließen wir unsere neu gefundene Bleibe schon wieder, und zwar fluchtartig. Die ganze Wohnung war voller Wanzen und am Morgen waren wir alle vier total zerstochen. Einen Mietvertrag hatten wir noch nicht, in Ägypten macht man das ganz anders als in Deutschland, und so gab es keine Probleme, als wir die Wohnung doch nicht nahmen. Es dauerte tatsächlich eine ganze Weile, bis wir etwas Geeignetes fanden, wo wir uns alle wohl fühlen konnten. Bis es soweit war, wohnten wir erst einmal wieder auf dem Dorf in Sherbien.

Schließlich fanden wir eine möblierte Wohnung in Sidi Bishr, das ist ein Stadtteil von Alexandria. In Alexandria gab es eine deutsche Schule und Nadine wurde sofort dort aufgenommen. Trotzdem musste sie zuerst Arabisch lernen, denn die deutsche Schule dort schließt nicht nur mit dem Abitur sondern auch mit dem ägyptischen Schulabschluss ab. Nadine bekam also Privatstunden in Arabisch und holte auch schnell auf. Nevien kam in den Kindergarten. Jeden Tag fuhr ich die Kinder mit dem Auto zur Schule und in den Kindergarten, morgens hin und nachmittags zurück, das habe ich für alle meine Kinder die ganzen Jahre über getan. Ich fuhr von unserer Wohnung über die Corniche, das ist die Straße am Meer, bis zur Schule. Der Verkehr war längst nicht so dicht wie heute, es gab viel weniger Autos, und man kam sehr gut voran.

Im Dezember reisten wir noch einmal nach Deutschland, um die Wohnung meines Schwagers Jussef aufzulösen. Außerdem hatte Sherif zwei Lkws bestellt, die wir abholen und verschiffen mussten. Nadine hatte keine Lust mitzukommen und blieb in Alexandria bei einer Freundin. Sherif, Nevien und ich machten uns also zu dritt auf den Weg. Per Schiff trafen wir am 16. Januar wieder am Hafen von Alexandria ein.

An diesem Tag gab es vor der ägyptischen Küste einen fürchterlichen Sturm und unser Schiff lief auf Sand auf. Der Bug legte sich schräg, es war wirklich unheimlich. Das Schiff wurde evakuiert, dazu verfrachteten uns Soldaten über Strickleitern in die Rettungsboote. Es war schrecklich kalt und wir mussten all unsere Sachen an Bord lassen. Nur eine kleine Tasche konnten wir mitnehmen. Später haben wir zwar alles wieder bekommen, aber natürlich war alles völlig durchnässt.

Nun hatte Sherif die Lkws als Startbasis und gründete gemeinsam mit seinem Bruder Jussef ein Fuhrunternehmen. Später zahlte er ihn aus und arbeitete allein weiter. Er beschäftigte bis zu zehn Mitarbeiter, Lastwagenfahrer und Bürokräfte für die Abwicklung. Das Firmengelände entstand auf einer ehemaligen Hühnerfarm. Sherif kaufte die Hühnerfarm und ließ sämtliche Gebäude abreißen. Das Land gehörte zwar noch immer der

Stadt, aber er konnte darauf seine Büros, eine Werkstatt und Garagen bauen. Diesmal klappte es besser mit der Selbstständigkeit und das Geschäft florierte. Wir beide flogen nun regelmäßig nach Deutschland um Lkws zu kaufen, die dann über das Mittelmeer nach Ägypten transportiert wurden.

1974 war ich wieder schwanger und unser drittes Mädchen Nour kam im Sommer 1975 zur Welt. Wir zogen noch einmal um und wohnten einige Zeit in Loran zur Miete. Später kaufte mein Mann das Haus auf den Namen unserer Töchter. Wir ließen das Haus komplett renovieren und zwar richtig. Zu diesem Zweck ließen wir extra aus Deutschland einen Schreiner kommen. Der wohnte mitsamt seiner ganzen Familie ebenfalls in diesem Haus und leitete die Umbauarbeiten. Seine Kinder gingen mit unseren in die gleiche deutsche Schule und so konnten wir uns gegenseitig mit dem Fahrdienst ein wenig entlasten. Oft fuhr Sherif nun auch allein nach Deutschland. Unser Lieferant saß in Ulm, und da wir nicht immer im Hotel übernachten wollten, kauften wir dort eine Wohnung. Diese Wohnung nutzten wir in den folgenden zehn Jahren im Sommer oft als Ferienwohnung.

Mein Bruder Michael kam aus Deutschland zu uns nach Alexandria und arbeitete bei meinem Mann im Geschäft mit. So war immer ein zuverlässiger Vertreter im Haus, wenn Sherif nicht da war. Natürlich wohnte Michael nun ebenfalls bei uns. Ich kümmerte mich um den Haushalt und die Kinder und hatte mehr als genug zu tun. Deshalb habe ich nie im Geschäft mitgearbeitet. 1979 wurde unser Sohn Achmed geboren.

Mit dem deutschen Schreiner gab es Schwierigkeiten, bis wir ihn schließlich 1981 entlassen mussten. Er ging zurück nach Deutschland, und zwar ohne seine Schulden bei uns zu begleichen. Immerhin blieb uns unsere schöne Wohnung im sechsten Stock.

1982, als Anwar El Sadat starb, gingen die Geschäfte auf einmal sehr schlecht, alles ging langsam den Bach runter. Überall im Land herrschte große Unsicherheit. Sherif machte noch viele Geschäfte, aber manche davon gingen deutlich über seine Verhältnisse. Plötzlich gab es ständig Schwierigkeiten mit der Bezahlung. Einmal hatte er drei Lastwagen an einen Kunden verkauft, doch der Mann hat nur einen Teil bar bezahlt, für den Rest wurden Wechsel ausgestellt. Als mein Mann die fälligen Wechsel einlösen wollte, platzten diese und wir bekamen keinen Pfennig. Eine juristische Möglichkeit, an unser Geld zu kommen, gab es nicht.

Die Umstände und die Sorgen machten Sherif sehr zu schaffen, auch wenn man es auf den ersten Blick nicht merkte. Er wurde depressiv, aber das wurde mir erst sehr viel später klar. Depressionen sind eine ernstzunehmende Krankheit und der Arzt, zu dem ich Sherif brachte, verschrieb ihm auch Medikamente. Sherif nahm zwar die Tabletten, aber es half alles nichts. Nachts konnte er nicht mehr schlafen, es wurde immer schlimmer. Auch in Deutschland ging ich mit ihm zu einem Arzt, den wir schon jahrelang kannten. Aber mein Mann war nicht ehrlich zu ihm, sondern spielte ihm etwas vor. Sein Zustand war ihm peinlich und so sagte er nicht, was wirklich los war. Ich selbst konnte mich da nicht einmischen, wenn ich mit dem Arzt gesprochen hätte, wäre Sherif sicher sehr böse geworden.

Zum ersten Mal in meinem Leben hatte ich Angst. Ich wusste nicht genau, wovor ich mich fürchtete, aber eines war sicher: So konnte es nicht weitergehen. Einmal fand ich in Sherifs Aktentasche Kaufverträge aus Deutschland für dreißig Reisebusse. Aber dafür hatten wir gar kein Geld, das wusste ich genau. Ich versuchte mit ihm zu reden, alles umsonst. Er erklärte nur, dass der erste Bus bald geliefert würde, Platz hätte er ja genug. Aber inzwischen hatten wir gar keine Leute mehr und wie wollte er ohne Leute und ohne Kapital das Geschäft wiederaufbauen? Es war völlig unmöglich und widersprach dem gesunden Menschenverstand. Offensichtlich war auch Michael in dieses Geschäft eingeweiht. Ich war verzweifelt. Ich rang und kämpfte mit mir und schließlich gelang es mir immerhin, den Auftrag für die Busse zu stornieren. Dazu legte ich ein Attest vor, aus dem hervorging, dass mein Mann krank war. Ein Reisebus wurde zwar noch geliefert, aber den konnten wir zum Glück schnell verkaufen.

Eines Nachts konnte Sherif wieder nicht schlafen, er stand auf und schlich sich leise aus dem Schlafzimmer. Ich hörte, wie er über die Treppe nach oben ging, aufs Dach. Ich erschrak zutiefst und stand sofort auf und folgte ihm. Dort stand er auf dem Dach und blickte ins Leere. „Wenn du jetzt nicht gekommen wärst, dann wäre ich gesprungen", sagte er.

Dieser Vorfall beunruhigte mich noch mehr, aber mir fiel einfach nichts ein, was ich für ihn hätte tun können. Mit der Zeit verdrängte ich die Episode und dachte nicht mehr daran. Irgendwie würde schon alles wieder in Ordnung kommen, so meine trügerische Hoffnung.

Einige Wochen danach fuhr er allein nach Sherbien. Dort versuchte er zum ersten Mal sich umzubringen. Dazu hatte er sich eine scharfe Flüssigkeit besorgt, die er austrank. Einer seiner Verwandten fand ihn aber rechtzeitig und man brachte ihn ins Krankenhaus, wo ihm sofort der Magen ausgepumpt wurde. Als man mich anrief, eilte ich sofort ins Krankenhaus. Und nicht nur ich. Alle waren da und wollten ihm helfen. Das Problem bei einer Depression ist nur, dass einem die Hilfe der anderen völlig gleichgültig ist.

Seine Mutter redete ihm ins Gewissen: „Du solltest glücklich sein, du hast eine schöne Frau, die dich liebt und ihr habt vier schöne, gesunde Kinder. Geld ist längst nicht alles. Sei zufrieden mit deinem Leben." Aber er war nicht zufrieden. Er fühlte sich als Versager, der es trotz Schule und Studium zu nichts gebracht hatte.

Ich versicherte ihm, wie sehr ich ihn liebte, und dass ich immer zu ihm stehen würde. „Gemeinsam können wir alles meistern. Die Hauptsache ist, du wirst wieder gesund!" Aber am Ende haben all unsere Reden nichts geholfen.

Mein Bruder Michael lebte nun schon seit drei Jahren bei uns. Eigentlich wollte er demnächst Ägypten verlassen und nach Deutschland zurückkehren. Jetzt aber hatte er Angst um mich und beschloss zu bleiben. „Ich kann dich hier nicht allein lassen", sagte er. „Wenn etwas passiert…"

Ich konnte mir nicht vorstellen, dass Sherif mir etwas antun würde. Schließlich liebten wir uns, er wusste, ich war für ihn da und es war ihm immer sein Herzenswunsch, dass es mir gut ging. Aber Michael ließ sich nicht beirren, er machte sich ernsthaft Sorgen um mich. „Manche Menschen, die sich umbringen wollen, nehmen das Liebste mit sich", erklärte er und blieb in

Ägypten. Noch heute bin ich ihm für seine Hartnäckigkeit und Sorge dankbar.

Es vergingen weitere drei Wochen vor dem ganz schrecklichen Tag. Zunächst schien es ein ganz normaler Tag zu sein. Im Haus war es ruhig. Die Kinder waren wie immer aus der Schule gekommen, wir hatten alle zusammen zu Mittag gegessen. Mein Schwager Jussef war zu Besuch da und hatte sich nach dem Essen zum Schlafen hingelegt. Michael war noch mal hinausgegangen, weil er in unserem nahe gelegenen Büro irgendetwas reparieren wollte. Ich war im Haushalt mit verschiedenen Dingen beschäftigt. Dann fiel mir auf, dass Sherif sehr unruhig war. Er konnte kaum stillsitzen, lief stattdessen nervös im Wohnzimmer hin und her. Auf einmal sah ich, dass er ein großes Messer in der Hand hielt. Seine Augen wirkten seltsam blicklos. Ich wurde ganz starr vor Schreck. Er trat auf mich zu, packte mich, hielt mir den Mund zu und versuchte mir den Hals durchzuschneiden. Ich wehrte mich reflexhaft, aber aus meinem Mund kam kein Laut. Das Messer schnitt in meine rechte Hand und auf einmal sah ich Blut aus der Wunde an meinem Hals spritzen. Mir wurde eiskalt, ich war innerlich ganz erstarrt und dachte nur an meine Kinder. In diesem Augenblick war mein Leben für mich vorbei.

In diesem Moment kam meine Tochter Nevien ins Zimmer. Sie riss die Augen auf und schrie panisch: „Papa, Papa!" Mein Bruder war gerade wieder zur Haustür hereingekommen, denn im Büro hatte er wegen eines Stromausfalls nichts ausrichten können. Er stürzte sofort ins Wohnzimmer und schrie wutentbrannt: „Du Verbrecher, du hast meine Schwester umgebracht!" Jetzt endlich ließ Sherif mich los und rannte auf den Balkon. Keine Sekunde hielt er inne, er sprang, landete auf einem Autodach und war sofort tot. Ich stand noch immer wie festgewachsen im Wohnzimmer.

Mein Bruder hat mich gerettet. Er stillte die Blutung, trug mich mit Hilfe unseres Chauffeurs ins Auto und fuhr mich ins nächste Krankenhaus. Doch die Notaufnahme dort war geschlossen und wir mussten erst noch in ein anderes Krankenhaus fahren. Ich hatte großes Glück. Die Ärztin, die gerade Dienst hatte, kannte mich, sie unterrichtete auch an der deutschen Schule. Geistesgegenwärtig tat sie sofort das Richtige, klemmte die Adern ab, stoppte damit die Blutung endgültig und gab mir Infusionen. Das habe ich natürlich alles erst hinterher erfahren. Ich stand unter Schock, hatte viel Blut verloren und wurde immer wieder ohnmächtig. Außerdem machte ich mir furchtbare Sorgen um die Kinder. Michael sorgte dafür, dass sie bei Nachbarn im gleichen Haus bleiben konnten, bis ich wieder auf die Beine kam.

Das Krankenhaus, in dem ich behandelt wurde, war sehr einfach, in Deutschland würde man angesichts der Zustände dort sicher die Hände über dem Kopf zusammenschlagen. Manchmal sprangen streunende Katzen über unsere Betten. Aber die Ärzte und Schwestern dort haben zur richtigen Zeit das Richtige getan und mir damit das Leben gerettet. Ich musste sofort operiert werden und wurde erst später in ein anderes Krankenhaus verlegt. Die Messerschnitte an meiner Hand wurden genäht und heilten, nur einige Finger sind seitdem taub geblieben.

Sherif wurde direkt am nächsten Tag beerdigt, wie das in Ägypten üblich ist. Da lag ich natürlich noch im Krankenhaus und konnte das Geschehene auch noch gar nicht begreifen. Alle meine Freunde kamen mich besuchen, sie haben mich sehr unterstützt, sonst hätte ich das alles gar nicht durchstehen können. Überhaupt hatte ich nach dem schlimmen Tag sehr viel Glück. Sogar Menschen, von denen ich es nie erwartet hätte, boten mir selbstlos ihre Hilfe und Unterstützung an.

Man erzählte Sherifs Mutter nicht, wie ihr Sohn gestorben war. Man sagte ihr lediglich, dass er tot war. Sie war damals selbst schon sehr hinfällig, sie hatte mehrere Schlaganfälle gehabt und starb ein halbes Jahr später. Sherifs Vater aber sagten wir, was wirklich geschehen war, er hat die Wahrheit ertragen müssen.

Ich weiß nicht mehr, wie ich die nächste Zeit überstanden habe. Die ersten Wochen war ich wie betäubt und erledigte die alltäglichen Dinge nur mechanisch. Mein Bruder blieb noch einige Zeit bei mir. Dann kam meine Schwester nach Ägypten und blieb drei Monate. Und viele Freunde und Bekannte halfen mir ebenfalls, auch wenn ich mich nicht an sämtliche Einzelheiten erinnern kann.

Immer wieder dachte ich voller Zorn an Sherif. Fast hätte er mich getötet, was wäre dann aus unseren Kindern geworden? Jetzt hatten sie keinen Vater mehr. Ich bekam Albträume, immer wieder versuchte ich mir vorzustellen, wie ich es hätte verhindern können. Erst Jahre später verstand ich, dass Sherif sehr krank gewesen war. Er konnte nicht mehr klar denken. Was geschehen ist, ist schrecklich, aber es war nicht meine Schuld.

Das Wichtigste waren nun meine Kinder. Sie brauchten mich jetzt mehr denn je, für sie musste ich da sein, und ohne sie hätte ich kaum die Kraft gefunden, weiterzuleben. Die Ereignisse haben sie natürlich sehr mitgenommen. Mein Sohn Achmed war erst vier, er hat am wenigsten von der Katastrophe mitbekommen. Aber meine Töchter hatten alle drei einen schweren Schock. Es hat viele Jahre gedauert, bis sie das Geschehen verarbeitet hatten und nach vorne blicken konnten. Nevien, die Zweitälteste, hat alles mit eigenen Augen mit ansehen müssen. Damals war sie erst fünfzehn Jahre alt. Sie hat lange darunter gelitten.

Nach einigen Wochen, als ich wieder halbwegs klar denken konnte, machte ich mich daran, die finanzielle Seite unserer Familie zu sichten. Wieder ein großer Schock. Wir hatten einen riesigen Schuldenberg bei verschiedenen Banken angehäuft. Außerdem gab es Aktien, die noch nicht voll bezahlt waren, und jede Menge Schecks und Wechsel.

Nadine war als einziges meiner Kinder bereits volljährig und konnte somit direkt erben. Für die anderen drei musste ich alles lückenlos registrieren lassen. Es gelang mir, sämtliche Dokumente aus Sherbien zum Vormundschaftsgericht nach Alexandria zu übertragen. Unzählige Stunden verbrachte ich im Büro einer Beamtin bei Gericht, alles wurde einzeln aufgenommen.

Nach ägyptischem Gesetz wurde nach Sherifs Tod automatisch der Großvater der Vormund der Kinder. Als der Großvater dann starb, bemühte sich einer meiner Schwager um die Vormundschaft. Ich fand das nicht richtig, schließlich war ich die Mutter der Kinder und damit stand mir die Vormundschaft natürlicherweise zu. Es gab ein ziemlich unschönes juristisches Gerangel, an dessen Ende es mir aber gelang, die Vormundschaft meiner Kinder auf mich übertragen zu lassen. Damit wurde die gesamte Abwicklung unserer finanziellen Angelegenheiten deutlich erleichtert.

All unsere geschäftlichen Dokumente waren in Mansura registriert, alles musste erst einmal nach Alexandria übermittelt werden. Meine arabischen Sprachkenntnisse waren begrenzt und der Umgang mit all diesen Behörden war für mich alles andere als einfach. Ich hoffte, mein Schwager Jussef würde mir helfen, schließlich hatte er mit uns in Deutschland gelebt, und wir kannten uns gut. Er war schnell einverstanden, alles für mich zu erledigen und ich vertraute ihm. Bald stellte sich aber leider heraus, dass er nur auf seinen eigenen Vorteil bedacht war. Die ganze Familie schien sich auf einmal gegen mich verschworen zu haben und gönnte mir weder meine Kinder noch die finanzielle Unabhängigkeit.

Jussef wollte zum Beispiel eines unserer Autos für sich haben und wandte sich an unseren Chauffeur. Der wies ihn freundlich darauf hin, was in den Fahrzeugpapieren stand. Da war ich nämlich als Eigentümer eingetragen und so konnte nur ich darüber entscheiden, wer den Wagen bekommen sollte. Jussef ließ sich die Papiere geben und studierte ungläubig den Eintrag. Als ihm klar wurde, dass er das Auto nicht bekommen würde, lief er vor Wut rot an und brachte keinen Ton hervor. Sein Gesicht in diesem Moment habe ich nie vergessen. Von da an wusste ich, dass ich mich auf ihn überhaupt nicht verlassen konnte.

Immerhin half mir mein Bruder Michael, aber er konnte nicht so gut Arabisch. Und unser Chauffeur hielt auch zu mir. So war ich mit den umfangreichen Formalitäten nicht ganz auf mich allein gestellt.

Als Erstes mussten wir die Firma abwickeln und auflösen. Auf dem Firmengelände standen noch jede Menge Lastwagen herum, die verkauft werden mussten. In der Werkstatt lagerten Ersatzteile und Maschinen. Tag und Nacht wurde die Firma von einem Sicherheitsdienst bewacht, damit nichts geklaut wurde. Insgesamt dauerte es vier lange Jahre, bis endlich alles verkauft war. Unser Chauffeur hat mir bei allen diesen Transaktionen sehr geholfen. Nicht nur, dass er die Sprache beherrschte, er kannte sich außerdem mit den geschäftlichen Gepflogenheiten hier in Ägypten gut aus. Er kannte alle Kunden persönlich und wusste, wo sie wohnten oder ihr Geschäft hatten. Und was am wichtigsten war: Ich konnte mich hundertprozentig auf ihn verlassen. Er stammte wie Sherif aus Sherbien und hat ihn bei allen Geschäften immer begleitet. Ich glaube, er war der Einzige, der Sherif wirklich gut kannte. Die Loyalität zu seinem alten Freund hielt bis über dessen Tod hinaus an und schloss mich ganz selbstverständlich mit ein. Bis heute habe ich Kontakt zu ihm, gelegentlich ruft er an und fragt, wie es mir geht. Viele der Schecks und Wechsel konnte ich nach und nach eintreiben. Aber bis heute habe ich noch Papiere, die leider völlig wertlos sind.

Nach weiteren vier Jahren konnte ich die Firma ganz auflösen. Die Gebäude wurden verkauft, das Grundstück gehörte der Stadt. Und wieder konnte ich es der Familie meines Mannes nicht recht machen. Sie fanden, der Kaufpreis sei viel zu niedrig. Aber sie fanden auch keinen Käufer, der mehr bezahlt hätte. Bei allen Verkäufen musste ich immer Vollmachten von sämtlichen Erben beibringen. Bald kannte ich das islamische Erbgesetz besser als die Beamten und Notare. Die Familie legte immer alles zu ihren Gunsten aus und ich hatte mehr als einmal das Gefühl von der eigenen Familie übers Ohr gehauen worden zu sein. Ich sorgte dafür, dass die Unkosten, die mir vorher entstanden waren, von der Endsumme des Erbes abgezogen wurden. Das Land in Sherbien, das mein Mann noch gekauft hatte, wurde an einen der Brüder verpachtet. Trotzdem wurden wir mehrmals betrogen, indem man mir Dinge verheimlichte und sogar meine Unterschrift fälschte. So wurden die Kinder um einen Teil ihres rechtmäßigen Erbes gebracht und ich konnte nichts tun außer zu retten, was zu retten war.

Acht Jahre nach Sherifs Tod kehrte schließlich langsam Ruhe ein. Alle Transaktionen waren abgeschlossen und ich konnte sämtliche Schulden bezahlen, sogar die Steuerschulden. Ich bekam eine Steuerbescheinigung und damit war alles erledigt. Ich war froh, dass es vorbei war, auch wenn sich nicht immer alles zu meinen Gunsten gefügt hatte. Jetzt endlich konnte ich die Vergangenheit loslassen und wieder gut schlafen.

Das Geld aus Sherifs Erbe reichte aus, um gut für die Kinder zu sorgen. Alle konnten studieren und das Haus in Loran konnten wir ebenfalls behalten. In Agamy kaufte ich eine Wohnung, wo wir nun unsere Sommer verbrachten.

Mein Schwager Jussef starb 1989 in Deutschland, er sollte dort am Herzen operiert werden. Drei Tage vor dem angesetzten OP-Termin ist er gestorben. Mein Schwiegervater verstarb schon 1987.

Inzwischen habe ich sehr viel nachgedacht, über den Tod meines Mannes, wie es so gekommen ist, und was alles vorher passiert war. Heute glaube ich, dass Sherif nie gelernt hat, mit Problemen vernünftig umzugehen. Seine Familie schätzte ihn sehr, man war so stolz auf ihn, weil er der Erste war, der studiert hatte. Immer wurde er nur gelobt, Fehler traute man ihm überhaupt nicht zu. So hat er auch selbst seine eigenen Fehler nie akzeptieren können. Ich weiß, dass wir alles, was nach seinem Tod kam, die gesamte Abwicklung der Firma und Konsolidierung unserer Finanzen, auch zusammen hätten machen können. Ich hätte immer zu ihm gehalten und wir hätten ein schönes und erfülltes Leben mit unseren Kindern haben können. Wie gern hätte ich ihn bei all seinen Geschäften und Problemen unterstützt. Aber das hat er nicht zugelassen, vielleicht weil er mir nicht vertraute, vielleicht auch, weil er sich die Probleme niemals eingestehen wollte. Darüber ist er krank geworden.

Heute denke ich auch oft zurück an die schönen Zeiten, die wir zusammen hatten. Wir haben uns sehr geliebt und nach all diesen Jahren kann ich jetzt endlich ohne Hass oder Zorn an ihn denken.

Ägypten ist mir über die Jahre sehr ans Herz gewachsen. Zwei meiner Kinder leben in Ägypten. Eine meiner Töchter ist in Alexandria verheiratet und hat zwei Kinder. Mein Sohn lebt in Sharm el Sheik. Er ist geschieden und hat einen Sohn, der bei seiner Mutter in Alexandria lebt. So habe ich drei Enkel in meiner Nähe. Meine anderen beiden Töchter leben in Deutschland und in den USA. Wie fast alle Mütter möchte ich meine Kinder möglichst oft sehen und so reise ich jedes Jahr mindestens einmal nach Deutschland und einmal in die USA.

Mit anderen deutschen Frauen hatte ich über die Jahre wenig Kontakt. Ich hatte mit meiner Familie immer sehr viel zu tun und wenig Zeit für zwanglose Treffen. Die zwei deutschen

Freundinnen, die ich hier in Ägypten habe, waren mir aber in meiner schwersten Zeit eine große Hilfe und Unterstützung. Erst viel später, vor zehn Jahren, bekam ich zufällig Kontakt mit den deutschen Frauen in Alexandria. Das ist eine lose Gruppe, die sich regelmäßig zum Erfahrungsaustausch trifft. Seit meine Kinder alle erwachsen sind, habe ich natürlich auch mehr Zeit für mich. Um mich ein wenig fit zu halten, gehe ich regelmäßig im Sporting Club laufen. Es gibt viele gegenseitige Besuche unter Freundinnen. Heute mag ich Alexandria sehr gerne und habe mich an vieles gewöhnt, was mir am Anfang schwer gefallen ist.

Manchmal ist es in Ägypten nicht leicht akzeptiert zu werden, gerade als Ausländerin. Aber besonders wenn man die Sprache spricht, begegnen einem die meisten Menschen hier mit Respekt.

Mein Leben ist nicht sehr geradlinig verlaufen und war über lange Jahre sehr schwierig. Heute bin ich froh und stolz, dass ich die Kraft hatte, für meine Kinder da zu sein. Sie sind meine große Freude, die Belohnung für alle überstandenen Kämpfe und Rückschläge. Im nächsten Jahr werde ich siebzig und ich hoffe sehr, dass ich noch viele schöne Jahre mit meinen Kindern und Enkeln erleben kann.

# Heike B.
# Ein Blick wie Feuer

*Heike ist eine zierliche Frau mit blauen Augen und einem langen dunklen Pferdeschwanz. Trotz ihrer 64 Jahre wirkt sie sehr mädchenhaft. Ein bisschen schüchtern ist sie, das war sie wohl schon immer. Sie kommt in Begleitung ihrer besten Freundin Renate H. zu mir und erzählt mir ihre Geschichte. Oft stockt sie, und ich muss viel nachfragen. Was bringt eine so zurückhaltende junge deutsche Frau dazu, mit einem Ägypter fortzugehen, alles Bekannte in der Heimat zu verlassen und ein völlig neues Leben zu beginnen? Das ist eine faszinierende Frage für mich. War es die große Liebe, die pure Neugier oder Abenteuerlust? Ich versuche dieser Frage auf den Grund zu gehen.*

*Hier ist Heikes Geschichte:*

Als ich meinen Mann 1960 in Hamburg kennen lernte, war ich gerade mal 17 – und sehr schüchtern. Es ist schon erstaunlich, dass wir uns dennoch gefunden haben… Ich lebte noch bei meinen Eltern, meiner Mutter und meinem Stiefvater. Mein Vater war im Krieg gefallen, aber ich hatte noch einen Bruder. Meine Mutter hatte nach dem Krieg wieder geheiratet, und aus dieser Verbindung gab es noch eine Halbschwester. Ich war mitten in der Ausbildung zur Kürschnerin. Den Beruf kennen heute viele gar nicht mehr, es ist so etwas wie eine Schneiderin für Pelze und Pelzwaren. Es war in einem Tanzlokal, als ich Fawzi B. zum ersten Mal sah. Sein Blick traf mich wie Feuer. Er forderte mich zum Tanzen auf. Seine Augen sahen in meine. Instinktiv versuchte ich seinem Blick auszuweichen. Es nützte nichts. Immer wieder drehte er meinen Kopf zurück, sodass ich ihn ansehen musste. Damals wusste ich natürlich noch nicht, dass er Ägypter war. Er wollte sich mit mir treffen, ich ging aber nicht hin. Obwohl ich viel an ihn dachte. Aber ich war so jung und so unerfahren, mir war das alles zu viel. Trotzdem: Ich hatte Feuer gefangen.

Fawzi war damals 21, er studierte in Hamburg Medizin. Bald nach unserer ersten Begegnung traf ich ihn zufällig auf der Straße. Diesmal kam ich nicht so einfach davon. Unsere Blicke begegneten sich und von diesem Moment an haben wir uns nie mehr losgelassen. Jetzt ging alles ganz schnell. Wir waren sehr verliebt und wollten uns nie wieder trennen. Schon bald bemerkte ich, dass Fawzi sehr eifersüchtig war – und zwar völlig grundlos. Ich habe das lange nicht verstanden, und es hat Jahre gedauert, bis ich mich halbwegs daran gewöhnt hatte. Ich war sehr aufrichtig und sehr verliebt, da traf mich seine Eifersucht gänzlich unvorbereitet und natürlich unbegründet. Noch heute ist Fawzi sehr eifersüchtig, aber über die Jahre habe ich gelernt, damit umzugehen.

Wir waren unserer Sache wie gesagt vom ersten Moment an sicher und wollten schon bald heiraten. Zuerst war meine Mutter gegen diese Heirat, sie machte sich natürlich Sorgen, ob ich mir das alles auch gut überlegt hätte usw. Mein Stiefvater allerdings war sofort einverstanden und hat mich unterstützt. Gemeinsam konnten wir meine Mutter umstimmen. So heirateten Fawzi und ich 1960 im Standesamt in Hamburg. Schon 1961 wurde unser Sohn Farid geboren.

1962 fuhren wir zum ersten Mal nach Ägypten in den Urlaub. Unseren Sohn ließen wir bei meinen Eltern. Die Familie meines Mannes lebte in Mansura, das liegt am Nil, etwa 180 km von Alexandria. Bei dieser Reise lernte ich Fawzis Familie kennen. Sie durften aber nicht wissen, dass wir verheiratet waren. Mein Mann sollte nämlich eine Verwandte heiraten, das war schon vor Jahren so beschlossen worden. Es ist in Ägypten durchaus noch üblich, dass die Ehen von den Eltern der Brautleute vermittelt werden und Fawzi war sich nicht sicher, wie seine Eltern auf unsere Heirat reagieren würden. Also schlief ich bei einer Schwägerin im Zimmer und galt nur als „gute Bekannte" meines Mannes. Was die Familie von dieser Konstellation gedacht haben mag, weiß ich nicht, aber irgendwann mussten wir dann doch mit der Wahrheit herausrücken. Fawzi erzählte ihnen alles und ich weiß noch, dass er dabei Tränen in den Augen hatte. Er hatte sehr großen Respekt vor seinen Eltern und wollte sie auf keinen Fall enttäuschen. Wir erzählten auch von unserem Sohn und zeigten allen die mitgebrachten Fotos von dem kleinen Farid. Derart vor vollendete Tatsachen gestellt, machten Fawzis

Eltern aber das Beste aus der Situation: Nachdem sie die unerwartete Nachricht verdaut hatten, nahmen sie mich sehr herzlich in die Familie auf. Wir genossen unsere letzten Urlaubstage und fuhren anschließend zurück nach Deutschland. Fawzi studierte weiter Medizin in Hamburg, ich arbeitete in meinem erlernten Beruf als Kürschnerin. Meine Mutter kümmerte sich zeitweise um unseren Sohn. Diese Lösung gefiel uns allen sehr gut, Fawzi und ich hatten eine gemeinsame Wohnung und waren eigentlich ganz zufrieden.

Leider kam Fawzi mit seinem Studium nicht recht voran. Einerseits lag das natürlich an der Sprache, aber außerdem ist das Studium in Deutschland ganz anders strukturiert als in Ägypten. Deshalb beschlossen wir nach einiger Zeit, dass er besser in Ägypten weiter studieren sollte. 1966 war es soweit, wir packten unsere Koffer und zogen nach Ägypten um. Wir reisten in einem Mercedes nach Venedig und dann mit dem Schiff nach Alexandria. Der Mercedes war auf meinen Namen zugelassen und wir importierten ihn offiziell nach Ägypten. Es dauerte aber eine ganze Weile, bis wir ihn durch den Zoll bekamen. Mehrere Male mussten wir nach Kairo fahren, um den ganzen Papierkram zu erledigen. Dann verkauften wir den Wagen in Ägypten, das Geld sollte uns unseren Lebensunterhalt für die nächste Zeit sichern. Damals machten das viele Ausländer so, denn es war eine recht einfache und risikoarme Methode, Geld zu verdienen. Die Einfuhrzölle nach Ägypten waren sehr hoch, was die Preise nach oben trieb. Als Ausländer war man von den Zöllen befreit und konnte dadurch die Autos in Ägypten sehr gut verkaufen, mit einer hübschen Summe als Gewinn.

Die erste Zeit in Ägypten war ziemlich schwer für mich. Wir wohnten bei Fawzis Eltern und jeder war bemüht, es mir angenehm zu machen, aber es dauerte trotzdem lange, bis ich mich an alles gewöhnen konnte. Fawzis Familie war sehr herzlich. Mein Mann hat zehn Geschwister, aber natürlich sprachen alle nur Arabisch. Mein Schwiegervater war Baumwollhändler, er fuhr oft geschäftlich nach Alexandria. Damals gab es noch die Börse in Alexandria, und dort wurde die Baumwolle gehandelt. Er war wirklich sehr nett zu mir. Zum Beispiel kaufte er für mich Butter und Marmelade ein, denn an das Frühstück mit

Foul (Pferdebohnen) konnte ich mich erst gar nicht gewöhnen. Damit muss man wohl groß geworden sein – obwohl es sehr gesund sein soll und tatsächlich den ganzen Tag satt macht. Mein Schwiegervater setzte sich auch zu mir ins Wohnzimmer und übte mit mir Arabisch. Von ihm lernte ich die ersten Begriffe: Stuhl, Tisch, Brot, Wasser. Mit viel Geduld brachte er mir ein Wort nach dem anderen bei und wiederholte sie so lange, bis ich sie konnte.

Die Wohnung der Schwiegereltern war einfach, so wie alle Wohnungen damals. Die Dienstmädchen schliefen in der Küche auf dem Fußboden. Das war damals so üblich. Die hygienischen Verhältnisse ließen zu wünschen übrig, überall wimmelte es von Kakerlaken und Flöhen. Man musste sehr aufpassen, dass man sich nichts einfing. Das Badezimmer entsprach natürlich auch nicht dem aus Deutschland gewohnten Standard. Für mich war das alles sehr schwierig, aber ich war jung und irgendwann gewöhnte ich mich an alles. Trotzdem war ich sehr froh, als wir endlich in eine Mietwohnung nach Alexandria zogen. Das Auto hatten wir verkauft und uns von dem Geld Möbel gekauft. Es blieb sogar noch einiges übrig, und von diesem Geld konnten wir noch eine Zeit lang leben. Fawzi ging wieder zur Uni in Alexandria, er studierte nun Zahnmedizin. Ich selbst war Hausfrau und Mutter. Damals gab es nirgendwo deutsche Zeitungen oder Illustrierte zu kaufen. Natürlich gab es auch kein Fernsehen. Ich fühlte mich sehr einsam und abgeschnitten von meiner Heimat. Es fehlten mir einfach meine Kontakte im Alltag, ich hatte niemanden, mit dem ich mich hätte austauschen können. Die meiste Zeit verbrachte ich mit Putzen, vielleicht weil mir der Dreck in Ägypten so auf die Nerven ging. Zuerst musste ich die Wohnung gründlich sauber machen. Das Klima in Alexandria ist manchmal feucht und oft sehr windig. So kämpft man jeden Tag aufs Neue gegen den Sand und die Feuchtigkeit. In dieser Zeit war Renate H. meine einzige Freundin, unsere Männer kannten sich schon aus Hamburg. Mit der Zeit lernte ich durch sie noch andere deutsche Frauen kennen. Mein großer Sohn wurde eingeschult und ging in eine englische Schule. Morgens wurde er mit dem Schulbus abgeholt und gegen 14 Uhr wieder gebracht. 1968 wurde unser zweiter Sohn

Sherif geboren. Außerdem lebte bei uns noch das Dienstmädchen. Es war ein kleines Mädchen vom Lande, sie war erst zehn Jahre alt und half mir bei allen Hausarbeiten. Gewaschen wurde von Hand im Badezimmer, eine Waschmaschine gab es nicht. In der Küche wurde auf dem Herd in einem großen Topf die Wäsche gekocht, auch die Windeln und natürlich auch die weißen Socken, die zur Schuluniform gehörten. Es war alles recht mühsam. Das Mädchen hatte bei uns ein eigenes kleines Zimmer, sie bekam auch das gleiche Essen wie wir. Als sie zu uns kam, musste ich sie zuerst waschen und entlausen, sonst hätte sie uns das ganze Ungeziefer in die Wohnung geschleppt. Sie blieb einige Jahre. Danach hatte ich dann 25 Jahre lang eine Hilfe, die immer einmal in der Woche kam. Sie hieß Fatma und war sehr zuverlässig. Heute ist es viel schwieriger, gutes Personal zu bekommen. Die Leute sind nicht mehr so zuverlässig und dann steht man vielleicht von heute auf morgen allein da.

Als wir 1966 nach Ägypten kamen, war die Versorgung noch sehr schlecht. Viele Lebensmittel waren rationiert und für manche Dinge musste man stundenlang in den Gameias (Gameia ist eine Verkaufsstelle der Kommune) anstehen. Jede Familie hatte ein Lebensmittelbuch mit Marken, die aber oft nicht ausreichten. Rationiert waren zum Beispiel Mehl, Öl, Zucker, Butterschmalz. Manchmal gab es auch Fischdosen oder Corned Beef. Fleisch und Geflügel bekam man nur an bestimmten Tagen. Ich verbrachte sehr viel Zeit mit Anstehen und musste dann eben mit diesen Lebensmitteln auskommen. Immerhin: Obst und Gemüse gab es immer zu kaufen

Den Krieg mit Israel (1967) erlebten wir nur am Rande. Jetzt musste nachts immer alles verdunkelt werden. Einmal hörten wir, wie der Flughafen von Alexandria beschossen wurde. Mehr bekamen wir von den Auseinandersetzungen nicht mit. Es war die Zeit von Gamal Abdel Nasser. Nasser hatte Ägypten politisch vom Westen abgeschottet und sympathisierte offen mit der UdSSR. Die Opposition im Land wurde gewaltsam unterdrückt. Fawzi besuchte weiterhin die Universität und hatte dort seine Freunde. Viele von ihnen kamen aus dem Ausland, mit ihnen hatte er besonders viel Kontakt, man verstand sich einfach sehr gut. Natürlich hatten einige dieser jungen Leute politische Vorstellungen und Überzeugungen, die dem System unter Nasser widersprachen. Fawzi selbst war nie politisch tätig, ihm war es vor allem wichtig, sein Studium schnell abzuschließen. Trotzdem geriet auch er irgendwann ins Visier der ägyptischen Geheimpolizei. Wir wurden vom Portier unseres Hauses ausspioniert, ohne es zu merken. Es gab ja gar keinen Grund uns zu misstrauen; wir lebten ein ganz normales Leben. Vielleicht hatte einer von Fawzis Freunden etwas angestellt, das wissen wir bis heute nicht. Manche waren schon damals politisch aktiv.

Mitten in der Nacht, es war 1970, hämmerte es plötzlich heftig an unsere Tür. Vor Schreck fielen wir fast aus unseren Betten. Fawzi öffnete die Tür, ich musste mich erst anziehen. Sie sagten, ich solle schnell einen Koffer für meinen Mann packen. Aber ich weigerte mich, es musste sich doch um einen Irrtum handeln! Sicher käme Fawzi sowieso spätestens am nächsten Tag wieder nach Hause, so dachte ich. Da nahmen sie ihn mit, so wie er war, im Pyjama, ohne irgendetwas. Die erste Nacht verbrachte er auf der Polizeistation. Die ganze Nacht standen die Männer auf den wenigen Stühlen, die es dort gab, denn das ganze Zimmer wimmelte von Ungeziefer. Die Zustände müssen schrecklich gewesen sein und niemand tat in dieser Nacht auch nur ein Auge zu. Dann verband man ihnen die Augen und brachte sie zu einem Zug. Man sagte ihnen weder, was ihnen vorgeworfen wurde, noch wohin der Zug sie brachte. Fawzi wurde nach Kairo in die Zitadelle gebracht, in Einzelhaft. Einen ganzen langen Monat hat er dort aushalten müssen. Ich konnte keinerlei Kontakt zu ihm aufnehmen und war völlig auf mich allein gestellt. Auch wusste ich nicht, ob und wann Fawzi wieder kommen würde. Trotz aller Bemühungen konnte niemand herausfinden, was mit Fawzi passiert war und wann er frei kommen würde.

Es war ein schreckliches Gefühl, das ich meinem ärgsten Feind nicht wünschen würde. Fawzi hat nie viel über die Zeit in der Haft gesprochen. Um bei Verstand zu bleiben, hat er jeden Tag seine Wäsche gewaschen, nur um etwas zu tun zu haben. Immer hatte er das Gefühl, durch irgendwelche Löcher in der Wand beobachtet zu werden. Die Zeit verging unendlich langsam, wie in Zeitlupe. Jeden Tag wurde er verhört. Als er endlich nach einem Monat zurückkam, war er nicht mehr derselbe wie vorher, sondern irgendwie verändert. Er wollte das Geschehene so schnell wie möglich vergessen, aber ich merkte sofort, dass er nicht mehr so unbefangen und unbeschwert war wie früher. Unser Portier verschwand ganz plötzlich und wir haben ihn seitdem nie wieder gesehen.

1970 machte Fawzi sein Examen an der Universität von Alexandria. Er war nun Zahnarzt und musste zunächst für ein ganz geringes Gehalt für den ägyptischen Staat arbeiten: 30 Pfund, das wären heute umgerechnet vier Euro. Auch damals reichte das längst nicht zum Leben aus. Zum Glück unterstützte uns die Familie, sonst hätten wir gar nicht existieren können. Das Geld aus dem Verkauf des Mercedes war langsam aufgebraucht, wir hatten zwar noch genug zum Leben, aber um eine Praxis zu eröffnen, reichte es längst nicht. Wir überlegten hin und her, was wir tun könnten, um finanziell unabhängig zu werden. Deutschland – das war unser erster Gedanke. Im April 1974 fuhr ich allein zu meinen Eltern, mein Mann und die Kinder blieben in Alexandria. Ich arbeitete wieder als Kürschnerin und suchte gleichzeitig eine Stelle für meinen Mann. Ein halbes Jahr später kam Fawzi nach, er bekam eine Stelle beim Vermessungsamt. Zwar arbeitete er nicht als Zahnarzt, aber immerhin verdiente er gutes Geld. Ich fuhr zurück zu den Kindern nach Alexandria. Mehrere Jahre lang lebten wir nun so „verquer": ich in Ägypten mit den Kindern, Fawzi in Deutschland. Anders konnten wir unser Leben nicht bestreiten. Später fand Fawzi in Deutschland auch als Zahnarzt Arbeit, meist als Vertretung. Von seinem Gehalt konnten wir einiges zurücklegen, und irgendwann wollte Fawzi in Ägypten seine eigene Praxis eröffnen. Aber bis dahin war es noch ein weiter Weg. Die Sommerferien verbrachten wir nun immer alle zusammen in Deutschland, und diese wenigen Wochen genossen wir alle ganz besonders. Endlich waren wir alle einmal zusammen! Aber jedes Mal nach dem Urlaub ging es für die Kinder und mich wieder zurück nach Ägypten. Die Kinder gingen wieder zur Schule und ich musste weiterhin allein, ohne meinen Mann, mit dem Leben in Alexandria zurechtkommen. Das war nicht immer einfach, denn nicht nur mit der Sprache war es oftmals holprig, auch sonst fand ich es schwierig, mit Ägyptern in Kontakt zu kommen.

1979 hatten wir endlich genug gespart, es war soweit: Fawzi kam endgültig zurück nach Ägypten. Wir eröffneten eine Praxis in Mansura, das war der Wohnort seiner Eltern. Die Familie war dort gut bekannt und wir hofften, dass sich das als Vorteil erweisen würde. Ursprünglich war das meine Idee gewesen, und ich war nicht wenig stolz, als es tatsächlich so war. Die Praxis lief gut an und endlich hatten wir eine solide finanzielle Basis für unser Leben. Ich blieb aber weiterhin mit den Kindern in Alexandria, die Jungs gingen ja dort zur Schule. Am Wochenende kam Fawzi immer zu uns nach Hause, so hatten wir ein recht angenehmes Leben.

Die Wohnung, in der wir auch heute noch leben, musste im Laufe der Jahre mehrmals wegen Wasserschäden renoviert werden. Das Hauptproblem in den ägyptischen Mehrfamilienhäusern sind die Abwasserleitungen. Bei uns gab es nur eine gemeinsame Abwasserleitung für sämtliche Wohnungen, und wenn die verstopft war, stand sofort die Brühe bei uns in der Wohnung. Nachdem das mehrmals passiert war, haben wir uns eine eigene Abwasserleitung legen lassen, und jetzt kann das immerhin nicht mehr geschehen. Aber gelegentlich kommt es vor, dass meine Wäsche beim Aufhängen komplett schwarz ist, weil von oben Schmutzwasser ausgekippt wird. Das sind so einige Schwierigkeiten, mit denen man hier zu kämpfen hat; man darf sich deswegen nicht zu sehr aufregen, das hilft gar nichts.

Die ganzen Jahre über habe ich Kontakt zu meinen Eltern gehalten und wir fuhren auch regelmäßig nach Deutschland, um sie zu besuchen. Mein Stiefvater ist ziemlich früh gestorben, aber meine Mutter wurde mehr als 90 Jahre alt. Seit ihrem Tod 1991 war ich nicht mehr in Deutschland. Ich bin etwas ängstlich geworden, dort hat sich so vieles verändert. Im Dezember 2006 werde ich aber mit einem meiner Söhne nach Deutschland fliegen. Mein Bruder lebt in Hamburg und meine Halbschwester in Lemberg, die möchte ich beide gerne besuchen. Wohnen werde ich bei einer Freundin. Über die Jahre hatte ich mit meinen Geschwistern lediglich sporadisch Kontakt, je länger man aus Deutschland weg ist, desto seltener werden die gegenseitigen Besuche.

Was vermisse ich sonst noch aus Deutschland? Eigentlich wenig, ich habe kein Heimweh. Einige Kleinigkeiten schon, das deutsche Brot zum Beispiel und Heringe. Wenn ich in Deutschland ankomme, werde ich mir bestimmt als Erstes ein Glas Rollmops kaufen.

Hier koche ich meistens ägyptisch, obwohl mein Mann auch die deutsche Küche sehr schätzt. Aber ich mag Malocheia und Bamia, eigentlich alle Gemüsesorten, sehr. Bamia wird aus Okraschoten zubereitet. Malocheia ist ein grünes Gemüse, so ähnlich wie Spinat. Man isst es als Suppe oder mit Reis. Um es zu mögen, muss man eigentlich damit aufgewachsen sein, behaupten viele, aber mir schmeckt es trotzdem. Meine Söhne mögen lieber die ägyptische Küche. Sie sagen beide übereinstimmend, dass sie nach einem deutschen Essen viel schneller wieder Hunger bekommen.

Meine Söhne sprechen gut Deutsch, aber sie fühlen sich als Ägypter. Ich aber fühle mich noch immer als Deutsche, daran wird sich nie etwas ändern.

1980 bin ich zum Islam konvertiert. Das hatte hauptsächlich praktische Gründe, den Entschluss habe ich aber freiwillig getroffen. Als Nicht-Moslem muss man in Ägypten große rechtliche Einschränkungen hinnehmen: Man kann nicht erben, hat keine Rechte auf die Kinder und ist auch sonst schlechter gestellt. Fawzi hat nie von mir verlangt, dass ich ein Kopftuch trage, auch sonst ist er sehr tolerant mir gegenüber. Meine Söhne sind natürlich als Moslems erzogen worden, andere Religionen tolerieren sie natürlich ebenfalls.

Unsere Söhne beendeten die Schule in Alexandria. Der Ältere hat anschließend an der Universität von Alexandria Betriebswirtschaft studiert. Heute arbeitet er bei einer deutschen Firma in Alexandria. Er hat geheiratet und aus dieser Ehe gibt es zwei Kinder, Sandra ist sechs und Nadim acht Jahre alt. Leider ging die Verbindung nach elf Jahren auseinander. Er lebt nun wieder bei uns, die Kinder sind bei der Mutter in Alexandria. Zum Glück habe ich ein gutes Verhältnis zu meiner Schwiegertochter und sehe meine Enkel oft. Unser jüngerer Sohn hat an der

Schweizer Akademie für Tourismus in Kairo studiert und arbeitet jetzt als Reiseleiter in Hurghada. Er ist verheiratet, hat aber bisher keine Kinder. Übrigens haben meine Söhne sich ihre Ehefrauen beide selbst ausgesucht, es gab also keine Einflussnahme von unserer Seite. In Ägypten ist es aber immer noch üblich, dass Ehen zwischen den Familien vermittelt werden. Die strengen Moralvorstellungen erlauben es eigentlich nicht, dass junge Paare miteinander ausgehen. Und wie sollen sie sich denn kennen lernen, wenn sie nicht miteinander ausgehen dürfen? Kein Wunder, dass sie da Vermittlung durch die Eltern brauchen. Natürlich ist es auch streng verboten, dass unverheiratete Paare miteinander übernachten. Wenn so was bekannt wird, kann schon mal die Polizei auftauchen und schnell recht ungemütlich werden. Auch in Hotels wird bei ägyptischen Paaren immer sorgfältig geprüft, ob sie tatsächlich miteinander verheiratet sind.

Wir leben seit 1966 in derselben Mietwohnung in Alexadria und fühlen uns hier sehr wohl. Fawzi führt bis heute erfolgreich seine Praxis in Mansura. Er arbeitet dort immer noch drei Tage in der Woche. Inzwischen ist er 68 Jahre alt, und zurzeit versuchen wir, die Praxis zu verkaufen.

Ich habe vor zwei Jahren angefangen, regelmäßig im Sporting Club zu laufen. Wenn mein Mann in Alexandria ist, läuft er mit mir mit. Neulich ist meine kleine Enkeltochter mit mir gelaufen, sie war sehr stolz, dass sie genauso gekleidet war wie ich: Sporthose, T-Shirt und Schirmkappe. Man hielt mich übrigens für ihre Mutter. Darauf war dann ich ein bisschen stolz.

Mein Arabisch hat sich über die Jahre zwar verbessert, aber leider bin ich über „Küchenarabisch" nicht hinausgekommen. Ich komme ganz gut zurecht, kann einkaufen gehen und mit einfachen Leuten kommunizieren. Richtige, längere Unterhaltungen kann ich aber leider nicht führen. Mit Fawzi spreche ich immer deutsch und mit anderen Ägyptern habe ich sehr wenig Kontakt. Das liegt nicht nur an der Sprache. Sie sind ganz anders als wir, interessieren sich für andere Dinge. Es gibt kaum Themen, über die ich mich mit ihnen unterhalten könnte. Und dann gibt es ganz vieles, worüber man nicht spricht und schon gar nicht diskutiert. Das ist zum Beispiel die Religion oder die

Familie. So bleiben die Gespräche sehr oberflächlich und interessante Unterhaltungen kommen gar nicht erst zustande. Sie versprechen auch viel und halten wenig, Abmachungen halten die wenigsten ein. Das sind jedenfalls meine Erfahrungen. Fawzi hat zwar einige Freunde, aber unter meinen Freundinnen hier sind keine Ägypterinnen.

Ob ich noch einmal nach Ägypten ziehen würde? Ich denke schon, man kann trotz allem hier sehr gut leben. In Deutschland würde ich mich sicher nicht mehr wohl fühlen. Schon das Wetter wäre für mich sehr ungemütlich. Ich bin daran gewöhnt, dass hier fast immer die Sonne scheint. An das milde Klima gewöhnt man sich sowieso ganz schnell. In Alexandria ist es sogar im Hochsommer immer noch erträglich, da meistens ein Wind geht. Nach fast 40 Jahren fühle ich mich hier wirklich zu Hause und kann mir gar keine andere Heimat mehr vorstellen.

Durch unseren Umzug nach Alexandria hat mein Leben eine ganz andere Richtung bekommen. Als junges Mädchen hätte ich mir das alles gar nicht vorstellen können. Mein Leben ist reicher und bunter geworden. Menschen, die nur in einem Land gelebt haben, können wohl kaum nachvollziehen, was es bedeutet, in zwei Welten mit ganz unterschiedlichen Sichtweisen und Kulturen zu leben. Die neuen Eindrücke hinterlassen ihre Spuren, und vieles sieht man ganz anders als vorher. Schon deshalb bin ich dankbar, dass alles so gekommen ist. Ich hatte nie Zweifel, wo ich leben wollte. Mein Leben ist bei meinem Mann.

# Margarete H.
# Ägypten ist meine zweite Heimat

*Margarete war die erste, die sich spontan bereit erklärte, mir ihre Geschichte zu erzählen. Obwohl sie eher klein ist, wirkt sie sehr selbstbewusst. Sie erzählt flüssig, ohne zu stocken. Hier sind ihre Ausführungen:*

Meine Geschichte beginnt in einer kleinen Stadt in Österreich, wo ich meinen späteren Mann kennen lernte. 1962 war ich 23 Jahre alt und arbeitete als Sekretärin in einem Großhandel für Papier und Druckereierzeugnisse. Ich hatte viele Hobbys: Regelmäßig ging ich zum Eislaufen und ich sang auch in einem Chor. Musik war überhaupt ein wichtiger Bestandteil meines Lebens, ich ging sehr gerne in Konzerte und in die Oper.

Eine meiner Freundinnen hatte einen ägyptischen Freund. Wenn sie ausgingen, luden sie mich oft ein mitzukommen und eines Abends gingen wir gemeinsam auf eine Party. Das Fest selbst war ein Reinfall, ich fand die Leute dort ziemlich doof. Irgendwann lag sogar ein Mann betrunken in der Badewanne, die Party war eher gruselig als amüsant. Ich flüchtete auf den Balkon und dort stand einsam und allein ein Mann und rauchte. Er fand die Party wohl auch ziemlich blöde, denn wir unterhielten uns lange. Das war mein späterer Mann, Mohammed.

Da alle anderen betrunken waren und das Fest von nun an nur noch schlimmer werden konnte, verließen wir die Party. Wir hatten beide kein Auto und gingen deshalb zu Fuß bis zur Endhaltestelle der Straßenbahn. Dabei redeten wir und redeten. Schon damals hat mich die Geographie und Geschichte Ägyptens fasziniert und so ging uns der Gesprächsstoff nicht aus.

Für die nächsten Tage verabredeten wir uns in einem Café, wo wir unser anregendes Gespräch nahtlos fortsetzten. Ab diesem Tag trafen wir uns regelmäßig. Für mich war er der einzige Mann, mit dem ich so lange Gespräche führen konnte. Ich fand das wundervoll und genoss es in vollen Zügen. Wochenlang ging es so weiter.

Hier muss ich erzählen, dass zu diesem Zeitpunkt meine Eltern schon gestorben waren. Ich lebte mit meiner Großmutter in einer großen Wohnung und selbstverständlich war sie das unangefochtene Familienoberhaupt. Bald wollte ich ihr meinen neuen Freund vorstellen. Das verlief ziemlich merkwürdig: Ich brachte Mohammed mit nach Hause zum Kaffee. Als er wieder weg war, sagte meine Großmutter: „Um Gottes willen, ein Ungläubiger! Ich glaube, er hat einen Apfel mitgehen lassen." Am nächsten Tag meinte sie, es fehle ein Pfund Zucker und später vermisste sie sogar ein paar Unterhosen. Zu diesem Zeitpunkt wurde meine kluge Großmutter schon ein bisschen senil und einige Vorurteile hatte sie auch. Mir war schnell klar, dass es unmöglich war, die beiden zusammenzubringen. Das hinderte mich aber keineswegs daran, mich weiterhin regelmäßig mit Mohammed zu treffen.

Jetzt muss ich von der Familie meines Mannes erzählen. Schon vor unserer Heirat reisten wir mehrmals nach Ägypten. Mohammed war es sehr wichtig, dass ich mir selbst einen Eindruck von seiner Heimat machen konnte. Ich sollte alles kennen lernen, auch seine Angehörigen. Erst dann könnte ich schließlich entscheiden, ob ich ihn heiraten wollte. Ich fand das sehr anständig von ihm und am Ende fiel mir die Entscheidung umso leichter.

Damals lebten seine Eltern noch und Mohammed bat mich, seinen Vater mit einem Handkuss zu begrüßen, das wäre so üblich und würde als respektvolles Verhalten gesehen. Mit einem solchermaßen guten Start wäre alles ganz einfach, meinte er. „Um Gottes willen, Eure Majestät!", dachte ich. Dieser Handkuss stellte für mich ein Problem dar, ich fühlte mich dabei recht merkwürdig. Trotzdem überwand ich mich, der Handkuss landete dann mehr in der Luft. Aber immerhin – ich wurde sehr herzlich aufgenommen.

Der Vater meines Mannes hatte unter König Faruk gedient, zunächst als Landeshauptmann, dann als Gouverneur von Kenna in Oberägypten, und noch später als Gouverneur von Zagazik im Nildelta. Dann wurde er zum Leiter der Militärakademie in Kairo berufen. Diese berufliche Laufbahn brachte viele Umzüge mit sich und Mohammed musste als Kind sehr oft die Schule wechseln. Finanziell ging es der Familie sehr gut, sie hatten ein großes Haus in Zaitun in der Nähe von Kairo mit Dienern und Personal. Mein Mann hatte insgesamt sechs Geschwister, die Mädchen besuchten französische Schulen, die Jungen waren auf englischen. Selbstverständlich waren die Gymnasien nach Geschlechtern getrennt und die meisten weiterführenden Schulen in Ägypten halten es bis heute so.

Nach unserem ersten gemeinsamen Besuch in Ägypten kehrten wir nach Österreich zurück. Zwei Jahre später beschlossen wir zu heiraten. Meine Großmutter war inzwischen gestorben und konnte keine Einwände mehr erheben. Trotzdem gab es noch einige Hürden auf dem Weg zur Ehe. Der Standesbeamte legte mir Papiere vor, aus denen hervorging, wie unglücklich ich werden würde, und dass mein Mann ganz legal noch drei Frauen heiraten könnte. Er riet mir, zu einem Notar zu gehen und mich beraten zu lassen. Das tat ich dann tatsächlich, aber auch ihm gelang es nicht, mir unsere Hochzeitspläne auszureden. Trotz all dieser Hindernisse verlief unsere Hochzeit selbst dann aber ganz normal, wie bei vielen anderen Paaren auch. Wir heirateten standesamtlich, ich in meinem schwarzen Kostüm (mit dem ich auch in die Oper ging) und Mohammed im dunklen Anzug. Als Termin hatten wir den 28. Dezember 1965 bestimmt. Früher ging es nicht, denn ich musste warten, bis das Weihnachtsgeschäft vorüber war – erst dann bekam ich frei.

Es wurde keine große Feier, nur einige meiner Freundinnen waren dabei und ein paar Studienkollegen von Mohammed. Anschließend gingen wir zusammen essen und danach in unsere Wohnung, wo wir noch ein wenig weiter feierten. Das war unsere Hochzeit.

Am nächsten Tag fuhren wir mit einigen Freunden nach Wien und tanzten auf einem großen Sylvesterball in das neue Jahr hinein. Wir sahen uns eine Eisrevue an und gingen in die Oper. Am 7. Januar kehrten wir von unserer kleinen Hochzeitsreise wieder zurück.

Kurz danach wechselte ich meine Arbeitsstelle. Jetzt arbeitete ich in einem neuen Reisebüro, für mich der beste Beruf der Welt! Ich musste die unterschiedlichsten Reisen organisieren, Flug- und Schiffsreisen in alle Welt. Zu diesem Zweck musste ich natürlich selbst sehr viel reisen, denn was man nicht gesehen hat, kann man nicht verkaufen. Von Oktober bis Februar war ich mehr oder weniger ununterbrochen unterwegs: Karibik, Mittelmeer, Südafrika, Spanien, Kanarische Inseln usw. Ich besichtigte Hotels und schrieb anschließend Berichte über meine Erlebnisse. Das war eine sehr schöne Zeit für mich.

Mohammed hatte inzwischen sein Studium abgeschlossen und arbeitete als Maschinenbauingenieur etwa 150 km von unserer Stadt entfernt in der Steiermark. Meine Wohnung, die schon meine Großmutter und meine Eltern bewohnt hatten, wurde unser gemeinsames Domizil. Mohammed musste pendeln: Jeden Freitag kam er nach Hause, sonntags fuhr er wieder. Mit meinem Beruf war ich gut ausgelastet und sehr viel auf Reisen. Ansonsten lebten wir wie jedes andere junge Ehepaar. Wir gingen aus, trafen uns mit Freunden, tranken auch Wein. Auf meinen Reisen allerdings hielt ich mich mit dem Alkohol immer sehr zurück, was mir von meinen Kollegen den Spitznamen „Schwester Oberin" eintrug.

Die Religion spielte in unserem Leben eine eher untergeordnete Rolle. Ich selbst bin als Christin aufgewachsen, mein Mann ist Moslem (in Ägypten leben nach offiziellen Angaben 90 % Moslems, etwa 10% sind Kopten, also Christen). Aber dieser Unterschied war für uns kein Problem. Irgendwann wurde ich nun aufgrund meines besseren Einkommens in eine höhere Beitragsklasse für die Kirchensteuer eingestuft und sollte eine größere Nachzahlung leisten. Ich ging zum Kirchensteueramt und bat darum, die Beitragserhöhung zurückzunehmen. Das wurde strikt abgelehnt. Ich diskutierte noch eine Weile, dann beschloss ich aus der Kirche auszutreten. In diesem Kirchenamt hat man mich jedenfalls nie wieder gesehen. Kurz darauf ging ich aufs nächste Standesamt und trat offiziell aus der Kirche aus.

Obwohl das für uns bisher kein Thema gewesen war, freute sich Mohammed sehr. Für mich selbst war es nicht so einfach, ich zweifelte an allem und verstand die Welt nicht mehr. Bald merkte ich, dass es mir innerlich doch wichtig war, zu einer Glaubensgemeinschaft zu gehören. Nach einigen Diskussionen mit meinem Mann fragte er mich, ob ich glaube, dass Mohammed ein Prophet war. „Ja, natürlich", antwortete ich. „Es hat immer Propheten gegeben, so wie Moses oder auch Echnaton, der an einen einzigen Gott glaubte. Ebenso ist Mohammed ein Prophet gewesen." – „Du glaubst also, dass es nur einen Gott gibt, und dass Mohammed sein Prophet war? Dann bist du ja bereits Moslem. Mehr ist es ja nicht, alles andere sind nur Regeln." Später fuhren wir nach Wien zur ägyptischen Botschaft, wo meine Konvertierung amtlich festgehalten wurde und damit offiziell war. Dabei musste ich eine Glaubensformel nachsprechen, die Mohammed mir vorsagte, und ein Dokument unterschreiben. Außerdem sollte ich mir einen arabischen Vornamen auswählen. Das ist eigentlich nicht Pflicht, aber mir gefiel dieses Ritual und ich erklärte mich gerne dazu bereit. Ich wählte Azza, so heißt eine meiner Schwägerinnen, und sie war mir immer besonders sympathisch. Mohammeds Familie hatte ich ja schon kennen gelernt.

Wenig später bekam Mohammed einen Job als Ingenieur in unserer Stadt und musste nicht mehr pendeln. In seiner Freizeit gründete er gemeinsam mit anderen Ausländern ein Islamisches Zentrum. Bald wurde das Zentrum ein beliebter Treffpunkt für alle Moslems und ihre Familien. Außerdem nahm Mohammed die österreichische Staatsbürgerschaft an.

Bis dahin hatten wir keine Kinder, aber irgendwann war es auch bei uns soweit. 1973 kam unserer Tochter Nadia zur Welt. Die letzte Reise für meine Arbeit hatte ich leider nicht mehr antreten können, es hätte nach Kenia gehen sollen. Da ich schon schwanger war, weigerte sich der Arzt, mir die entsprechenden Impfungen zu geben. Aus medizinischen Gründen musste ich also leider zu Hause bleiben, wo ich aber noch bis sechs Wochen vor der Entbindung im Reisebüro arbeitete. Dann begann für mich die „Karenzzeit", in Deutschland würde man sagen der „Mutterschutz".

Mit der Geburt von Nadia änderte sich mein Leben schlagartig. Ich blieb mit der Kleinen zu Hause, Mohammed ging weiterhin zur Arbeit. Da meine Großmutter schon tot war und auch sonst keine Familienangehörigen in der Nähe lebten, war ich völlig auf mich allein gestellt. Dafür dass ich ohne großzügige Unterstützung von Omas oder Nachbarn zurechtkommen musste, ging es aber eigentlich ganz gut. Am meisten vermisste ich meine Arbeit, meine Kollegen und die vielen Reisen. Als

Nadia zwei Jahre alt war, rief mein Chef aus dem Reisebüro an und bat mich dringend auszuhelfen. Stundenweise, tageweise, egal wie. Er war in ganz großer Not und suchte händeringend nach Hilfe. Ich hatte Glück und fand eine Krabbelstube, wo ich mein Kind unterbringen konnte. Ich freute mich riesig auf die Arbeit, aber leider konnte ich es nicht lange genießen. Aus der Krabbelstube brachte Nadia nämlich immer sämtliche Krankheiten mit, die dort umgingen. Das ging dann so: drei Tage Krabbelstube, zwei Tage krank zu Hause, dann wieder Krabbelstube, zwei Tage zu Hause, immer hin und her. Bald musste ich mir eingestehen, dass es einfach nicht ging. Schweren Herzens gab ich meine Tätigkeit wieder auf.

So dachte ich, wenn ich jetzt schon ein Kind habe und sowieso nicht arbeiten kann, dann kann ich genauso gut noch ein zweites bekommen. Der Plan ging auf, und noch 1976 kam unsere Jasmin zur Welt. Jetzt war ich wirklich gut beschäftigt. Bald kam alles dazu, was so üblich war: Vorschulerziehung, Klavierstunden, Ballett, Eiskunstlaufen. Wir waren eine ganz normale, glückliche Familie. Nie im Traum wäre es uns eingefallen, nach Ägypten zu ziehen. Das ging so bis 1983.

Schon seit einiger Zeit hatte die Firma meines Mannes Probleme. Sie betreuten Projekte im Irak und in der Tschechoslowakei. Plötzlich gab es überall Schwierigkeiten, Rechnungen wurden nur noch verspätet oder gar nicht bezahlt. Mit der Zeit begann man, immer mehr Leute zu entlassen. Als erstes traf es die ganz jungen, die noch keine Familie hatten. Dann mussten auch gestandene Kräfte gehen, und Mohammed stand mit fünfzig Jahren plötzlich ohne Job da.

Natürlich setzten wir sofort alle Hebel in Bewegung, sämtliche Bekannte und Freunde versuchten uns zu helfen. Sogar beim Bürgermeister bat ich um Unterstützung. Zwar hätte Mohammed einen Job bekommen können, allerdings mit dem Gehalt eines jungen Ingenieurs direkt von der Universität. Das war für uns unmöglich, es wäre wirtschaftlich einfach nicht gegangen. Die Situation erschien uns ziemlich aussichtslos und wir waren mit unserem Latein am Ende, als uns Mohammeds Familie aus Ägypten schrieb: „Kommt hierher, es gibt Jobs in Hülle und Fülle und bei der Wohnungssuche können wir euch helfen." Ein Bruder meines Mannes hatte eine Wohnung frei, er selbst war geschäftlich in Saudi-Arabien. Der Arbeitsmarkt in Österreich würde sich so schnell nicht erholen und Mohammed gab es auf, weiter nach einer Arbeit in Österreich zu suchen. Lieber wollte er zurück in seine alte Heimat. Die Vorbereitungen nahmen noch einige Zeit in Anspruch, aber dann waren wir irgendwann soweit. Unsere schöne Wohnung hatten wir zum Teil untervermietet, so hielt ich mir eine Rückzugsmöglichkeit offen. Ich war alles andere als sicher, dass wir in Ägypten wirklich gut zurechtkommen würden.

Unsere Nadia hatte damals gerade die 4. Klasse beendet und ich hatte mich schon bei der deutschen Schule in Alexandria nach den Möglichkeiten erkundigt. Sie teilten mir mit, ich solle im August vorbei kommen. Beide Kinder sprachen leider fast kein Arabisch. Ein halbes Jahr vor unserem Umzug versuchte mein Mann in spielerischer Form mit Karten wie Memory den Kindern arabische Begriffe beizubringen. Eigentlich nur Hauptwörter. Es war sehr schwierig und das Resultat eher dürftig.

Im Sommer 1984 reisten wir dann mit einigen Koffern und sehr viel Übergepäck nach Ägypten.

Die Eltern meines Mannes waren schon einige Jahre zuvor gestorben, die schöne Villa in Zaitun hatten die Geschwister verkauft. Wir kamen also nach Alexandria und wohnten zunächst bei einer Schwester. Aber wie konnten sich meine Kinder da wohl fühlen? Sie waren es gewohnt, draußen zu spielen. Hier saßen sie in einem Besuchszimmer oder in einem anderen Raum und langweilten sich ganz fürchterlich. Dazu kam, dass mein Mann große Schwierigkeiten hatte, sich nach mehr als 25 Jahren in Österreich wieder in seiner Heimat zurechtzufinden. Auch in Ägypten steht die Zeit nicht still und vieles hatte sich verändert. Wenn man lange weg ist, malt man sich im Rückblick vieles zu schön aus. Jedenfalls war alles ganz anders, als Mohammed es in Erinnerung hatte.

Einmal wollte ich schwimmen gehen und natürlich fragte ich als ersten Mohammed, wo ich dazu hinmüsste. Er wusste es nicht, also fragte ich meine Schwägerin. Die empfahl mir, mit der Straßenbahn zum Strandbad nach San Stefano zu fahren. Beim ersten Mal stieg ich in die falsche Straßenbahn ein, wurde

dann aber von sehr netten Menschen in die richtige Richtung
gewiesen und kam tatsächlich an. Spätestens jetzt wurde mir
klar, dass ich ganz auf mich allein gestellt war, Mohammed
kannte sich hier genauso wenig aus wie ich.

Inzwischen wurde unsere Bleibe in der kleinen Wohnung des
Bruders fertig renoviert. Mohammed hatte mich schon gewarnt,
dass die schöne Aussicht auf einen Garten, die ich von unseren
Besuchen vorher kannte, nicht mehr vorhanden sei. Aber als
wir dort ankamen war ich doch geschockt, so schlimm hatte ich
es mir nicht vorgestellt. Direkt hinter dem Fenster war eine
Mauer, etwa anderthalb Meter entfernt. Nur von einem Fenster
aus konnte man ein kleines Stück vom Himmel sehen. Unsere
Wohnung lag im ersten Stock und unten gab es Folklore pur:
Hühner, Krach, der Fernsehapparat gegenüber plärrte die ganze
Nacht. Ich war es gewohnt mit meinen Kindern um halb zehn
schlafen zu gehen. Hier war ein solches Unterfangen völlig
aussichtslos.

Mein Mann fand keine Anstellung in Ägypten, es war hier
genauso schwierig wie in Österreich. Zwar hätte er schon einen
Job bekommen, aber dabei hätte er gerade mal 200 LE verdient
und davon konnte man nicht leben. So wie ihm ging es vielen
Ägyptern. Die Gehälter waren sehr niedrig, viel zu wenig, um
eine Familie zu ernähren. So fuhr Mohammed mit seinem Bruder nach Dahran in Saudi-Arabien. Dort hatte er mehr Glück
und fand einen Job bei einer britischen Firma. Für ein paar
Wochen kam er zurück, um sein Arbeitsvisum zu besorgen.
Dann reiste er wieder ab und wir blieben allein in Alexandria.
Seine Familie fand das unmöglich, wir könnten doch nicht allein
bleiben, ohne Mann im Haus und noch dazu als Ausländerin.
Aber wir hatten gar keine Wahl, es musste einfach gehen. Nachdem wir uns eingewöhnt hatten, fanden wir es auch gar nicht
mehr so schlimm. Schon in Österreich hatte ich den Alltag
immer gut allein bewältigt und in Ägypten sollte das nicht anders sein. Die Kinder und ich konnten mit dieser Lösung gut
leben.

Inzwischen hatte ich die Kinder an der deutschen Schule
angemeldet. Nadia war elf, Jasmin acht Jahre alt. Die Direktorin,
Schwester Carola, schlug zwar die Hände über dem Kopf zu-

sammen, weil beide Kinder kein Arabisch sprachen. Auf der deutschen Schule mussten alle Kinder nämlich auch die arabischen Abschlüsse und Zwischenprüfungen ablegen. Trotzdem wurden meine Töchter aufgenommen, die Ältere kam in die fünfte und meine Kleine in die zweite Klasse. Die Lücken im Arabischen holten sie mit einem Privatlehrer schnell auf. Ich selbst wollte damals auch Arabisch lernen, es erschien mir wichtig, zumindest die Umgangssprache zu beherrschen. Anfangs nahm ich noch am Unterricht meiner Töchter teil, aber dann mussten die Kinder hauptsächlich Hocharabisch und Grammatik lernen und da gab ich schnell auf. Es wäre sehr viel Arbeit gewesen und obendrein für mich gar nicht nützlich, denn im täglichen Leben spricht kein Mensch Hocharabisch. Es wird ausschließlich als Schriftsprache im Koran, in der Literatur, in der Zeitung und natürlich in sämtlichen Schulbüchern verwendet. Das Hocharabische ist allen arabischen Ländern gemeinsam und alle gebildeten Menschen zum Beispiel in Marokko, in Saudi-Arabien oder Syrien sprechen es und können sich damit untereinander verständigen. Das ägyptische Arabisch ist ein Dialekt, der aber auch in den meisten anderen arabischen Ländern verstanden wird. Ich nahm weiterhin Privatunterricht, aber mehr für den täglichen Gebrauch, und heute kann ich mich ganz gut verständigen.

Ein großes Problem im Alltag war die Schulkleidung. Röcke und Blusen konnte ich kaufen, aber schwarze Schuhe und weiße Strümpfe? Meine große Tochter brauchte schon Schuhgröße 37. In einem Herrengeschäft fanden wir flache schwarze Schuhe. Die weißen Strümpfe konnte ich nicht finden, nur ganz schlechte Qualität bei Bata, einem Schuhgeschäft. Ich sah dann bei anderen Kindern weiße Strümpfe und fragte sie sofort: „Wo hast du die gekauft?" – „Min El Yunaen." – „Ja, sag mir bitte, wo ist denn das?" Es stellte sich heraus, dass das Griechenland war, sie hatten auch Socken aus Amerika oder Saudi-Arabien. In Ägypten gab es so etwas jedenfalls nicht. Ich schrieb meinem Mann, dass er uns solche Dinge unbedingt aus Saudi-Arabien mitbringen möge. Es wurde eine richtig lange Liste, was wir alles brauchten, und im Dezember brauchte er für all die Sachen einen Extra-Koffer. Alle drei Monate bekam er einige Wochen

Urlaub und lebte dann natürlich mit uns in Alexandria.

Auch die Versorgung mit Lebensmitteln war damals, 1984, problematisch. Eigentlich unvorstellbar, aber vieles war noch immer rationiert: Zucker, Mehl, Öl, Butterschmalz und anderes. Für diese Dinge gab es Marken, man hatte Lebensmittelbücher, in denen die Marken pro Familie zugeteilt waren. Da mein Mann in Saudi-Arabien war und wir nicht in Alexandria gemeldet waren, hatten wir natürlich kein Lebensmittelbuch. Deshalb waren wir immer auf die großzügige Hilfe unserer Familie angewiesen, die sich in dieser Zeit wirklich rührend um uns kümmerte.

Die Kinder lebten sich schnell ein und fanden Freunde, Kinder tun sich damit ja oft leichter als Erwachsene. Die meisten anderen Kinder in ihrer Schule (auch die ägyptischen) konnten schon genügend Deutsch, sodass die Verständigung von Anfang an kein Problem war. Im selben Haus mit uns wohnte ein neunjähriges Mädchen, das auch in die deutsche Schule ging. Von ihr lernten meine Töchter arabisch und gewöhnten sich langsam an diese andere Welt. Ich selbst empfand mich damals geradezu als „Aussteigerin". Ich hatte alles hinter mir gelassen und musste mich ganz neu zurechtfinden. Wenn man in Österreich heranwächst, sind einem bestimmte Verhaltensweisen und Dinge ganz selbstverständlich, man hinterfragt Sinn und Zweck nicht weiter. Was man nicht ändern kann, akzeptiert man eben so wie es ist. Aber in Ägypten sind das ganz andere Dinge als in der Heimat, die allen anderen selbstverständlich sind. Wann lernt man, dass es in Ägypten außerhalb der Wohnung schmutzig ist, und dass niemand auf die Idee käme, das zu ändern? Noch nach vielen Jahren stört mich dieses Benehmen. Sämtlicher Müll landet einfach auf dem Boden, und keinen Menschen interessiert das. Wann lernt man, dass hier niemand seine Termine einhält, am wenigsten die Handwerker? Bei Reparaturen warte ich manchmal heute noch zum genauen Zeitpunkt und rege mich dann natürlich auf, wenn keiner kommt. Meinen Kindern fielen wiederum ganz andere Dinge auf, an die sie sich gewöhnen mussten. Ein Kommentar von ihnen war: „Wie seltsam, so ein komisches Land, die Autos parken auf dem Gehsteig und die Leute gehen auf der Straße." Aber so ist das eben hier, und alle finden es normal. Als Fußgänger muss man sich erst daran gewöhnen, zwischen den Autos durch zu laufen. Es gibt weder Zebrastreifen noch Fußgängerampeln, Ampeln werden sowieso kaum beachtet. Erstaunlicherweise funktioniert es irgendwie trotzdem, es passieren eigentlich wenige Unfälle.

Die Familie meines Mannes war wirklich sehr liebevoll und kümmerte sich gut um uns. Sie halfen mir und den Kindern, wo sie konnten. Allerdings war die Kommunikation mit ihnen nicht immer einfach, denn sie sprachen nur Englisch oder Französisch und mit meinem Arabisch ging es nur langsam voran. Ich vermisste es, Deutsch zu sprechen und Kontakte zu anderen Menschen, außerhalb der Familie zu pflegen. Da kam mir der Zufall zu Hilfe. Ich war gerade dabei, beim Gemüsehändler um ein Kilo Tomaten zu feilschen, als mich zwei ältere Engländerinnen ansprachen. Wir kamen ins Gespräch und sie erzählten mir von der „American Group", gaben mir die Adresse und den Zeitpunkt des nächsten Treffens. Außerdem sagten sie, dass es in ihrer Gruppe auch Frauen gäbe, die Deutsch sprechen. Zunächst war gar nicht sicher, ob das für mich wohl das Richtige wäre, schließlich waren das alles wildfremde Frauen. Nach einiger Überlegung ging ich aber doch hin und wurde mit offenen Armen aufgenommen. Man stellte sofort fest, wer in meiner unmittelbaren Nähe wohnte und brachte uns zusammen. So lernte ich Sophia kennen, eine ältere amerikanische Dame, die längere Zeit in Wien gelebt hatte. Nicht nur, dass sie etwas Deutsch sprach, für sie waren sogar Griesnockerln und Leberknödelsuppe ein Begriff. Bald wurde sie für meine Mädchen so eine Art Ersatzgroßmutter.

Durch diese Gruppe lernte ich einige Deutsche und andere Deutsch sprechende Frauen kennen, was mir sehr geholfen hat. Endlich hatte ich Menschen, mit denen ich reden konnte, wie zu Hause. Erst nach einiger Zeit im Ausland merkt man nämlich, wie sehr einem die Muttersprache fehlt. Endlich hatte ich Leute, die mir all meine Fragen beantworten konnten, und ich fand mich bald viel besser zurecht. Man tauschte Tipps aus, wo man bestimmte Dinge einkaufen konnte. Fleisch gab es nur an bestimmten Tagen, ebenso Geflügel. Manchmal gab es gar nichts. Trotzdem kam ich mit den Kindern einigermaßen zurecht. Vielleicht hatte meine Kindheit im Krieg und in der Nachkriegszeit in Österreich doch etwas Gutes, dachte ich oft. Auch damals mussten wir immer mit wenig auskommen, und Not macht bekanntlich erfinderisch.

Zucker war relativ häufig Mangelware. Einmal in dieser Zeit war unsere Zuckerdose fast ganz leer. Wir machten mit den Kindern einen Ausflug nach Kairo, um uns die Pyramiden und einige andere Sehenswürdigkeiten anzusehen. Nach einigen Stunden auf den Beinen, ließen wir uns in einem Café nieder, um etwas zu verschnaufen, und da traute ich meinen Augen kaum: Überall auf den Tischen lagen Päckchen mit Zucker bereit, einfach ein Traum! Am Ende konnte ich es mir nicht verkneifen und schickte meine Töchter herum, damit sie allen Zucker einsammelten, den sie bekommen konnten. Zu Hause rissen wir dann die Päckchen auf und schütteten das kostbare Pulver in unsere Zuckerdose. Wir fühlten uns richtig reich. Aber irgendwann ging natürlich auch dieser Zucker zur Neige. Eine Bekannte, die ich aus dem Klub kannte, hatte mit ihrem Mann ein Stück Land, das von Bauern bebaut wurde. Sie versprach mir, auf dem Land nach Zucker zu suchen. Sie wurde tatsächlich fündig, und was sie mir brachte, war nichts anderes als ein echter Zuckerhut! So etwas hatte ich noch nie gesehen, außer in dem Film „Die Feuerzangenbowle". Meine Töchter und ich setzten uns um den Tisch, legten Zeitungspapier unter, nahmen Hammer und Meißel und zerhackten mit großer Freude den Zuckerhut. Das war ein Spaß! Nach getaner Arbeit füllten wir dann alles in unsere Zuckerdose und hatten wieder einen schönen Vorrat. Schon damals fand ich es erstaunlich, wie viel manchmal solche Kleinigkeiten bedeuten können, und wie lange man sich daran erinnert.

Jedes Jahr in den Sommerferien fuhren meine Töchter und ich nach Österreich. Wir besuchten einige Freunde, aber vor allem kauften wir ein. Alles, was es in Ägypten nicht zu kaufen gab, brachten wir von dort mit: Schuhe, Socken, Kleider usw. Nach einigen Jahren wurde die Versorgung zum Glück besser, und mit der Zeit gab es fast alles zu kaufen.

Mein Mann arbeitete weiter in Saudi-Arabien, alle drei Monate kam er für zwei Wochen nach Hause. Das war zwar nicht optimal, aber inzwischen hatten wir uns mit dieser Lösung arrangiert. In Ägypten leben viele Familien so, denn gut bezahlte Jobs sind immer noch Mangelware im Land.

Nach zwei Jahren, wir hatten etwas Geld sparen können, zogen wir aus der kleinen Wohnung aus. Die Wohnung gehörte ja nach wie vor meinem Schwager und sie war eigentlich nur für den Übergang gedacht gewesen. Unsere neue Bleibe war um einiges größer und lag in Smouha. In dieser Wohnung leben wir bis heute.

Meine Kinder gingen weiterhin in die deutsche Schule, langsam klappte es auch mit dem Arabisch. Schon nach dem 6. Schuljahr musste meine große Tochter Nadia eine Prüfung ablegen, da waren wir gerade mal seit zwei Jahren im Land. Das war eine sehr große Herausforderung für sie, auch wenn in Arabisch nur 50% notwendig war. Sie bestand auf Anhieb und wir waren sehr glücklich und stolz auf sie. Auch die Prüfung nach der 9. Klasse schaffte sie und zum Schluss machte sie dort Abitur. Danach wollte sie Elektrotechnik studieren, mit Informatik als Hauptfach. Auch meine zweite Tochter Jasmin kam gut durch die Prüfungen. Sie wechselte nach der 9. Klasse auf die Handelsschule, konnte aber danach noch neben ihrer Arbeit ein BWL-Studium absolvieren. In Ägypten ist es äußerst wichtig, dass man studiert. Deshalb legten Mohammed und ich bei den Mädchen auch großen Wert darauf.

Inzwischen ist Nadia verheiratet und hat selbst zwei Kinder. Sie wohnt ganz in meiner Nähe in Alexandria, sodass ich meine Enkel oft sehen und meiner Tochter ab und zu helfen kann. Jasmin ist nach einer kurzen Ehe geschieden und lebt in Hurgada. Ganz wie früher die Mutter, arbeitet sie in der Tourismusbranche. Sie spricht vier Sprachen (Deutsch, Englisch, Französisch und natürlich Arabisch) – ein unschätzbarer Vorteil in diesem Geschäft. Nach Alexandria kommt sie nur ganz selten, sie findet es hier zu laut und zu voll.

Mohammed und ich leben noch immer in der Wohnung in Smouha. Ich habe viele Kontakte mit Deutsch sprechenden Frauen, über den International Club auch mit Englisch oder Französisch sprechenden. Mit Ägyptern gibt es leider wenige Verbindungen, das hat sich irgendwie so ergeben. Obwohl alle sehr nett und hilfsbereit sind, ist es schwierig, echte Freundschaften mit Ägyptern aufzubauen. Meist bleibt es bei oberflächlichem Smalltalk, und nach „Wie geht's? Und was machen die Kinder?" fällt einem nicht mehr viel an gemeinsamen Gesprächsthemen ein.

Im Rückblick betrachtet hatten wir als Familie manchmal finanziell sehr knappe Zeiten. Da Mohammed nie in Ägypten gearbeitet hat, bekommt er hier auch keinerlei Rente. Seit er 65 ist, bekommt er aber immerhin eine kleine Rente aus Österreich, ich bekomme ebenfalls Rente aus meiner Berufstätigkeit dort. Von diesem Geld können wir hier sehr gut leben. In Ägypten ist es überhaupt wie an vielen anderen Orten der Welt auch: Man kann gut leben, wenn man einen ehrlichen Mann hat.

1984 hatten wir keine andere Wahl, als nach Ägypten zu gehen. Damals habe ich mir gar nicht konkret klar gemacht, was das für uns bedeuten würde. Aber jetzt sehe ich, dass dieser Umzug ein echter Neuanfang war und mein Leben farbiger und interessanter gemacht hat. Ob ich heute wieder so entscheiden würde? Wahrscheinlich ja.

# Renate H.
# Ägypten war mein Schicksal!

*Renate ist hübsche, mittelgroße Frau Ende Fünfzig. Sie hat blonde Haare, braune Augen und hohe Backenknochen. Auf andere wirkt sie sehr energisch und selbstsicher. Sie hat mir ihre Geschichte selbst aufgeschrieben und ich habe sie durch Nachfragen lediglich etwas ergänzt. Hier ist ihre Geschichte:*

Alles fing damit an, dass meine Schwiegereltern um 1930 in Oberägypten ihre Kamele verkauften und mit dem ersparten Geld nach Alexandria zogen. Sie kauften ein großes Stück Land und bepflanzten es mit Apfelsinenbäumen. Der Ertrag ihrer Plantage war sehr gut. Später eröffneten sie einen Obstgroßhandel und einen kleineren Obstladen. Damals regierte noch König Faruk in Ägypten und im Rückblick sagten sie oft, dass das die besten Jahre in Ägypten waren.

Meine Schwiegereltern kleideten sich beide nach der Tradition, sie trugen lange, schwarze Gewänder und bedeckten ihre Haare mit Tüchern. Die Frauen hatten noch einen schwarzen Umhang, die Männer einen weißen Turban. Mein späterer Mann Ahmed war der Älteste. Danach bekamen meine Schwiegereltern noch zwei Jungen und ein Mädchen. Ursprünglich hatte mein Schwiegervater geplant, dass Ahmed die Leitung der Ostplantage übernehmen sollte, aber Ahmeds Mutter hatte für ihn andere Pläne. Sie wollte, dass er das Abitur machte und nach Deutschland ging, um Medizin zu studieren. Ein Medizinstudium gilt bis heute als viel versprechende Ausbildung in Ägypten, und Ärzte genießen in der Gesellschaft hohes Ansehen. Sie schickten Ahmed aufs Gymnasium und mit Geduld und Hartnäckigkeit setzte meine Schwiegermutter ihre Wünsche durch – Ahmed ging tatsächlich nach Deutschland. Auch sein jüngerer Bruder Sayed kam mit, und dieser Bruder sollte im ganzen Leben meines späteren Mannes eine große Rolle spielen.

1952 wurde König Faruk abgesetzt und nach Italien verbannt. Gamal Abdel Nasser kam an die Regierung und damit waren aus ihrer Sicht die schönsten Jahre Ägyptens erst einmal vorbei.

1957 schiffte sich Ahmed nach dem bestandenen Abitur auf einem griechischen Passagierschiff in Alexandria ein und reiste nach Neapel. Von dort nahm er den Zug in Richtung Norden: zuerst nach Hamburg und von dort aus nach Kiel. Mit 20 Jahren begann er in Kiel an der Christian-Albrecht-Universität sein Medizinstudium. Anfangs hatte er keinerlei Deutschkenntnisse, dadurch war das Leben zu Beginn natürlich nicht einfach. Außerdem hatte er große Schwierigkeiten, sich an das andere System in Deutschland zu gewöhnen. In Ägypten hatte er in der Schule fast nur auswendig gelernt, eigene Ideen oder Logik waren kaum gefragt. Das ist bis heute so, selbst auf ägyptischen Universitäten wird viel auswendig gelernt. Seine Voraussetzungen waren also alles andere als gut, und so kam er zunächst mit seinem Studium nur sehr langsam voran.

Zur selben Zeit wuchs ich behütet in Kiel bei meinen Eltern in einem Haus mit Garten auf. Ich war gerade mal zehn Jahre alt und führte ein glückliches Leben. In der Freizeit nahm ich Ballettstunden und ging zum Reiten. Meine beiden älteren Schwestern lebten ebenfalls noch zu Hause. Mein Vater war Lehrer und meine Mutter Hausfrau. Erst als ich zwölf Jahre alt war, fing meine Mutter wieder an in einem Büro zu arbeiten. Über meine Zukunft machte ich mir kaum Gedanken, mein Vater würde schon immer für uns sorgen. An meinem 13. Geburtstag lud mich eine meiner Schwestern zu einem Einkaufsbummel in die Stadt ein. In der Schmuckabteilung bei Karstadt faszinierte mich ein kleiner Goldanhänger mit dem Kopf der Nofretete. Dagmar wollte mir gerne etwas zum Geburtstag schenken und kaufte mir den Anhänger.

Schon damals faszinierte mich das Land Ägypten mit seiner reichen und geheimnisvollen Geschichte. Bei uns zu Hause gab es viele Bücher, und „Götter, Gräber und Gelehrte" war natürlich für mich ein Muss. Für einen Aufsatz in Erdkunde suchte ich mir das Thema „Ägypten" aus und lieferte mit Fotos und Berichten den besten Bericht in meiner Klasse ab. Insbesondere die Pyramiden von Gizeh hatten es mir angetan.

Meine Schwester Dagmar war drei Jahre älter als ich und ging wie die meisten Teenager sehr gerne tanzen. Eines Tages hatte sie eine Verabredung mit dem deutschen Kugelstoßer Uwe Bayer (er hat später den Siegfried in einem Film gespielt). Alleine durfte Dagmar aber nicht hin und so gingen meine Mutter und ich als Anstandsbegleitung mit in die Floridabar. Inzwischen war ich sechzehn und mächtig stolz, dass ich schon ein enges Minikleid in Rosa tragen durfte. Dort, auf der Tanzfläche der Floridabar, sah ich Ahmed zum ersten Mal. Er tanzte schon und war von Mädchen geradezu umringt. Kein Wunder, denn er sah sehr gut aus. Trotzdem forderte er mich zum Tanzen auf und ich ließ mich nicht zweimal bitten. Sein fremdländisches Aussehen faszinierte mich sofort, und dass er auch noch aus Ägypten kam! Schon für den nächsten Tag verabredeten wir uns vor dem Kino. Aber es regnete in Strömen und deshalb ging ich nicht hin. Aber so schnell gab Ahmed nicht auf, er rief bei uns an und meine Mutter machte eine Verabredung im Kino aus. Alleine hätte ich natürlich nie hingedurft. Aber meine Mutter hatte schon begriffen, wie wichtig es mir war, und so gingen wir wieder im Dreierpack, Mutter, Dagmar und ich, ins Kino zu Ahmed. Nach Ende der Vorstellung rutschte ich vor lauter Aufregung mit meinen hohen Absätzen in einer Pfütze aus und Ahmed konnte mich gerade noch auffangen.

Weitere Rendezvous' gab es aber dann erst mal nicht, denn eigentlich fand ich Ahmed für mich zu alt. Wie meine Mutter wollte ich später im Büro arbeiten und dazu musste ich zunächst die Handelsschule in Kiel zu Ende machen. Gelegentlich lief mir Ahmed noch in der Stadt über den Weg, aber wir verabredeten uns nicht mehr und hätten uns wohl ganz aus den Augen verloren, wenn Ahmed nicht so hartnäckig gewesen wäre.

Als es dann soweit war und ich die Schule beendet hatte, erschien mir die Arbeit im Büro doch nicht mehr so attraktiv. Stattdessen wollte ich nun Krankenschwester werden. Gemeinsam mit meiner Freundin Anita schrieb ich mich zur Ausbildung in Rendsburg ein. Mein Berufsziel lag klar vor mir: Ich wollte gerne kranken Menschen helfen.

Nach anderthalb Jahren Ausbildung, ich war eigentlich noch lange nicht fertig, rief meine Mutter an und sagte mir, dass Ahmed aus Hamburg mich gerne wieder sehen möchte. Ich hatte nichts dagegen und so fuhr ich an meinem freien Tag mit dem Zug nach Hamburg. Diesmal war vom ersten Moment an alles klar: Wir fielen uns in die Arme und wussten beide, dass wir füreinander bestimmt waren. Direkt nach unserem Wiedersehen fuhr ich zurück nach Rendsburg und eröffnete meiner Oberin, dass ich jetzt heiraten wollte und die Ausbildung abbrechen würde. Sie war ziemlich entsetzt, stellte mir aber trotzdem ein gutes Zeugnis aus und sagte zum Abschluss: „Hoffentlich versumpfen Sie nicht in Ägypten."

Es dauerte nicht lange, da hatten wir alle Papiere zum Heiraten beisammen. Ich brauchte auch eine Genehmigung meiner Eltern, denn ich wurde erst am 27. Juli 1966 18 Jahre alt. Unsere Hochzeit sollte aber schon am 13. Juli 1966 stattfinden. Ausgerechnet der 13.! Aber Ahmed und ich glaubten an unser Glück. Ich schwebte im siebenten Himmel und kaufte mir für den großen Tag in einer Kieler Boutique ein rosa Kostüm. Ahmed besorgte die Eheringe und einen wunderschönen Brautstrauß aus rosa Nelken und blauen Iris. Von seinem letzten Geld kaufte er mir noch eine goldene Halskette. Meine Mutter sorgte für die Gäste und organisierte die Hochzeitsfeier. Der Kommentar meines Vaters war ziemlich trocken: „Hoffentlich hast du dir das auch gut überlegt!" Aber meine Eltern unterstützten mich trotzdem und ich bat meinen Vater noch, uns sozusagen als Aussteuer einen alten Mercedes, einen Kühlschrank, eine Waschmaschine und einen Elektroherd zu kaufen. Ahmed meinte, dass wir all diese Dinge für unseren Start in Ägypten gut bebrauchen könnten. Zusätzliche Kleider seien nicht nötig, denn die gäbe es zur Genüge in Alexandria. Auch Ahmed hatte sich in Deutschland einen Mercedes gekauft, den wollten wir auch mitnehmen. In der Hochzeitsnacht musste ich dann schrecklich weinen, ich wusste kaum, worauf ich mich da eingelassen hatte. Oder lag das vielleicht nur am Wein?

Vor lauter Liebe war mir eines gar nicht aufgefallen: Ahmeds Bruder Sayed war immer dabei. Sie hatten schon gemeinsam studiert und er reiste ganz selbstverständlich mit uns nach Ägypten.

So fuhren wir dann ab mit den zwei Autos, der Waschmaschine, dem Kühlschrank und dem Elektroherd. Meine Schwester

Dagmar hatte Urlaub genommen und wollte uns bis Genua begleiten. Wir fuhren durch die Schweiz, über den St. Gotthard, bis Genua. Auf dem Gotthard sah es plötzlich so aus, als ob wir gar nicht ankommen würden: Mitten auf dem Berg versagten plötzlich die Bremsen und der Wagen rollte rückwärts. Ich schrie, mit Hilfe der Handbremse konnten wir zum Glück anhalten. Nach einiger Verzögerung bekamen wir den Wagen aber wieder in Gang und konnten weiterfahren.

In Genua wohnten wir eine Nacht in der Jugendherberge. Dagmar und ich wollten unbedingt schwimmen gehen, und wie es der Zufall wollte, wurden wir bald von einigen Italienern verfolgt. Sie versuchten uns mehr oder weniger rabiat zum Mitkommen zu überreden. Ahmed hatte uns aber vermisst und suchte schon nach uns. Als er uns fand und wir endlich zurückgehen konnten, meinte Ahmed, es wäre besser, wenn ich meine blonden Haare schwarz färben würde. Aber ich dachte nicht daran.

Dagmar fuhr zurück nach Kiel, und Ahmed, Sayed, unsere Autos und ich gingen in Genua an Bord eines alten ägyptischen Passagierschiffes mit Kurs auf Ägypten. Wir hatten kaum Geld und deshalb die billigste Variante der Überfahrt gewählt. Wir schliefen in Hängematten und mussten uns auch selbst verpflegen. Unser Speiseplan bestand aus mitgebrachten Broten und Wasser. Neidisch blickte ich auf die anderen Passagiere, die mit Verpflegung gebucht hatten. Erst nach drei Tagen erreichten wir Griechenland, und in Piräus konnten wir endlich etwas Richtiges essen. Für den Rest der Reise kauften wir uns noch eine Wassermelone und ein großes Brot, das uns bis Alexandria reichen musste.

Nach zwei weiteren Tagen kamen wir im Hafen von Alexandria an. Es waren sehr viele Menschen dort, es herrschte großes Durcheinander und ohrenbetäubender Lärm. Von der Überfahrt war ich müde und hungrig und der Krach zerrte an meinen Nerven. Alles war ganz anders als zu Hause, ich war erstmal sprachlos und staunte nur. Eine Pferdekutsche holte uns ab und brachte uns nach Hause zu Ahmeds Eltern, denn die Autos mussten erst verzollt werden. Sayed kam mit den Koffern zu Fuß hinterher. In der Stadt hielt die Kutsche vor einem alten mehrstöckigen Haus. Die Eltern wohnten in einer großen Altbauwohnung mit sechs Zimmern. Man führte uns herein und ich setzte mich auf ein Holzbett und wusste nicht weiter. Da ging die Tür auf und eine große, schwarz gekleidete Frau kam herein. Sie umarmte mich und streifte mir drei goldene Armreifen über die Hand. Reden konnten wir nicht miteinander, ich sprach ja noch kein Arabisch. Der Schwiegervater gab mir kühl die Hand. Der jüngste Bruder war auch da. Die Schwester war schon mit einem Cousin verheiratet und hatte den Obstladen des Vaters übernommen. Die Familie hatte natürlich für den ältesten Sohn andere Pläne gehabt, er sollte eine Ägypterin heiraten. Und nun kam er mit einer deutschen Frau an! Sie nahmen mich wirklich nicht sehr herzlich auf. Wahrscheinlich dachten sie, dass die Ehe mit einer Fremden bestimmt nicht lange halten würde. Da hatten sie sich aber getäuscht!

Eines hatte ich mir von Anfang an vorgenommen, ich wollte weiterhin schwimmen gehen. Wir fuhren nach Montazah und dort konnte ich im Meer schwimmen, wobei Ahmed nur vorne planschte. Er hat nie richtig schwimmen gelernt. Damals sah man auch noch Ägypterinnen im Badeanzug, heute gibt es das praktisch nicht mehr. Ich wollte auch die Apfelsinenplantagen besuchen und bei der Ernte helfen. Aber mein Schwiegervater war sehr dagegen, dass wir mithalfen, denn das schickte sich nicht. So fuhren wir wieder nach Hause. Eine ganze Menge musste ich da lernen, was sich schickt und was nicht, wie man sich verhält und was man einfach nicht tut! In der ersten Zeit war das sehr schwer.

Unsere erste Wohnung in Alexandria teilten wir mit Sayed, manchmal kam auch noch der jüngste Bruder hinzu. Die Eltern wohnten woanders, ich sah sie später nicht mehr oft. Meine Wäsche wurde abgeholt und von kleinen ägyptischen Kindern wieder gebracht, sauber gewaschen. Aber immer fehlte irgendetwas. Meine Schwiegermutter schickte mir ab und zu eine gebratene Ente oder ein Huhn. Ich weiß gar nicht mehr, wie der Haushalt sonst lief. Ich war in einem Schockzustand, der fast ein Jahr lang anhielt. Dann wurde ich ziemlich bald schwanger.

Meine Schwester Gudrun kam mich mit ihrem Mann und einigen Freunden besuchen. Mit ihrem VW fuhren sie von Berlin über Tunesien und Libyen bis zu uns nach Alexandria. Sie blieben ein paar Tage und fuhren dann weiter zum Roten Meer. Sie waren entsetzt über die Zustände und fragten sich ernsthaft, wie ich hier leben konnte. Abends liefen die Mäuse herum, auch Kakerlaken waren Dauergäste bei uns. Bad und Küche entsprachen überhaupt nicht unserem Standard, wir lebten auf einfachstem Niveau. Aber ich hatte mich inzwischen an die Verhältnisse gewöhnt und ließ mich nicht aus der Ruhe bringen. Auch meine Schwester Dagmar besuchte mich. Sie reiste mit einem griechischen Luxusschiff an und hatte sicher eine angenehmere Überfahrt als ich. Sie konnte kaum glauben, dass ich so leben konnte. Trotzdem blieb sie bei mir in Alexandria bis im Mai 1967 meine Tochter Jasmin zur Welt kam. Sie half mir auch in der großen eisernen Schüssel auf dem Propangasherd die Windeln zu waschen. Denn meine moderne Waschmaschine, die ich so vorausschauend aus Deutschland mitgebracht hatte, konnte man hier gar nicht anschließen. Gott sei Dank schickte mir meine Mutter fleißig Pakete, denn sonst hätte ich für das Baby nicht mal etwas zum Anziehen gehabt. Außer Stoffwindeln und Kleidchen gab es gar nichts zu kaufen. Es gab auch nur eine Sorte Waschpulver und Kernseife.

Allerdings entdeckte ich bald einen kleinen griechischen Laden, wo man sogar Sauerkraut vom Fass bekam. Es gab eine Sorte Butter und nur eine Sorte Schafskäse und Oliven. Das war oft unser Essen. Immerhin, verhungert sind wir nicht. Obst und Gemüse gab es immer reichlich zu kaufen.

Nasser pflegte freundschaftliche Kontakte mit der russischen Regierung und so kamen viele Russen in die Stadt. Nun war ich nicht mehr die einzige Blonde im Minirock. Meine Kleidung hatte ich nämlich nicht geändert.

Dagmar fuhr wieder zurück nach Kiel und Ahmed und ich suchten uns eine Wohnung in Kairo (Dokki) am Nil. Er wollte sein Studium in Kairo abschließen. Wir hofften, dass es hier für ihn einfacher wäre. Vorher musste er sich aber noch vom Armeedienst befreien lassen. Mit einigen Tricks und Geschenken gelang das auch. Natürlich kam Sayed mit nach Kairo, immer hinterher. Langsam aber sicher ging mir das ziemlich auf die Nerven.

In Kairo gab es eine evangelische Gemeinde, in der ich herzlich aufgenommen wurde. Dort bei Schwester Liselotte lernte ich andere deutsche Frauen kennen. Das hat mir sehr geholfen. Ich fühlte mich weniger allein, machte regelmäßig Besuche bei Freundinnen und Ahmed gewöhnte sich schnell daran. Inzwischen hatte auch Dagmar die Abenteuerlust gepackt, sie kam zu uns nach Kairo und wollte hier als Krankengymnastin arbeiten. Sie fand tatsächlich eine Stelle in einer Klinik und blieb am Ende drei Jahre. In dieser Zeit lernten wir Ilana kennen. Sie war Russin und mit einem ägyptischen Professor verheiratet. Da sie schon vierzig war und daher etwas mehr Lebenserfahrung in diesem fremden Land hatte, ließen wir uns von ihr gerne Ratschläge geben, vor allem im Umgang mit unseren Männern. Nach kurzer Zeit heiratete Dagmar nämlich tatsächlich Sayed, und so waren zwei Schwestern mit zwei Brüdern verheiratet.

Da die Männer noch studierten, waren die Mittel bei uns immer knapp. Ständig fuhren unsere Männer zu den Eltern nach Alexandria, um Geld zu holen, damit wir leben konnten. Die Autos wurden verkauft.

1967 wurde ich wieder schwanger. Um mehr Unterstützung zu haben, wollte ich gerne, dass dieses Kind in Deutschland geboren wird. Anfang des neunten Monats fuhren Ahmed, die kleine Jasmin und ich mit dem Schiff nach Venedig und anschließend direkt mit dem Zug nach Kiel. Es war eine ziemliche Tortur, eine so lange Reise mitten im Sommer und dann noch im neunten Monat! Aber die Zeit in Kiel wurde trotzdem ganz schön für uns. Im August 1968 wurde dort meine Tochter Mona geboren. Wir blieben noch bis Januar 1969 und ich genoss die Annehmlichkeiten in der alten Heimat. Dann kauften wir wieder mal einen neuen Mercedes und machten uns auf den langen Rückweg nach Ägypten.

Wir blieben noch fünf weitere Jahre in Kairo, aber es gelang Ahmed nicht, sein Studium abzuschließen. Also hieß es wieder Koffer packen und zurück nach Alexandria. Nun wollten sein Bruder Sayed und er gemeinsam ein Restaurant eröffnen. Dazu brauchten sie natürlich Startkapital und da es in Ägypten kaum Möglichkeiten gab, in kurzer Zeit viel Geld zu verdienen, fuhren wir wieder zu meinen Eltern nach Kiel. Aber auch dort war es nicht so einfach, gut bezahlte Jobs zu finden, vor allem ohne eine entsprechende Ausbildung. Wir probierten Verschiedenes aus, aber nach nur drei Monaten hatten wir genug von der Kälte und dem Schnee. Außerdem war ich zum dritten Mal schwanger. Etwas Geld hatten wir immerhin doch zur Seite legen können und wieder konnten wir einen Mercedes mit nach Ägypten nehmen. Über Venedig ging es zunächst nach Alexandria und anschließend nach Kairo. Dort bekam ich bei unserer russischen Freundin in der Klinik meinen Sohn Karim. Während meines Krankenhausaufenthaltes passte Ilana außerdem auf meine beiden Töchter auf, sie durften bei ihr wohnen. Ahmed wohnte schon wieder in Alexandria, aber bald konnte er nach Kairo kommen und uns alle vier nach Hause holen.

Der Abschied von Ilana fiel mir nicht leicht, sie war inzwischen eine sehr gute Freundin geworden, die mir immer mit Rat und Tat zu Seite stand. Auch die Pyramiden von Gizeh vermissten wir sehr, denn oft hatten wir mit den Kindern unsere Sonntagsausflüge dorthin gemacht. In unserer Abwesenheit hatte man uns die Wohnung in Kairo abgenommen, komplett mit allen Möbeln und allem was sonst noch darin war. Ahmed hatte drei Monate lang die Miete nicht bezahlt, und da hatte der Vermieter einfach Tatsachen geschaffen. Als wir dort ankamen, waren fremde Leute eingezogen, die Schlösser waren ausgewechselt und wir konnten überhaupt nichts dagegen tun.

In Alexandria wohnten meine drei Kinder und ich zunächst in einem einzigen Zimmer in der Wohnung meiner Schwiegereltern. Auch der jüngste Bruder von Ahmed wohnte noch dort. Dagmar hatte es etwas besser getroffen, sie wohnte mit Sayed am Meer in Camp Chesar. Unsere Männer setzten ihre Pläne um und eröffneten ihr Lokal. Jetzt waren sie praktisch Tag und Nacht im Restaurant. Ich bekam meinen Mann kaum mehr zu Gesicht, eigentlich kam er nur nachts zum Schlafen. Und irgendwann hatte ich es natürlich auch satt mit der ganzen Familie in einem einzigen Zimmer zu leben. Zu Weihnachten quetschte ich sogar einen Tannenbaum hinein. Die ganze ägyptische Verwandtschaft hielt mich für verrückt, gewöhnte sich aber dann doch daran. Auch der jüngste Bruder Saber ging mir immer mehr auf die Nerven. Laufend versteckte er mir den

Zucker und den Tee und gönnte uns überhaupt nichts. Das Dienstmädchen klaute meine Unterwäsche. Das Geld war immer knapp. Ich beschloss zu meiner Schwester ans Meer zu ziehen. Sie wollte mich zwar nicht haben, aber davon ließ ich mich nicht abhalten. Ich packte unsere Sachen und zog einfach samt Mann und Kindern bei ihr ein.

Dann hatte Ahmed die Idee, aus dem Restaurant die erste Pizzeria in Alexandria zu machen. Also wurde umgebaut und dekoriert. Das war viel Arbeit, aber es lohnte sich, denn die Alexandriner waren begeistert und endlich lief das Lokal richtig gut. Unser tägliches Leben änderte sich aber dadurch kaum, denn mein Schwiegervater kassierte immer die ganzen Einnahmen. Was er an uns auszahlte, reichte gerade mal so zum Leben.

Dagmar hatte es ebenso schwer. Sie bekam nämlich keine Arbeitserlaubnis. Trotzdem wollte sie natürlich arbeiten und fand auch eine Stelle bei einem ägyptischen Arzt. Aber weil sie keine ordentlichen Papiere hatte, wurde sie sehr schlecht bezahlt und eigentlich nur ausgenutzt. Bald hatte sie das ganze ägyptische Leben satt und wollte nur noch raus. Wir nahmen uns Urlaub und flogen gemeinsam nach Berlin. Dagmar ist dann gleich in Berlin geblieben, das Leben in Ägypten war ihr einfach zu beschwerlich. Irgendwann ließ sich Sayed scheiden und Dagmar hat in Deutschland wieder geheiratet. Zur Scheidung musste Dagmar nicht mal nach Ägypten kommen, denn in Ägypten reicht es, wenn der Mann sich scheiden lässt – die Einwilligung oder Anwesenheit der Frau ist nicht notwendig. Ich aber kehrte selbstverständlich aus Berlin wieder zurück zu Ahmed, so wie ich es immer getan hatte. Trotz aller widrigen Umstände gehörten wir immer zusammen. Wir konnten uns nicht trennen!

Bei meiner Rückkehr bestand ich allerdings darauf, dass ich nun endlich mit Ahmed und den Kindern allein leben wollte. Bisher war immer mein Schwager Sayed bei uns gewesen, und jetzt reichte es mir wirklich. Ich stellte mich stur und setzte mich tatsächlich durch. Endlich eine eigene Wohnung, nur für uns! Das Geld war zwar immer noch knapp, aber wir fanden in Saad Zaghloul eine günstige Altbauwohnung. Obwohl noch alte Möbel von den Vorgängern in der Wohnung standen, zogen wir direkt ein. Ich wollte kein Risiko mehr eingehen, sonst hätte

Ahmed es sich am Ende noch anders überlegt. Meine Kinder kamen in die deutsche Schule und ich richtete mich zum ersten Mal ein wie zu Hause in Deutschland. Nun gut, so ganz hatten wir Sayed nicht abschütteln können, er kam immer noch täglich zum Mittagessen. Aber immerhin, ein Anfang war gemacht.

Meine Schwiegermutter starb sehr früh mit nur 55 Jahren und einige Jahre später starb auch mein Schwiegervater. Nun sahen wir wieder mehr von Sayed. Ich brachte ihn mit der Nachbarstochter zusammen und bald darauf heirateten sie. Ich freute mich schon, dass ich ihn ab jetzt nicht mehr durchfüttern musste. Zu früh, wie sich bald herausstellte. Das Mädchen blieb nämlich trotz Ehe bei ihrer Mutter wohnen und Sayed erschien weiter jeden Tag bei uns zum Essen. In Ägypten ist eben vieles anders und es kommt gar nicht so selten vor, dass Eheleute nicht zusammen wohnen. Ahmed hing sehr an seinem Bruder Sayed und machte praktisch nichts ohne ihn. Sayed wusste das ganz genau und hat es ausgenutzt, wo er nur konnte. Bei jedem Deutschlandurlaub spekulierte Sayed darauf, dass meine Kinder und ich bestimmt in Deutschland bleiben würden. Ihm wäre das nur recht gewesen. Aber diese Freude habe ich ihm nie gemacht, stattdessen habe ich immer für meine Familie, meine Ehe und meine Kinder gekämpft. Ich kam jedes Mal wieder zurück. Außerdem bekam ich viel Besuch aus Deutschland: Meine Eltern und Geschwister kamen relativ regelmäßig. Meine Eltern unterstützten uns mehr als einmal auch finanziell. All das hat mir geholfen auszuhalten.

Eine ältere deutsche Freundin nahm mich zum ersten Mal mit in den Yachtclub. Sie war mit einem „Pascha" verheiratet, das entspricht in etwa einem englischen Lord. Im Yachtclub gefiel es mir auf Anhieb so gut, dass ich bald Mitglied wurde. Endlich konnte ich wieder schwimmen gehen und hatte meinen Ausgleich. Bis heute schwimme ich dort regelmäßig. Es gibt ein großes geschütztes Meerwasserbecken und man kann ganz selbstverständlich im Badeanzug schwimmen, ohne dass man dumm angeschaut wird. An den öffentlichen Stränden hier gehen die Frauen komplett angekleidet ins Wasser. Wirklich schwimmen können sie so natürlich nicht, die Kleider saugen sich ja mit Wasser voll und sind viel zu schwer.

Seit ich 1966 zum ersten Mal nach Ägypten kam, hat sich hier viel verändert. Die meisten Frauen kleiden sich sehr hochgeschlossen, mit langen Ärmeln und Kopftuch. Gelegentlich sieht man auch manche ganz in schwarz mit einem Gesichtsschleier, der wirklich nur die Augen frei lässt. Aber Ahmed hat nie von mir verlangt, dass ich ein Kopftuch trage.

Oft ging ich auch ins Seemannsheim. Das war eine Art Club für deutsche Seeleute, die in Alexandria Landgang hatten. Es gab dort Unterkünfte, einen deutschen Pfarrer, ein Restaurant, aber auch Freizeitmöglichkeiten. Dort lernte ich schnell andere deutsche Frauen kennen. In einem fremden Land ist es sehr wichtig, dass man sich mit Gleichgesinnten zusammentut. Man unterstützt sich gegenseitig und hat es dadurch leichter. Außerdem hilft es gegen das Heimweh.

Mit Ägyptern befreundet zu sein, finde ich nach wie vor sehr schwierig. In all den Jahren habe ich das leider immer wieder feststellen müssen, wie viele von meinen Freundinnen auch. Die Ägypter suchten immer nach Vorteilen und wollten nur haben. Sie waren nicht in der Lage zu geben. Dabei ging es gar nicht mal immer nur um Geld. Einen Gefallen taten sie einem nur, wenn sie sich davon einen Vorteil versprachen. Deswegen bleibe ich inzwischen auf Distanz, zwar bin ich gerne freundlich zu ihnen, aber ich halte Abstand.

Nachdem der Schwiegervater gestorben war, wollten wir noch ein neues geschäftliches Abenteuer wagen. Aus unserer Pizzeria sollte ein großes Modegeschäft werden. Das war schon in der Zeit von Sadat, die Versorgungslage hatte sich deutlich verbessert und man bekam jetzt Kleider aus Italien und England. Obwohl der jüngere Bruder Sayed uns immer viel Ärger gemacht hatte, beschlossen wir, uns zusammenzuraufen und gemeinsam das Geschäft umzubauen und zu dekorieren. Ein halbes Jahr lang arbeiteten wir in jeder freien Minute an der Einrichtung und Dekoration, dann war unser schöner Modeladen endlich fertig. Wir hatten wirklich wunderschöne Sachen und das sprach sich natürlich herum. Bald strömten die Kunden in unseren Laden, sogar Schauspieler kamen in unser Geschäft. Und ganz langsam merkten wir zum ersten Mal: Es kam genug Geld rein, es lief wirklich gut. Es hätte alles so schön sein können, wenn es da nicht die liebe Verwandtschaft gegeben hätte. Die Familien von Saber und Sayed räuberten unseren Laden regelrecht aus. Sie dachten, dass sie alles umsonst haben könnten, denn schließlich gehörten sie ja zur Familie. Insgesamt gab es in dieser Familie immer sehr viel Neid. Ich war fast immer im Laden und dadurch kam viel Kundschaft. Wir waren in aller Munde, dabei hieß es immer, der Laden gehöre einer Deutschen. Das gefiel der Verwandtschaft ganz und gar nicht. Zwar waren sie sehr dafür, dass ich den Löwenanteil der Arbeit machen sollte, aber profitieren sollte bitteschön die ganze Sippschaft.

Saber ging vor Gericht und verklagte Ahmed und Sayed. Das ägyptische Justizsystem ist mir bis heute undurchsichtig geblieben, im Prinzip kann man immer einen Grund für eine Klage finden, wenn man den richtigen Richter kennt oder durch das nötige Kleingeld nachhilft. Am Ende geht es immer ums Geld, das Erbe sei nicht gerecht aufgeteilt worden, und auch sein Anteil stecke jetzt in unseren Läden, behauptete Saber. Der ganze Prozess war ziemlich unangenehm und eine große Belastung für uns alle. Schließlich mussten wir den Laden aufgeben, bekamen aber immerhin dafür das Land. Sayed entdeckte in der Nähe einen leer stehenden Laden, der ziemlich heruntergekommen war. Den kauften wir und beschlossen, es noch einmal zu wagen und einen neuen Laden aufzumachen. Dafür verkauften wir einen Teil des Landes und importierten eine wunderschöne Dekoration aus Dänemark. Nach langer Vorbereitungszeit sah es wieder ganz gut aus für uns. Ich arbeitete jeden Tag und unterstützte meinen Mann. Bald fand Sayed noch eine Ruine und auch die bauten wir zu einem schönen Geschäft aus. Fast unser ganzes Geld aus dem Verkauf des Landes mit den Apfelsinenbäumen steckte nun in den Läden, aber es reichte gerade noch für eine schöne Eigentumswohnung für Ahmed und mich in Roushdy. Unsere Töchter besuchten schon die Universität, Karim war noch im Victoriacollege.

Nun hätte es eigentlich friedlich so weiter gehen können, aber da hatten wir uns natürlich zu früh gefreut. Wieder kam Neid auf, diesmal von Sayed und seiner Familie. Immer wieder zerstörten sie meine Dekoration, und an manchen Tagen war auf einmal sämtliches Geld aus der Kasse weg. Auch an den Kleidern im Laden bedienten sie sich nach Belieben. Bei einem Brand – die Ursache wurde nie ganz geklärt – wurde eines unserer Geschäfte dann komplett zerstört. Mit viel Glück gelang es uns, etwas Geld von unserer Versicherung zu bekommen. Wieder mussten wir von Grund auf neu anfangen. Meine Geduld war inzwischen wirklich am Ende, ich wollte endlich von der Familie unabhängig sein und für uns allein einen Laden haben. Nach langen Diskussionen einigten wir uns, und Ahmed und ich konnten eines der Geschäfte allein betreiben. Nun endlich machte mir die Arbeit richtig Spaß, ich kaufte ein und dekorierte mit den Verkäuferinnen. Natürlich musste man immer sehr aufmerksam sein, es wurde viel geklaut. Während der Mittagspause musste immer einer von uns im Laden bleiben oder wir mussten gut abschließen.

Meine Tochter Jasmin studierte Biologie und heiratete einen netten Mann aus Alexandria. Beide wollten ihr Leben in Deutschland aufbauen. Kurz danach zog es auch meinen Sohn Karim nach Deutschland. Er fing dort eine Lehre als Koch an. Mona beendete ihr Architekturstudium an der Universität von Alexandria und flog zu ihrer Schwester nach Deutschland. Da mir Sayed inzwischen wieder das Leben schwer machte, überredete ich meinen Mann, unser Glück ebenfalls dort zu versuchen und einen Laden in Deutschland aufzumachen. Mit einem Mal hatte ich das Leben in Ägypten gründlich satt. Dabei hatten sich die Lebensverhältnisse inzwischen ziemlich verbessert, in den 80er Jahren gab es auf einmal alles zu kaufen. Trotzdem wollte ich weg. Wir verkauften all unsere Habseligkeiten und flogen nur mit ein paar Koffern und dem Geld nach Deutschland.

Meine Kinder waren ja alle schon in Deutschland, wir flogen also nach Frankfurt und wurden freudig empfangen. Wir zogen zu ihnen nach Pforzheim und verteilten unser Geld, denn jeder der jungen Leute hatte Wünsche und baute sich gerade sein Leben auf. Was übrig bleib, reichte gerade noch für eine kleine Boutique in Karlsruhe. Die kauften wir von einem Italiener, der Pleite gemacht hatte. Wir bekamen einen Mietvertrag als Untermieter mit einer ziemlich teuren Miete. Erst ein paar Monate später merkten wir, dass uns der vornehme Makler und der Italiener angeschmiert hatten. Der Hausbesitzer wollte uns hinauswerfen, aber wir hielten eineinhalb Jahre durch. Um Ware einzukaufen, fuhr ich immer nach Sindelfingen bei Stuttgart. Dort gab es große Modehäuser für den Einzelhandel, mehrere Stockwerke hoch. Ich lief mir die Hacken wund, rannte durch vier Gebäude mit fünf Etagen, nur um ein paar günstige Kleider zu ergattern. Die Kunden, die in unseren Laden kamen, waren alle sehr sparsam, ich glaube, sie kamen hauptsächlich, um sich zu unterhalten. Ein Geschäft zu führen ist in Deutschland sehr viel aufwändiger als in Ägypten, alle drei Monate musste ich zur Steuerberaterin und der ganze Papierkram war wirklich lästig.

Zunächst hatten wir zusammen gewohnt, aber dann fand meine Tochter Mona eine Stelle in einem Architekturbüro in Hamburg. Nach ihrem Auszug mussten wir die ganze Miete für unsere Wohnung alleine bezahlen. Dazu reichte das Geld aus unserem Laden nicht aus, und ich suchte mir einen Nebenjob in einem Schuhladen. Mit der Filialleiterin kam ich überhaupt nicht zurecht, sie scheuchte mich den ganzen Tag herum und das Ganze machte überhaupt keinen Spaß. Da war es kein Wunder, dass ich plötzlich wieder große Sehnsucht nach Ägypten bekam.

Mein lieber Vater starb in Kiel. Ihn hatte ich vor lauter Arbeit völlig vergessen. Meine Mutter jammerte, dass sie mit dem Haus und Garten nicht zurechtkäme. In meinem Urlaub fuhr ich zu meiner Mutter, aber es war gar nichts mehr wie früher. Das Haus erschien mir unheimlich leer und der Garten war völlig verwildert. Meine Mutter war ziemlich durcheinander und manchmal regelrecht bösartig. Ihren Kummer betäubte sie mit Wein und Sekt, vielleicht kamen die Stimmungstiefs auch daher, ich weiß es nicht. Ich versuchte, heimlich etwas Ordnung in das Haus zu bringen, aber das war schwierig, denn meine Mutter wollte nichts wegwerfen. In den vielen Jahren hatten sich ganze Berge von Krimskrams angesammelt, denn mein Vater mit seinen 78 Jahren hatte sich von nichts mehr trennen können.

Meine Nerven waren sehr angespannt, da rief meine Schwester Gudrun an. Sie lud mich nach Berlin ein, ich sollte kommen und mich bei ihr ein wenig erholen. Ich fuhr zu ihr, und wir reisten zusammen nach Amrum und Oldenburg. Anschließend fuhren wir noch nach Dänemark. Gudrun als ältere Schwester war für mich immer ein Vorbild und in ihrer Gesellschaft fühlte ich mich sehr wohl. Trotzdem hatte ich unterschwellig das Gefühl, als wolle sie mich von meiner Mutter fernhalten. Sie war von Anfang an dagegen, dass meine Mutter zu uns nach Ägypten kommen sollte. Aber das habe ich erst viel später gemerkt.

Zurück in Pforzheim stand unser Entschluss fest: Wir räumten unsere Boutique und übergaben sie dem Hausbesitzer. Ich kündigte meine Arbeit. Dann kratzten wir unsere restlichen Ersparnisse zusammen und packten wieder einmal unsere Koffer. Zurück nach Alexandria! Sayed hatte für uns eine große 6-Zimmer-Altbauwohnung gemietet, direkt neben seiner eigenen. Wir gaben ihm einen größeren Geldbetrag und er ließ sie vor unserer Ankunft noch neu streichen. Von dem Geld hat er sich natürlich die Hälfte in die eigene Tasche gesteckt, aber ich war trotzdem froh, dass wir wieder eine Wohnung am Meer hatten. In Pforzheim hatte Sayed uns sogar mit Frau und Tochter besucht. Er versprach Ahmed, dass dieser wieder in seinem Laden mitarbeiten könne. Nach unserer Ankunft in Alexandria dauerte es aber nicht lange, bis ich merkte, dass er uns nur unsere Ersparnisse aus der Tasche ziehen wollte. Wir durften den heruntergekommenen Laden putzen und mit neuen Kleidern füllen, aber das Geld aus der Kasse landete wieder bei Sayed.

Wenig später brauchte meine Mutter meine Hilfe in Kiel. Meine Geschwister wollten ihren Anteil am elterlichen Haus ausgezahlt haben, denn sie wollten sich in Spanien niederlassen. Das Haus musste also ausgeräumt und verkauft werden. So fuhr ich nach Kiel und suchte nach Abnehmern für Hausrat und Möbel aus fünfzig Ehejahren. Als alles erledigt und das Haus verkauft war, wurde das Erbe aufgeteilt und meine Mutter ging ins Seniorenheim. Mit meinem Anteil wollte ich in Alexandria meine Wohnung einrichten, die ja noch ganz leer war. Es reichte tatsächlich für eine günstige aber gemütliche Einrichtung. Als es uns dann finanziell etwas besser ging, kaufte Ahmed noch eine Eigentumswohnung auf meinen Namen.

Mit der Arbeit probierten wir noch einiges hin und her, aber alles brachte nicht viel ein. Als meine Mutter 75 Jahre alt war, holten wir sie zu uns nach Alexandria. Sie kam gerne nach

Ägypten, sie kannte das Land schon aus ihren Urlauben hier. Von ihrer Rente konnte sie hier gut leben und genügend Unterhaltung hatte sie auch immer.

Unsere Tochter Mona kam zurück nach Alexandria, sie heiratete hier einen ägyptischen Zahnarzt. Sie haben drei Kinder, zwei Mädchen und einen Jungen. Trotzdem zog es Mona bald wieder nach Deutschland. Es dauerte neun Jahre, bis sie ihren Mann überzeugen konnte. Er hing sehr an seiner Mutter. Aber sie sind beide der Meinung, dass die Kinder in Deutschland bessere Zukunftsaussichten haben. Alle meine Kinder sind, ebenso wie ich, hin und her gerissen zwischen Deutschland und Ägypten.

Meine Mutter schlief nach fünf Jahren einfach ein, sie wurde hier auf dem katholischen Friedhof begraben. So behielt Ägypten sie für immer.

Danach holten mich meine Kinder noch einmal nach Pforzheim. Aber es war ein anderes Leben, ohne Kiel und ohne meine Eltern. Mit meinen Geschwistern verstand ich mich nicht mehr besonders, sie haben nie verstanden, warum ich unsere Mutter nach Ägypten geholt habe. Meine Tochter Jasmin wollte gerne, dass ich ihr mit dem großen Haus und dem Garten helfe, aber nach drei Monaten zog es mich wieder zurück nach Alexandria. Und zu meinem Yachtclub. Nach über 40 Jahren in Ägypten sehe ich, dass alles hier doch viel moderner geworden ist. Heute gibt es überall große Supermärkte, in denen man alles kaufen kann, wenn man das nötige Geld dazu hat.

Ich kann mich als Ausländerin überhaupt nicht beklagen, man wird von den Ägyptern immer sehr höflich und mit Achtung behandelt. Wenn man arabisch mit ihnen spricht, freuen sie sich besonders und sind noch viel freundlicher als sonst.

Heutzutage gehe ich auch regelmäßig zum Sporting Club, dort trifft sich jeden Dienstag der „International Women's Club". Es sind dort Frauen aller Nationalitäten. Man spricht englisch, französisch, deutsch oder auch arabisch. Sehr oft ist es die arabische Sprache, die uns vereint, denn viele können es doch mindestens so gut, um eine einfache Unterhaltung zu führen. Oft diskutieren wir über Ägypten, wie es sich verändert hat, was schön ist und was uns nicht so gut gefällt. Trotz unterschiedlicher Ansichten verstehen wir uns alle gut, es geht immer sehr friedlich zu.

Im Goethe-Institut treffen sich alle deutschsprachigen Frauen, es gibt sogar eine Frau aus Finnland dort, die sehr gut deutsch spricht. Diese Treffen sind nicht nur geselliges Beisammensein, sondern der Verein engagiert sich auch sozial in Ägypten. Es gibt jedes Jahr einen Weihnachtsbasar und das Geld fließt dann in ausgewählte karitative Projekte.

Heute haben wir fast alle Satellitenfernsehen und wir können sämtliche internationalen Programme empfangen, auch alle deutschen Sender. So bleibt man immer auf dem Laufenden und fühlt sich mit Deutschland enger verbunden.

Inzwischen war mein Mann sehr krank geworden und ich rechnete schon damit, allein zurückzubleiben. Aber es ging noch einmal gut und heute ist Ahmed einigermaßen gesund. Jetzt passe ich auf ihn auf und pflege ihn, so gut ich kann. Ich schwimme wieder regelmäßig im Yachtclub und manchmal sammle ich die Scherben von Kleopatra am Strand auf. Im letzten Jahr war hier eine Gruppe von Archäologen aus Frankreich und Ägypten. Sie haben noch ziemlich viel an Fundstücken aus dem Mittelmeer herausgeholt. Es scheint ein unerschöpflicher Vorrat zu sein, eine unendliche Geschichte, die niemals aufhört. Inzwischen bin ich 58 Jahre alt und lebe mit Ahmed weiter in Ägypten. Wir sind jetzt seit vierzig Jahren verheiratet und ich hoffe, dass es noch lange so weiter geht.

*Von Renate habe ich auch das folgende Gedicht bekommen. Der Autor ist unbekannt. Es gibt sehr gut die zwiespältigen Gefühle wieder, die sich durch Renates ganzes Leben ziehen:*

Es liegt an mir, denn anders kann ich's nicht erklären,
dass es mir stets nur ganz begrenzte Zeit gefällt.
Bin ich im Norden, will ich möglichst in den Süden,
und es gibt nichts, rein gar nichts, was mich dann noch hält.

Hab ich erreicht, was ich so liebend gerne möchte,
lieg ich am Strand und vor mir rauscht die See,
ist das nur ein paar Tage lang das Höchste,
dann denk ich schwitzend, ach wie schön wär's jetzt im Schnee.

Sind Menschen um mich, sehn ich mich nach Stille,
bin ich allein, wünsch ich mir meine Freunde her,
und in der Großstadt ist mein allergrößter Wille
aufs Land zu fahren, denn Dörfer liebe ich nun einmal sehr.

Sag mir, wie kommt es nur, dass ich so oftmals glaubte
an andern Ufern wär es schöner noch als hier?
Was ist's, was die Zufriedenheit mir raubte?
Und geht es dir manchmal genau wie mir?

# Susan S.
# Von Amerika nach Ägypten

*Susan ist Amerikanerin. Kennen gelernt habe ich sie im „International Ladies Club of Alexandria" bei einer Veranstaltung. Wir verstanden uns auf Anhieb und selbstverständlich fragte ich auch sie, ob sie mir ihre Geschichte für dieses Buch erzählen wolle. Da sie kein Deutsch spricht, habe ich unser Gespräch zunächst auf Englisch aufgenommen und geschrieben. Anschließend übersetzte ich den Text ins Deutsche.*

*Susan ist 65 Jahre alt und wirkt auf mich sehr optimistisch und positiv. Sie kann sich gut mitteilen und hat viele Freundinnen. Jeder mag sie, sie ist warmherzig und es fällt mir leicht mit ihr zu sprechen. Hier ist ihre Geschichte:*

Als ich meinen Mann kennen lernte, war ich ein junges Mädchen von zwanzig Jahren. Ich hatte gerade das „Junior College" beendet und wohnte noch bei meiner Mutter in New York. Meine Schwester, drei Jahre jünger als ich, lebte ebenfalls noch zu Hause. Mein Vater war einige Jahre zuvor gestorben, damals war ich fünfzehn. Meine Mutter, inzwischen wieder verheiratet, hat sozusagen Glück im Unglück gehabt und einen sehr netten Witwer mit drei Söhnen kennen gelernt. Für uns Kinder war das kein Problem, wir wussten, dass es für alle das Beste wäre, wenn unsere Eltern gemeinsam ein glückliches Leben führen könnten. Damals gab es ja noch nicht so viele Patchworkfamilien wie heute, es war schon ungewöhnlich. Aber wir kamen alle sehr gut miteinander aus.

Mein erster Job, nachdem ich das Junior College verlassen hatte, war eine Stelle als Arzthelferin in New York.

Eines Tages, Anfang Februar 1965, bat mich einer meiner neuen Brüder um einen kleinen Gefallen. Er suchte schon länger nach einem bestimmten Buch, und das war nur in der Universitätsbibliothek in Princeton zu bekommen. Ich hatte sowieso schon lange einmal vorgehabt, mir die Uni dort anzusehen, und fuhr hin. Mit dem Auto war es nicht weit, aber ich hatte natürlich noch keinen eigenen Wagen und so machte ich mich mit Zug und Bus auf den Weg. Die Reise dauerte nur andert-halb Stunden und sollte doch mein Leben verändern. Aber das wusste ich damals noch nicht, so etwas merkt man ja immer erst hinterher.

Die Universität Princeton ist ein sehr imposantes Gebäude und ich hatte keinen blassen Schimmer, wo die Bibliothek wohl sein mochte. Ich ging die ausladende Treppe hoch und fragte den Ersten, der mir begegnete, nach dem Weg. Es war ein junger, etwas fremdländisch aussehender Mann, der mir sehr freundlich erklärte, wie ich zur Bibliothek käme. So kam ich zum ersten Mal mit Hamdi ins Gespräch. Schon nach ein paar Minuten fragte er mich, ob ich nicht eine Tasse Kaffee mit ihm trinken wolle. Ich wollte gerne und so fand unser erstes Ren-dezvous in der Cafeteria von Princeton statt. Gleich vom ersten Augenblick an mochten wir uns sehr.

Er erzählte mir von seiner Heimat Ägypten und wie er nach Princeton gekommen war. Er hatte in Kairo an der Ain Shams University Architektur studiert und dort seinen Abschluss (BA) gemacht. Anschließend förderte die ägyptische Regierung sein Studium mit einem Stipendium, mit dem er in Boston, Massa-chusetts, am MIT weiterstudieren konnte. Dort hatte er mit einem MFA (Master of Fine Arts) in Architektur abgeschlossen. Aber er wollte noch mehr lernen und kam so nach Princeton. Sein Ziel war ein PHD (Doktorgrad), doch dazu musste er zu-nächst noch einen Master in Princeton ablegen.

Bevor wir uns verabschiedeten, tauschten wir unsere Telefon-nummern aus. Schon in der folgenden Woche rief er mich an und wollte sich mit mir verabreden. Eher beiläufig erwähnte er, dass er an dem betreffenden Tag für zwei Stunden mit einer Vorlesung beschäftigt sein würde. Aber das machte mir nichts aus, ich stimmte trotzdem gerne zu und wollte ihn eben zur Vorlesung begleiten. Es interessierte mich, was er machte, und ich stellte mir vor, dass ich in der Vorlesung ein wenig mehr über seinen Beruf erfahren könnte.

Wir trafen uns an einem Mittwochvormittag, unterhielten uns ein bisschen und gingen dann zum Hörsaal. Am Eingang stand ein Schild, auf dem „New Jersey Architecture Organisation" stand. Das klang recht viel versprechend, fand ich. Hamdi musste noch mit ein paar Leuten reden, also setzte ich mich schon mal nach hinten. Ich unterhielt mich ein wenig mit einem netten Herrn, der neben mir saß. Kurz bevor die Vorlesung losgehen sollte, stand dieser Herr plötzlich auf und hielt eine Rede. Zunächst stellte er sich als Präsident der Organisation vor, was mich völlig überraschte. Und als er dann auch noch Hamdi als den Sprecher am heutigen Tage vorstellte, blieb mir fast der Mund offen stehen. Hamdi trat ans Rednerpult und präsentierte seine Arbeit für seinen „Master's". Ich verstand natürlich nicht alles, aber es war nicht zu übersehen, dass alle diese Fachleute an seinen Ideen sehr interessiert waren. Der nette Herr (der Präsident) neben mir fragte mich, ob ich auch Architektin sei. „Nein, nein", wehrte ich ab und zeigte dann möglichst unauffällig auf Hamdi. „Ich bin mit ihm verabredet." Darauf antwortete er: „Der ist etwas ganz Besonderes!" So lernte ich Hamdi direkt im Umfeld seiner Arbeit kennen, und wie man sich vorstellen kann, war ich junges Mädchen entsprechend beeindruckt.

Von diesem Tag an verabredeten wir uns regelmäßig. Am Wochenende fuhr ich oft nach Princeton, um ihn zu treffen. Das ging so mehrere Monate. Wir gingen zu Fußballspielen oder ins Kino. Wir machten lange Spaziergänge, unterhielten uns und merkten schnell, dass wir sehr viel gemeinsam hatten. Wir verstanden uns hervorragend und schmiedeten bald Zukunftspläne. Wir wollten heiraten. Aber meine Familie sollte Hamdi schon noch vorher kennen lernen. Also besuchte er uns an einem Wochenende zu Hause in New York. Meine Mutter und mein Stiefvater empfingen Hamdi freundlich. Verständlicherweise wollten sie mehr über den Mann wissen, der ihre Tochter in ein fremdes Land entführen wollte. Hamdi sagte ihnen nämlich direkt beim ersten Treffen, dass wir heiraten wollten. Nun redete Hamdi über unsere gemeinsame Zukunft: Zunächst müsse er für mindestens sieben Jahre nach Ägypten zurückkehren. So lange hatte sein Stipendium gedauert, und so lange musste er mindestens in Ägypten arbeiten. Andernfalls müsste er das Stipendium zurückzahlen. Außerdem versprach er ihnen, dass er nach diesen sieben Jahren in die USA zurückkehren und hier leben wolle. Heute denke ich, dass er das in diesem Moment wirklich glaubte und fest vorhatte. Später allerdings entwickelten sich die Dinge anders, unsere Pläne änderten sich mit der Zeit und wir mussten uns mit anderen Gegebenheiten anfreunden.

Tatsächlich mochten meine Eltern Hamdi sehr gerne. Viel später erzählte mir meine Mutter, dass sie in Wirklichkeit ziemlich besorgt darüber war, dass ich einen Ägypter heiraten wollte. Keiner von uns hatte eine klare Vorstellung davon, was das für die Ehe oder für mein Leben bedeuten würde. Aber alle nahmen es positiv und niemand sagte etwas gegen ihn. Schon damals merkte man Hamdi an, dass er ein ernsthafter junger Mann war und großen beruflichen Ehrgeiz hatte.

Im Juni 1965 verlobten wir uns und im September desselben Jahres heirateten wir. Wir zogen in unsere erste gemeinsame Wohnung in Princeton und ich nahm eine neue Stelle an, wieder als Helferin in einer Arztpraxis.

Hamdi arbeitete in dieser Zeit an seiner Promotion in Architektur, so wie er es auch die letzten drei Jahre getan hatte. Tatsächlich hatte er an seinem Master und an seiner Promotion gleichzeitig gearbeitet. Und da er sehr fleißig und obendrein ein kluger Kopf war, gelang es ihm, seine Doktorarbeit im Oktober 1965 abzuschließen.

Die offizielle Graduiertenfeier haben wir verpasst, denn wir hatten es aus nahe liegenden Gründen plötzlich sehr eilig. Ich war schwanger und wir wollten doch ganz gerne noch eine Hochzeitsreise durch Europa machen, die in unserer neuen Heimat Ägypten enden sollte. Mit einem Baby wäre das später viel schwieriger, dachten wir uns, und setzten uns ins Flugzeug nach England. Unsere Sachen ließen wir direkt aus den USA nach Alexandria verschiffen.

Für mich war dies meine erste Reise außerhalb der USA. Auf einmal und in kurzen Abständen hörte ich sehr viele verschiedene Sprachen. Selbstverständlich ging ich davon aus, dass ich mich zumindest in Schottland oder England verständigen könnte. Aber da hatte ich mich gründlich getäuscht. Die Menschen, denen wir dort begegneten, sprachen in ihrem eigenen extrem starken Akzent und ich verstand kein Wort.

Nach und nach gewöhnte ich mich daran, noch andere, fremdere Sprachen zu hören. Als wir dann in Ägypten ankamen, war es für mich jedenfalls nichts Neues, dass ich nicht alle Leute verstehen konnte. Für mich war diese erste Reise eine ganz besondere Erfahrung. In den USA sprechen alle Leute Englisch und für die meisten ist es die einzige Sprache, die sie verstehen.

In Schottland war es schrecklich kalt und feucht und in den meisten Unterkünften gab es keine Zentralheizung. England gefiel mir schon etwas besser, vielleicht hatten wir auch nur etwas mehr Glück mit dem Wetter. Anschließend standen Belgien, Holland und Frankreich auf dem Programm. In Frankreich lernte ich zum ersten Mal ein Mitglied aus Hamdis Familie kennen: Einer seiner Brüder arbeitete dort an seinem PHD. Mein erster Eindruck war positiv, obwohl es mit der Verständigung noch so manches kleine Problem gab. Ich war sehr neugierig auf meine neue Familie in Ägypten.

Unsere nächste Station auf dieser Reise war Deutschland. Wir fuhren nach Wolfsburg und holten direkt beim Werk unser erstes Auto ab: einen grau-blauen VW Käfer. Mit dem Käfer fuhren wir dann in die Schweiz und nach Italien. Im Dezember schifften wir uns von Italien aus in unsere neue Heimat, nach Alexandria, ein. Endlich ging es nach Ägypten! Ich war gespannt und aufgeregt – und im siebten Monat schwanger. Als Voraussetzung für eine Schiffsreise nicht gerade optimal, aber es klappte dann erstaunlich gut. Und das, obwohl wir in einen schrecklichen Sturm gerieten und fast alle Passagiere seekrank wurden. Außer mir, ich hatte großen Hunger und fand mich zu den Mahlzeiten praktisch ganz allein im Speisesaal wieder. Der Schiffsarzt warf einen fachmännischen Blick auf meinen runden Bauch und fragte nach dem Geburtstermin. Ich nannte ihm das Datum, und da wurde er sichtlich nervös. Er hatte nämlich seit vierzig Jahren kein Kind mehr entbunden. Ich beruhigte ihn und sagte ihm, dass ich gar nicht die Absicht hätte, das Kind an Bord zu bekommen. Ich würde brav damit warten, bis wir in Alexandria wären. Fast schien es mir, als machten ihm diese Überlegungen mehr zu schaffen als mir.

Unsere Schiffsreise sollte uns von Neapel in Italien nach Alexandria in Ägypten bringen. Soweit jedenfalls der ursprüngliche Plan. Der Sturm jedoch wurde stärker und stärker, und so konnten wir Alexandria nicht anlaufen. Stattdessen fuhren wir nach Beirut, wo wir einige Tage bleiben mussten. Dann ging es wieder los in Richtung Alexandria. Der Sturm wütete noch immer, aber diesmal legten wir trotzdem an und konnten endlich in Alexandria von Bord gehen. Es ging das Gerücht um, auf dem Schiff sei eine wichtige Persönlichkeit, die von ganz hoher Seite erwartet würde. Ob das stimmte, weiß ich nicht. Uns war es völlig egal, Hauptsache wir waren endlich da.

Damals wurde Alexandria noch von vielen Passagierschiffen angelaufen, im Hafen war deutlich mehr los als heute. Es war laut und für einen Neuankömmling wie mich ziemlich chaotisch, besonders da ich die Sprache nicht beherrschte. Hamdis ganze Familie erwartete uns bereits am Quai. Einen ganzen Tag lang hatten sie warten müssen, denn keiner hatte ihnen sagen können, wann das Schiff nun endlich einlaufen würde. Jetzt gab es erst mal ein großes Hallo und auch ich wurde sehr herzlich empfangen. Kaum von Bord, beging ich auch schon meinen ersten großen Fauxpas: Ich küsste nämlich alle, einschließlich der Männer. Innerhalb der Familie fand ich das selbstverständlich. In Ägypten wird das aber ganz anders gehandhabt, und da muss man sich erst mal dran gewöhnen. Hier ist es so: Männer küssen andere Männer, wenn es Freunde oder Verwandte sind. Frauen küssen andere Frauen. Und alle küssen die Kinder. Aber niemals küsst ein Mann eine Frau, die mit jemand anderem verheiratet ist, es sei denn, sie ist seine Schwester. Das tut man einfach nicht. Bis mir das klar wurde, war ich schon einige Zeit im Land und im Nachhinein war mir meine anfängliche Überschwänglichkeit sehr peinlich. Aber ob nun alle schockiert waren oder nicht, sie waren jedenfalls trotzdem sehr nett zu mir und ich fühlte mich gut aufgenommen.

Die ersten zwei Wochen blieben wir in Alexandria. Wir wohnten bei Hamdis Schwester. Sie war verheiratet, hatte vier Kinder und die Wohnung war nicht besonders groß. Die Kinder schliefen alle in einem Zimmer. Trotzdem rückte die ganze Familie für uns etwas zusammen und später wurde meine Schwägerin eine richtig gute Freundin für mich. Ich lernte auch bald Hamdis Eltern kennen und wir kamen gut miteinander aus, obwohl nur sein Vater Englisch sprach. Vielleicht war die Sprachbarriere sogar mit ein Grund dafür, dass es bei uns wenig Streitigkeiten mit den Schwiegereltern gab. Mit meinen paar Brocken Arabisch war es einfach unmöglich zu streiten. Die anderen Schwiegertöchter hatten da viel mehr auszustehen, für mich war es immer recht einfach. Wenn wir zu Besuch kamen, saß ich meistens bei den Kindern und spielte mit ihnen und Hamdi unterhielt sich mit seinen Eltern. Mein Schwiegervater war Vizeminister bei AWKAF, das ist die Islamische Dachorganisation, ähnlich dem Vatikan. Sie organisieren die unterschiedlichsten sozialen Projekte wie Schulen oder Krankenhäuser und besitzen viele eigene Grundstücke und Gebäude. Über viele Jahre hinweg unterstützte uns mein Schwiegervater auch finanziell, von Hamdis Verdienst allein hätten wir gar nicht leben können.

Unsere sämtlichen Besitztümer, alles, was wir in den USA gekauft und nach Ägypten verschifft hatten, waren auf meinen Namen eingetragen. Das war wegen der Einfuhrbestimmungen wichtig, denn nur so konnten wir die Sachen zollfrei nach Ägypten einführen. Allerdings standen vorher trotzdem noch einige Formalitäten auf verschiedenen Ämtern an, was in Ägypten rasch Formen einer Odyssee annehmen kann. Doch eines Tages war es dann soweit: Wir konnten endlich alles abholen.

Wir fuhren nach Kairo, wo Hamdi eine Stelle beim Ministerium für Wohnungsbau antrat. Obwohl er jetzt arbeitete und seine Stelle sogar gut angesehen war, reichte sein Verdienst nicht einmal, um die Miete für unsere möblierte Wohnung zu bezahlen. Außerdem wollten wir eigentlich in Alexandria leben. Während unseres kurzen Aufenthalts direkt nach unserer Ankunft hatte uns die Stadt gut gefallen. Es war dort nicht so voll und staubig wie in Kairo und ich mochte die frische Luft am Meer. Schon damals (1965) barst Kairo förmlich vor Menschen und Fahrzeugen und die Luft war mit Abgasen und Wüstensand gesättigt. Heute ist es natürlich noch viel schlimmer. Alexandria war viel sauberer und nicht so überlaufen.

Wir wollten also zurück dorthin und Hamdi bewarb sich auf eine Stelle als „Assistant Professor" für Architektur. Nach einigen Anläufen klappte es schließlich und wir konnten nach Alexandria übersiedeln. Zwei von Hamdis Freunden wurden etwa gleichzeitig eingestellt, sodass wir sogleich Anschluss hatten.

Aber bevor wir nach Alexandria zogen, wurde unsere Tochter

Nadia in Kairo geboren. Es war eine einfache, schnelle Entbindung und es ging uns beiden gut. Zur gleichen Zeit bekam im selben Krankenhaus eine meiner Schwägerinnen ebenfalls ein Kind. Ihr Mann besuchte mich natürlich auch. Er gratulierte mir, nicht ohne zu erwähnen, dass seine Frau es ja viel besser gemacht hätte. Sie hatte nämlich einen Jungen entbunden und das war in ägyptischen Augen viel besser als ein Mädchen. Mir war das aber egal, ich war glücklich und zufrieden mit meinem brandneuen kleinen Mädchen.

Es dauerte ein wenig, bis ich mich an das Leben in Ägypten gewöhnte. Natürlich gab es keinen Luxus, aber wir waren jung und nicht sehr anspruchsvoll. Eine stets willkommene Abwechslung, an der wir immer Spaß hatten, war es für uns zum Beispiel, ins Kino zu gehen. In Ägypten machte man sich dafür ganz schick, die Frauen zogen ihre besten Kleider an und legten Make-up auf. Die Filme wurden meistens auf Englisch mit arabischen Untertiteln gezeigt, sodass ich alles gut verstehen konnte.

Hamdi trat seine neue Stelle in Alexandria an und wir zogen in eine kleine Wohnung, die eigentlich die Sommerwohnung von Hamdis Eltern war. Wir hatten sehr wenig Geld, aber irgendwie ging es doch. Immerhin hatte ich eine Waschmaschine, was damals in Ägypten keine Selbstverständlichkeit war. Ich lernte mit einfachen Zutaten zu kochen, ohne fertige Würzmischungen und Päckchen, nur mit Gemüse, Fleisch und Gewürzen. Ich hatte mein Kochbuch dabei und damit kam ich ganz gut zurecht. Außerdem lernte ich ägyptisch kochen. Wenn ich meine Schwägerin besuchte, setzte ich mich gerne in die Küche und beobachtete die Dienstmädchen. Der Rest der Familie fand das etwas merkwürdig, aber das war mir egal, ich hatte Spaß daran und nach und nach lernte ich alles, was ich wissen musste. Ich selbst hatte auch ein Dienstmädchen, ein ganz junges Ding von fünfzehn Jahren. Sie war vom Land und ihre Vorstellungen von Hausarbeit entsprachen nicht ganz meinen eigenen. Es war sehr schwierig ihr beizubringen, wie sie putzen sollte. Die Ägypterinnen machen das fast alle ganz anders als wir. Es wird immer sehr viel Wasser verwendet, nach der Formel, je mehr Wasser, desto sauberer. Dass man bei hartnäckigen Flecken diesen auch mal länger und fester mit dem Lappen bearbeiten könnte, kommt ihnen nicht in den Sinn. Also hatte ich ein Dienstmädchen und putzte immer hinter ihr her.

Das Geld war immer knapp und deshalb beschlossen wir, 1967 für ein Jahr in die USA zurückzukehren, dort zu arbeiten und Geld zu sparen. Heute kann man sich das nicht mehr vorstellen, aber tatsächlich war es damals so, dass man in den USA gut verdienen und günstig leben konnte, sodass unter dem Strich etwas übrig bleiben würde.

Es war kurz vor dem Sechstage-Krieg 1967. Dadurch verzögerte sich unsere Abreise verzögert, wir konnten erst reisen, als der Krieg vorbei war. Zuerst fuhren wir nach Italien, wo Hamdi sich um ein Visum für die USA bemühte. Eigentlich hätte Hamdi ja sieben Jahre in Ägypten bleiben müssen, wegen seines Stipendiums. So war es ziemlich schwierig, eine Genehmigung zur Ausreise zu erhalten. Es gelang ihm aber doch, ein Visum für die USA zu bekommen und von Neapel aus fuhren wir mit dem Schiff nach New York.

Nach unserer Ankunft in New York wohnten wir in einer kleinen Wohnung in der Nähe meiner Mutter. Meine Großmutter lebte damals auch noch und wohnte ebenfalls in der Nähe. Hamdi fand Arbeit in einem großen Architekturbüro in New York City. Wir verbrachten ein ruhiges, angenehmes Jahr mit dem Baby. Obwohl wir in New York City lebten, konnten wir eine hübsche Summe Geld sparen und kehrten im August 1968 nach Ägypten zurück.

Wir kamen in Alexandria an und freuten uns natürlich auf unser Zuhause. Doch dort erwartete uns alles andere als ein ruhiger Empfang, sondern ganz im Gegenteil eine kleine Katastrophe. In unserer Wohnung stand das Wasser mehrere Zentimeter hoch, sämtliche Möbel waren ruiniert. Bei den Mietern über uns war die Abwasserleitung verstopft gewesen und das ganze Wasser war in unsere Wohnung geflossen. Solche Dinge passieren in Ägypten häufig, denn die Kanalisation entspricht längst nicht unseren Standards und vieles wird improvisiert. Fast niemand ist gegen solche Schäden versichert, auch wir bekamen keinen Pfennig. Obendrein hatten wir keine Bleibe und mussten sofort eine andere Wohnung mieten. Immerhin kam uns der Zufall zu

Hilfe und wir fanden etwas in Roushdy, einem schönen Stadtteil von Alexandria. Diese Wohnung war sogar größer als unsere erste, und wir leben dort noch heute.

Wir lebten das Leben einer ganz normalen ägyptischen Familie. Luxus gab es nicht, aber wir hatten genug. Die Versorgung mit Lebensmitteln war angespannt und blieb es bis in die 80er Jahre hinein. Es gab aber immer genug Obst und Gemüse, nur Fleisch und andere Dinge wie Öl, Butter, Reis und Zucker waren rationiert. Jede Familie bekam ein Lebensmittel-Buch, mit dem man in der Gameia (das ist ein kommunales Geschäft) rationierte Waren kaufen konnte.

Im August 1969 wurde unser Sohn Tarek in Alexandria geboren. Die Entbindung verlief sehr gut, aber noch im Krankenhaus bekam er eine schlimme Infektion. Seine Erkrankung zog sich über mehrere Monate hin, er war wirklich sehr krank und wäre beinahe gestorben. Das war eine sehr schwere Zeit für mich, mit täglichen Besuchen im Krankenhaus und vielen sorgenvollen Nächten. Zum Glück erholte er sich aber am Ende vollständig und ich konnte ihn endlich mit nach Hause nehmen. Heute ist er ein sehr gesunder junger Mann.

Über mehrere Jahre arbeitete Hamdi sehr eng mit der Universität Beirut zusammen und 1971 bot sich für uns als Familie die Gelegenheit dorthin umzuziehen. Vier Jahre lebten wir in der libanesischen Hauptstadt. Vor all den Zerstörungen war Beirut eine sehr schöne Stadt, und wenn ich heute die Bilder in den Nachrichten sehe, werde ich immer traurig.

Beide Kinder kamen dort in eine arabische Schule. Es war uns sehr wichtig, dass sie fließend arabisch sprechen und auch schreiben lernten. Im Libanon wird ein anderer Dialekt gesprochen als in Ägypten, also lernten sie arabisch mit libanesischem Akzent.

Während der Zeit in Beirut besuchte uns einmal mein Schwiegervater. Es war gerade um Weihnachten herum. Als Moslem hatte er daran nicht gedacht und schämte sich ein wenig, weil er keine Geschenke für die Kinder mitgebracht hatte. Wie jedes Jahr hatte ich einen Weihnachtsbaum aufgestellt, und alle Geschenke lagen unter dem Baum, so wie man das eben in den USA macht. Wir hatten wenig Geld, und so gab es nur kleine

Geschenke, zwei oder drei für jedes Kind und noch ein paar extra Kleinigkeiten. Auch für meinen Schwiegervater hatte ich einige kleine Dinge eingepackt. Als wir am Weihnachtsmorgen die Geschenke öffneten, fragte mein Schwiegervater Hamdi, ob ich denn nicht enttäuscht wäre über meine Geschenke. Kein hübsches Kleid, keinen Schmuck? Aber wir hatten uns gegenseitig etwas noch Besseres geschenkt: einen nagelneuen Fernseher.

Zum Weihnachtsessen kam bei uns traditionell Truthahn auf den Tisch, es wurde festlich gedeckt und gefeiert. Ich sprach das Tischgebet und dann gaben wir uns alle die Hände und sagten: „Merry Christmas." Mein Schwiegervater wollte das erst nicht, er dachte es sei etwas Christliches, das vom Islam verboten wäre. Ich musste ihm erst erklären, dass das einfach ein Familienritual sei, mit dem man zeigt, dass die ganze Familie miteinander verbunden ist. Das hat er verstanden und später bestand er selbst auf diesem Ritual (nur sagten wir dann nicht jeden Tag „Merry Christmas", sondern „Guten Appetit").

Während seines Aufenthalts in Beirut bat ich ihn, mit den Kindern ausschließlich arabisch zu sprechen (nicht englisch, wie er mit mir sprach). So lernten die Kinder arabisch von ihrem Großvater. Auch später in Ägypten sprachen sie mit ihm immer nur arabisch. Er beschäftigte sich gerne mit ihnen und sie liebten ihren Großvater sehr. Als er viel später starb, waren sie die einzigen Enkel, die um ihn weinten. Mit den andern Enkeln hatte er weniger Kontakt gehabt.

1975 kehrten wir nach Alexandria zurück und beide Kinder kamen in eine englische Privatschule. Das war damals üblich. Auch heute geben viele Ägypter, die es sich leisten können, ihre Kinder auf eine Privatschule (englisch oder französisch). Diese Schulen vermitteln eine bessere Ausbildung als die öffentlichen Schulen, so sagt man zumindest.

Nach einigen Zwischenstufen erhielt Hamdi die volle Professorenwürde in Alexandria. Oft arbeitete er auch in Beirut und dort wurde er zum Dekan der Fakultät Architektur ernannt. Von 1976 bis 1979 lebte er die meiste Zeit in Beirut und ich lebte mit den Kindern in Alexandria. Hamdi kam nur alle sechs Wochen nach Hause. Wegen der niedrigen Gehälter in Ägypten ist diese Lebensweise (Ehemann in einem andern Land, Familie zu Hause) in Ägypten noch heute sehr verbreitet. Hamdi machte Karriere und wurde ein sehr bekannter Architekt. Die Kinder und ich sahen ihn nicht oft, aber notgedrungen lernten wir damit zu leben, wie viele andere Familien auch.

Die Kinder waren langsam aus dem Gröbsten raus, und so hatte ich mehr Zeit für mich. Ich begann mich regelmäßig mit den Frauen von AWA (American Women of Alexandria) zu treffen. Nach und nach knüpfte ich viele Kontakte und fand gute Freundinnen, nicht nur Amerikanerinnen sondern auch Deutsche, Schweizerinnen und andere Frauen verschiedener Nationalität. Die AWA organisierte auch viele gesellschaftliche Aktivitäten für die ganze Familie. Es gab Grillpartys zum amerikanischen Nationalfeiertag am 4. Juli mit Hotdogs und Hamburgern. Man feierte gemeinsam „Thanksgiving Dinners", wo jeder etwas Leckeres zum Essen mitbrachte und in geselliger Runde gespeist wurde. Vom AWA selbst gab es Truthahn für alle. Für unsere Kinder waren diese Aktivitäten sehr wichtig, denn dadurch lernten sie neben den ägyptischen auch die amerikanischen Traditionen kennen. Natürlich lernten sie auch beide Sprachen, Arabisch und Englisch, gleich gut.

Damals wurde Alexandria noch regelmäßig von der amerikanischen Marine angelaufen. Unsere Kinder konnten für die Seeleute übersetzen und besserten sich damit ihr Taschengeld auf. Tarek zum Beispiel begleitete die jungen Seeleute zum Einkaufen. Er war erst elf Jahre alt und erlebte bereits hautnah, was für ein großer Vorteil es ist, zwei Sprachen zu sprechen. Das Geld, das er fürs Übersetzen bekam, war viel mehr, als er sonst mit den üblichen Handlangerjobs für Jugendliche hätte verdienen können.

Einmal war er bei einem Picknick dabei, er grillte Hamburger und durfte als Belohnung essen und trinken, was er wollte. Das machte ihm natürlich großen Spaß.

So wuchsen unsere Kinder heran und beendeten die Schule. Nadia ging zur Universität und studierte Zahnmedizin. Sie schloss mit dem Master ab und bekam dann ein Stipendium vom DAAD (Deutscher Akademischer Austauschdienst) für Deutschland. Vorher musste sie drei Monate in Alexandria und später noch drei Monate in Deutschland Deutsch lernen. Wir waren sehr beeindruckt, dass sie es geschafft hatte, eine weitere Sprache zu lernen und dann dort im Land zu studieren. In Deutschland arbeitete sie zwei Jahre in der Forschung für ihren PHD. Als sie nach Alexandria zurückkehrte, beendete sie ihre Doktorarbeit und präsentierte sie an der Universität Alexandria. Zu dieser Gelegenheit kam sogar meine Mutter aus den USA angereist. Nadia ist bislang ihre einzige Enkelin, die promoviert hat. Wir sind alle sehr stolz auf sie.

Leider konnte sich Nadia nach ihrer Rückkehr aus Deutschland nur sehr schwer an die Arbeitsbedingungen und Lebensumstände in Ägypten gewöhnen. Sie vermisste Deutschland und fuhr hin, sobald sie Urlaub hatte. Während eines Aufenthalts in Deutschland lernte sie einen Amerikaner kennen und bald heirateten sie. Heute lebt sie mit ihm in Kalifornien, sie haben eine kleine dreijährige Tochter. Als sie auf die Welt kam, flog ich für einige Wochen in die USA, um ihr in der ersten Zeit zu helfen und die Kleine kennen zu lernen. Jetzt versuche ich alle zwei Jahre nach Kalifornien zu fliegen, um den Kontakt zu halten. Meine Mutter lebt ebenfalls noch in den USA und so wird daraus immer eine kleine Familienrundreise.

Unser Sohn Tarek hat Ökonomie und Wirtschaftswissenschaften an der Amerikanischen Universität in Kairo studiert. Nach seinem Master arbeitete er zunächst bei einer großen Firma in Kairo. Später ging auch er wie so viele Ägypter ins Ausland: nach Dubai, Abu Dhabi. Heute lebt er in Kuwait. Er ist verheiratet und hat zwei Kinder.

Schon vor vielen Jahren habe ich die ägyptische Staatsbürgerschaft angenommen. Das wurde mir vom Amerikanischen Konsulat empfohlen, denn nur als ägyptische Staatsbürgerin bin ich berechtigt, irgendetwas zu erben, sollte Hamdi etwas zustoßen. Den Antrag musste aber nicht etwa ich, sondern Hamdi stellen, und es dauerte viele Monate bis die ganze bürokratische Prozedur durchgeführt war. Wir füllten Unmengen von Formularen aus und es kam sogar jemand von der Regierung vorbei und befragte unseren Hausmeister. Das ist hier so üblich und sogar vorgeschrieben. Man fragte ihn zum Beispiel: „Ist diese Frau wirklich mit diesem Mann verheiratet? Wie ist sie? Was tut sie?" Nach vielen Monaten und vielen Terminen bei allen möglichen Ämtern wurde alles abgesegnet, gestempelt, und ich erhielt meine Papiere.

1988 überraschte ich meinen Mann damit, dass ich zum Islam übertrat. Wer kein Moslem ist, kann trotz ägyptischer Staatsbürgerschaft noch Probleme mit dem Erbrecht bekommen, und außerdem werden nicht moslemische Frauen in Ägypten eher misstrauisch beobachtet als moslemische. Ganz stolz war ich, dass ich es schaffte, den ganzen Papierkram ohne Hamdis Hilfe zu erledigen. Eine Freundin aus Australien hatte die ganze Prozedur gerade hinter sich und half mir dabei.

Das letzte Hindernis auf dem Weg zum Religionsübertritt war der Geheimdienst. Ich erinnere mich, dass wir in einem Büro standen, es war sehr heiß und die Klimaanlage war nicht angestellt. So ließ man uns fast eine Stunde lang im Stehen warten und schwitzen. Dann betrat ein Offizier den Raum und begann mich zu befragen, es war wie im Film. Schließlich fragte er, ob ich Referenzen hätte. „Oh ja", antwortete ich, „der Gouverneur von Alexandria und der Präsident der Universität." Daraufhin griff der Offizier zum Telefon, ließ sich mit dem Büro des Gouverneurs verbinden und fragte, ob mein Mann dort bekannt sei. „Oh ja, der ist gerade beim Gouverneur drin", lautete die Antwort. Nun war auf einmal alles ganz einfach. Die Klimaanlage wurde eingeschaltet, wir durften uns setzen und man servierte uns kalte Getränke. Wann ich die Papiere bekommen wolle, fragte der Offizier noch. Die Unterlagen kamen dann innerhalb der nächsten Woche mit der Post.

Ich ließ den Umschlag zu und legte ihn meinem Mann auf den Schreibtisch. Ich wollte ihn überraschen und freute mich schon auf sein verdutztes Gesicht, wenn er den Umschlag öffnen würde. Hamdi dachte erst, der Brief sei von der Steuer und ließ ihn liegen. Als er dann endlich den Brief aufriss und den Inhalt verstand, war er völlig sprachlos. Er hatte überhaupt nicht damit gerechnet und freute sich sehr. Nicht nur, dass ich das getan hatte, sondern auch, dass ich es ganz allein, ohne seine Hilfe, fertig gebracht hatte! Er rief sofort Tarek an und erzählte ihm ganz aufgeregt: „Deine Mutter ist jetzt Moslem!"

Ich selbst betrachte mich als „christliche Muslimin", falls es denn so etwas geben könnte. Ich glaube daran, dass wir alle einen gemeinsamen Gott haben und alle Religionen nur verschiedene Sichtweisen dieses gleichen Kerns sind.

Unsere Kinder sind natürlich beide Moslems. Unsere Tochter ist mit einem Amerikaner verheiratet, er musste aber vor der Heirat zum Islam übertreten. Ein Moslem kann zwar eine Frau anderen Glaubens heiraten, eine Muslimin kann aber nur einen Moslem rechtmäßig heiraten. Wenn sie zum Beispiel im Ausland einen Christen heiratet, bleibt diese Ehe ungültig. So ist das Gesetz nach der Islamischen Religion.

In der ersten Zeit in Ägypten war ich zunächst nicht berufstätig. Nachdem die Kinder aber beide in der Schule waren, wollte ich sehr gern wieder arbeiten. In den USA war ich Arztsekretärin gewesen. Mein Mann war zuerst sehr dagegen, dass ich wieder arbeitete. Er fand, das würde ein schlechtes Licht auf ihn werfen, als könnte er nicht für mich sorgen. Damals hatte man solche Ansichten, heute ist das selbst in Ägypten ein wenig anders. Nach einigen Diskussionen ließ sich Hamdi aber überzeugen, und er sah ein, dass es für mich besser wäre, zu arbeiten, und dass das nichts mit ihm und seiner Rolle als Ernährer der Familie zu tun hatte. Eine Stelle zu finden, war nicht besonders schwer und ich fand etwas beim „American Cultural Center". Hamdi war einverstanden und hat das auch nie bereut. Insgesamt arbeitete ich dort mehr als zehn Jahre lang. Ich half in der Bibliothek und administrierte außerdem Tests für die englische Sprache (TOEFL Test). Unter meiner Führung entstand ein „Testing Center" und ich übernahm die Leitung. Bald nachdem ich angefangen hatte zu arbeiteten, fanden auch andere Frauen aus unserer Umgebung Anstellungen. So war ich auf diesem Gebiet Vorreiterin, wie übrigens auch in anderen Dingen. Ich hatte zum Beispiel als Erste heißes Wasser in der Küche. Das war damals in Ägypten durchaus nicht üblich, stattdessen spülten die meisten mit kaltem Wasser. Meine Schwägerinnen hatten zwar kostbares Porzellan in ihren Schränken stehen, das wurde aber kalt abgewaschen, weil kein heißes Wasser da war. Man maß den Lebensstandard an anderen Dingen als wir. Von schönem Porzellan zu essen war wichtig, aber abgewaschen wurde es ja vom Hauspersonal, und da reichte auch kaltes

Wasser. Heißes Wasser in der Küche ist nur wichtig, wenn die Hausfrau selbst abwäscht. In vielen ägyptischen Haushalten ist das bis heute normal.

Nach zehn Jahren wurde mir meine Stelle bei der Bibliothek leider gekündigt, es gab kein Geld mehr dafür. Seit einiger Zeit gebe ich jetzt Privatunterricht in Englisch. Schüler dafür findet man eigentlich immer, aber leider lernen die jungen Leute nicht genug zu Hause. Sie glauben, dass es reicht zum Unterricht zu kommen und sich mit mir zu unterhalten. Dass sie zu Hause noch zusätzlich üben, ist eher selten.

Mein Arabisch hat sich über die Jahre deutlich verbessert. Ich kann mich mit den Leuten auf dem Markt verständigen oder nach dem Weg fragen und anschließend auch die Antwort verstehen. Trotzdem ist mein gesprochenes Arabisch selbst nach mehr als vierzig Jahren in Ägypten sehr rudimentär. Das liegt daran, dass die meisten Leute, mit denen ich hier näheren Kontakt habe, gut Englisch sprechen, und da wird man natürlich etwas bequem. Mein Mann und ich sprechen nach wie vor Englisch miteinander und die meisten meiner Freundinnen sprechen ebenfalls Englisch.

Unsere beiden Kinder sind inzwischen erwachsen und leben nicht mehr Ägypten. Mein Mann und ich wohnen in Alexandria, denn Ägypten ist die Heimat meines Mannes. Ich würde gerne wieder in den USA leben, aber das erlaubt unsere finanzielle Situation nicht. Das Geld, das wir haben, erlaubt uns hier ein angenehmes Leben, in den USA würde es aber sehr knapp werden. Außerdem gefällt mir hier das gute Wetter, an das Klima habe ich mich schnell gewöhnt. Meistens ist es sonnig. Im Sommer steigen die Temperaturen oft über dreißig Grad, aber meist geht ein leichter Wind. Im Winter ist es gemäßigt, aber richtig kalt wird es nie, und Schnee gibt es gar nicht. Im Dezember und Januar kann es gelegentlich recht stürmisch werden.

Als 1968 unsere Tochter geboren wurde, kamen uns meine Mutter und mein Stiefvater besuchen. Meine Mutter machte sich große Sorgen um mich, wie Mütter das eben so tun. Sie merkte sofort, dass das Leben für mich nicht einfach war. Viele Jahre später kam sie noch einmal zu meinem Geburtstag. Ich gab eine Geburtstagsparty und hatte alle meine Freundinnen eingeladen. Alle kamen und wollten meine Mutter kennen lernen. Es wurde eine nette, gesellige Runde. Nach der Party meinte meine Mutter: „Weißt du, alle deine Freundinnen sind ganz reizend. Aber leider habe ich kein Wort verstanden, sie haben alle einen so starken Akzent!" Erst da wurde mir bewusst, dass wir hier alle mit ganz verschieden Akzenten aus unseren Heimatländern sprechen. Eine ist aus Ungarn, eine ist Finnin, eine ist Engländerin und viele sind Deutsche. Wir alle sprechen englisch, aber es hört sich ganz verschieden an, und da muss man sich erst ein wenig einhören. Sogar meine eigene Aussprache hat sich angepasst, ich spreche jetzt langsamer und betonter als früher. Mit dem normalen amerikanischen Akzent kann man sich eigentlich nur in den USA verständigen. In unserer bunt zusammengewürfelten Gruppe verstehen wir uns jedenfalls ganz gut. Nur meine eigene Mutter versteht mich manchmal am Telefon nicht sofort, dann muss ich mich erst mal als ihre Tochter identifizieren.

Während der ganzen Jahre in Ägypten sind wir in den Ferien immer viel gereist. Wir waren in Port Said, in Kairo. Natürlich haben wir die Pyramiden besichtigt und mehrmals waren wir im Süden, in Assuan und Luxor. Ich weiß nicht, wie viele Tempel und Museen wir im Laufe der Jahre besichtigt haben, aber es waren eine ganze Menge. Ägypten besitzt ein so beeindruckendes kulturelles Erbe, und sich das alles ansehen zu können hat mein Leben sehr bereichert. Die gemeinsamen Reisen haben uns allen immer sehr viel Freude gemacht.

Alle Frauen, die über die Jahre aus anderen Ländern nach Ägypten kamen, haben sich in den Jahren hier verändert. Man betritt einen völlig anderen Kulturkreis und muss sich anpassen.

Wenn ich einer jungen Frau raten sollte, die einen Ägypter heiraten möchte, so würde ich ihr folgendes sagen:

Sie sollte unbedingt vorher das Land besuchen, und zwar nicht nur als Touristin, sondern sie sollte bei Ägyptern wohnen. Dabei könnte sie Land und Leute wirklich erleben und vielleicht verstehen, was es bedeutet, hier zu leben.

Falls sie in ihrer Heimat heiratet und ihr Ehemann dort ebenfalls schon gelebt hat, so muss sie wissen, dass er sich in dieser Zeit sehr verändert hat. Denn umgekehrt hat auch er sich den

Gepflogenheiten in seinem Gastland angenähert und ist in vielen Dingen streng genommen kein Ägypter mehr. In Ägypten wird er sich wahrscheinlich wieder zurück verändern. Nach Jahren in Ägypten, vielleicht nach zehn Jahren, ist er dann nicht mehr der Mann, den sie geheiratet hat. Er hat sich wieder an die ägyptische Gesellschaft mit anderen Regeln und anderen Verhaltensnormen angepasst.

Falls sie die Absicht hat, in Ägypten zu arbeiten, sollte sie dies schon lange vorher mit ihrem Mann besprechen. Sie sollte mit ihrem Mann eine Vereinbarung treffen, bevor sie nach Ägypten ziehen, denn es ist nicht gesagt, dass die liberalen Ansichten, die sich ihr Mann in ihrer Heimat angeeignet hat, auch in Ägypten noch gelten. Bis heute sind die meisten Männer in Ägypten eher dafür, dass ihre Frau zu Hause bleibt und nicht arbeitet. Wenn sie arbeitet, wird das von anderen immer so angesehen, als ob der Mann nicht in der Lage sei, für sie zu sorgen. Und das verträgt das männliche Ego meist nicht besonders gut.

Vom ersten Tag an, da sie ägyptischen Boden betritt, muss sie sich als Frau dafür einsetzen, den eigenen Lebensstil und die eigene Art zu leben beibehalten zu können. Natürlich muss man sich in vielem auch anpassen und die kulturellen Eigenheiten der Einheimnischen respektieren. Aber manche Dinge wird sie trotzdem auf ihre eigene Art tun wollen. Das betrifft ganz alltägliche Sachen wie das Einhalten von Feiertagen, aber auch grundlegende Fragen wie die Erziehung der Kinder. In diesen Fragen muss sie mit ihrem Mann verbindliche Vereinbarungen aushandeln. Dazu bedarf es auf beiden Seiten großer Kompromissbereitschaft, Rücksichtnahme und Offenheit.

Es wird ihr hier in Alexandria nicht schwer fallen, Freundinnen zu finden, auch wenn vielleicht nur sehr wenige von ihnen Ägypterinnen sind. Aber es gibt immer eine Gruppe von Frauen aus andern Ländern, die in einer ähnlichen Situation sind. Man kann gemeinsam die Probleme meistern, über manches lachen und sich ganz allgemein in Freundschaft unterstützen. Dann wird sie in Ägypten mit ihrer Familie ein glückliches, erfülltes Leben führen können.

# Jutta S.
## Ein Kästchen mit Skarabäen

*Jutta ist ganz anders als die meisten Frauen, die ich in Alexandria kennen gelernt habe. Sie hat in Deutschland studiert und war, als sie ihrem späteren Mann begegnete, bereits finanziell unabhängig und erfolgreich in ihrem Beruf als Apothekerin tätig. Die Naivität der Jugend hatte sie längst abgelegt und war bereits eine gestandene Frau. Bevor sie mit ihrem Mann nach Ägypten ging, hat sie sich sehr genau über die Lebensbedingungen hier informiert. Vor ihrer endgültigen Entscheidung besuchte sie Ägypten, um Land und Leute kennen zu lernen. Sie ging also nicht wie manche Frauen ins Ungewisse. Sie ist hier sehr glücklich geworden und hat sich gut angepasst. Gleichzeitig ist es ihr gelungen, ihre Unabhängigkeit zu bewahren. Sie fährt zum Beispiel sehr gut Auto, was hier in Ägypten gar nicht so einfach ist. Sicher liegt das zum Teil an ihrem Mann, der ihr mehr Freiheiten einräumt, als es die ägyptischen Männer sonst so tun. Die meisten sind sehr eifersüchtig und sehen es nämlich nicht gern, wenn ihre Frau sich unbegleitet und selbstsicher in der Öffentlichkeit bewegt. Jutta erzählt mir ihre Geschichte ganz unbefangen. Hier ist sie:*

Als ich meinen Mann kennen lernte, war ich 28 Jahre alt. Mein Studium der Pharmazie hatte ich erfolgreich abgeschlossen und arbeitete in Düsseldorf als Apothekerin. Finanziell war ich unabhängig und lebte in meiner eigenen Wohnung. Ich hatte einen großen Freundeskreis und viele Hobbys. Ich war jung, gesund und genoss das Leben. Unter anderem war ich Mitglied der „Klingenden Windrose", einem Gesangs- und Volkstanzkreis der „Deutschen Jugend in Europa". In diesem Kreis wurden internationale Tänze und Lieder, besonders aber die des deutschen Ostens, gepflegt. Ursprünglich war die Gruppe aus dem Volkstanzkreis des Ostens hervorgegangen. Meine Eltern stammten aus Ostpreußen und mir machten die folkloristischen Tänze und Lieder viel Spaß. Oft hatten wir Aufführungen und reisten dazu ins Ausland. Wir hatten Auftritte in Dänemark, Frankreich, Norwegen, Brasilien, USA und Japan. Dadurch hatte ich viele internationale Kontakte, was mich sicher mit geprägt hat. Anderen Menschen und Kulturen gegenüber war ich sehr aufgeschlossen. Mein Studium hatte ich in Münster absolviert, ich weiß noch, dass ich mich dort anfangs sehr allein fühlte. Aufgewachsen bin ich in einem kleinen Ort im Münsterland. Meine Mutter lebte damals noch, nur mein Vater war bereits gestorben. Ich bin die Jüngste von insgesamt fünf Geschwistern, aber nur eine meiner Schwestern lebte mit ihrem Mann in der Nähe.

Meinen Mann lernte ich 1975 in der Apotheke kennen. Er kam einfach als Kunde hereinspaziert. Er war immer freundlich und zuvorkommend und gefiel mir gut. Da er in der Gegend wohnte, kam er öfter, und irgendwann kamen wir ins Gespräch. Er erzählte mir, dass er Künstler sei und demnächst eine Ausstellung in Gent geplant habe. Er fragte mich, ob ich an einem Katalog Interesse hätte. Ich dachte, dass das ganz interessant sein könnte. Inzwischen wusste ich schon, dass er Ägypter war, und war neugierig auf seine Bilder.

Dann hörte ich längere Zeit nichts von ihm. Aber irgendwann kam er tatsächlich wieder und überreichte mir seinen Katalog. Außerdem brachte er noch etwas mit. Es war ein kleines hübsches Kästchen mit einem silbernen Modeschmuck darin in Form von Skarabäen. Es waren eine Kette, Ohrringe und ein Ring. Es gefiel mir sehr gut. Aber ich war gar nicht sicher, ob ich so etwas annehmen dürfte. Ich fragte zuerst meinen Chef, und er meinte es sei in Ordnung.

Bei dem Kästchen war auch eine Karte dabei mit seiner Telefonnummer. Ich rief ihn danach an um mich zu bedanken. Er freute sich ganz offensichtlich über meinen Anruf. Jedenfalls fragte er mich ziemlich schnell, ob wir uns nicht einmal treffen könnten. Ich sagte zu, und wir verabredeten uns für einen der nächsten Nachmittage in einem Café. Ich traute mich aber nicht allein hinzugehen, und so bat ich einen Freund, mich zu begleiten. Im ersten Moment dachte Farouk, das sei mein Verlobter. „Schade, sie ist verlobt", dachte er. Das habe ich aber natürlich erst viel später erfahren.

Nachdem er begriffen hatte, dass dem nicht so war, ich also durchaus noch nicht verlobt war, trafen wir uns oft, und er erzählte mir viel von Ägypten. So erfuhr ich, dass er Beamter an der Universität von Alexandria war. Er würde auf jeden Fall nach seiner Promotion nach Alexandria zurückkehren. Seit 1974 arbeitete er hier in Deutschland an seiner Promotion. Vorher in Ägypten war er schon Dozent an der Kunstakademie gewesen. Als die Kunstakademie jedoch der Universität angeschlossen wurde, mussten nun auf einmal alle Professoren den Doktortitel haben. Den Doktortitel konnte man aber in Ägypten nirgends erwerben. Also wurden viele der Dozenten mit einem Stipendium zur Promotion ins Ausland geschickt. Für Farouk hatte es mehrere Möglichkeiten gegeben. So hätte er zum Beispiel auch in die USA gehen können. Für Deutschland entschied er sich wegen des Themas seiner Magisterarbeit. Die hatte er nämlich über die Arbeiten von Käthe Kollwitz geschrieben, deren Werk er sehr bewunderte. So kam er nach Düsseldorf, obwohl er damals noch gar kein Deutsch konnte. Auch sein eigener künstlerischer Stil war expressionistisch geprägt, seine Grafiken waren bis zu diesem Zeitpunkt in Schwarzweiß gehalten. Kurz nachdem wir uns kennen gelernt hatten, fing Farouk an, farbig zu drucken (Lithographien, Siebdrucke, Radierungen). Ich fand damals schon, dass das eine besondere Bedeutung hatte. War seine Welt durch mich ebenfalls farbiger geworden?

Meine Mutter wohnte damals noch in Coesfeld-Lette im Münsterland, wo ich auch aufgewachsen war. Sie besuchte mich regelmäßig in Düsseldorf, und natürlich stellte ich Farouk meiner Mutter vor. Er gefiel ihr auf Anhieb gut. Als Hintergrund dazu muss ich sagen, dass ich aus einer katholischen Familie stamme. Farouk ist Moslem. Trotzdem hatte meine Mutter keine Einwände gegen unsere Verbindung, ihr war eigentlich nur wichtig, dass ich glücklich war.

Dann wurde Farouk schwer krank. Ursprünglich sollte er nur an der Gallenblase operiert werden, eine reine Routineoperation. Danach aber war er drei Monate im Krankenhaus, vier Wochen davon sogar auf der Intensivstation. Wie wir später erfahren haben, wurde bei der Operation die Bauchspeicheldrüse verletzt. Das war sehr gefährlich und damals konnte man dagegen rein gar nichts unternehmen. Der Arzt sagte Farouk, dass er wahrscheinlich sterben würde. Farouk starb aber nicht, im Gegenteil, er wurde wieder gesund, und dieses Erlebnis verband uns noch mehr. Jetzt wusste ich genau, dass wir zusammengehörten. Seit dieser Sache ist er Diabetiker. Und kurz danach verlobten wir uns. Das war 1977.

Farouk beschrieb mir Ägypten und die Lebensumstände dort. Ihm war es sehr wichtig, dass ich mir zuerst ein eigenes Bild machen konnte, ich sollte mir zunächst alles ansehen, bevor ich eine endgültige Entscheidung traf. Also begann ich systematisch, mich zu informieren. Ich lieh mir Bücher über Ägypten aus. Ich las alles, was ich über den Islam finden konnte. Ich besuchte Vorträge. Allmählich begann ich zu verstehen. Am Ende meiner Bemühungen war ich der Meinung, dass man in eine Religion geboren wird. Die Religion ist in einem selbst, und jede Religion hat ihre guten Seiten. Obwohl ich selbst katholisch bleiben würde, konnte ich mir doch vorstellen, mit einem Moslem zu leben.

Als nächstes fing ich an Arabisch zu lernen. In Düsseldorf lernte ich Hocharabisch an der Volkshochschule. Aber mein Mann und später auch die anderen Ägypter lachten immer über mein Hocharabisch. Es gab in Düsseldorf aber auch einen Kurs in ägyptischem Arabisch. Dort traf ich zum ersten Mal andere deutsche Frauen, die mit Ägyptern verheiratet waren. Für genügend Gesprächsstoff war damit immer gesorgt. Einige von diesen Frauen habe ich dann später in Alexandria wieder getroffen.

Im Januar 1977 fuhren wir dann gemeinsam nach Alexandria. Für mich war es das erste Mal. Ich erinnere mich noch, dass es sehr kalt war, viel kälter als ich es mir vorgestellt hatte. Als ich anfing zu packen, dachte ich natürlich, dass es dort ja warm ist und ich also nur Sommersachen brauchen würde. Farouk erklärte mir geduldig, dass es im Januar in Ägypten recht kühl sein könne, ich solle doch auch Pullover und Stiefel, warme Sachen und einen Mantel mitnehmen. Ich war erstaunt und konnte das nicht so recht glauben, packte ihm zuliebe aber sicherheitshalber auch ein paar warme Sachen ein. Trotzdem fror ich bei diesem ersten Aufenthalt fast immer. Die Wohnungen in Ägypten wurden nämlich nicht geheizt. Dafür saß man immer im Mantel im Salon. Eine Garderobe gab es in keiner dieser Wohnungen, wozu auch? Man konnte ja doch nichts ausziehen, dazu war es einfach zu kalt. Draußen war es oft wärmer als im Haus, dort bewegte man sich ja auch.

Farouks Eltern lebten damals schon nicht mehr. So hatte ich umso mehr Zeit, seine anderen Verwandten und Freunde kennen zu lernen. Natürlich waren sie alle sehr neugierig. Für Farouk hatte es schon viele Gelegenheiten zum Heiraten gegeben, aber er nie hatte er sich dazu entschließen können. Sämtliche Angebote hatte er ausgeschlagen, und nun tauchte er hier mit einer Frau aus Deutschland auf. Wer war diese Frau aus Deutschland, und warum wollte Farouk ausgerechnet sie heiraten? Alle wollten mich kennen lernen und fragten mich entsprechend aus. Offenbar waren sie alle mit seiner Wahl einverstanden, denn sie verhielten sich zu mir waren immer sehr nett und zuvorkommend.

Nach dieser ausgiebigen Kennenlern-Runde in Ägypten kehrten wir nach Deutschland zurück und verlobten uns noch im selben Jahr. Farouk arbeitete weiter an seiner Promotion und solange das Stipendium lief, konnten wir sowieso noch nicht heiraten. In dieser Zeit knüpfte mein Mann sehr gute Verbindungen zur ägyptischen Botschaft in Bonn. Sowohl der Kulturattaché als auch der Pressesprecher wurden enge Freunde von ihm. Aber selbst diese Kontakte konnten gegen die Bestimmungen nichts ausrichten. Der Hintergrund war der, dass man von Seiten der Botschaft fürchtete, Farouk könne einfach in Deutschland bleiben, wenn er erst mit einer Deutschen verheiratet wäre. Solange Farouk noch mit Stipendium promovierte, mussten wir mit der Hochzeit eben warten. Doch selbst die längste Wartezeit geht irgendwann einmal vorbei, und als Farouk seine Promotion abgeschlossen hatte, konnten wir 1980 endlich auf dem Standesamt in Düsseldorf heiraten. Bald danach wollten wir nach Alexandria übersiedeln.

Doch zunächst ging Farouk allein nach Ägypten. Ich wäre sehr gern gleich mitgegangen, aber Farouk wollte sich erst um eine passende Wohnung kümmern. Ich fand das sehr rücksichtsvoll von ihm, denn die Wohnverhältnisse in Ägypten sind doch ganz anders als in Deutschland, und er wollte mir von Anfang an eine schöne Wohnung bieten. Aber etwas Angemessenes zu finden, gestaltete sich schwieriger als erwartet. Deshalb pendelten wir einige Jahre lang zwischen unseren beiden Heimatländern hin und her. Farouk lebte in Ägypten, er war nun Professor für Kunst an der Universität in Alexandria, und außerdem malte er natürlich. Ich lebte weiterhin in Deutschland und arbeitete in der Apotheke in Düsseldorf. Die Urlaube verbrachten wir gemeinsam, meistens in Ägypten, aber er kam auch immer gern nach Deutschland. Unzählige Wohnungen sahen wir uns in dieser Zeit in Alexandria an, aber Farouk meinte immer, es sei nicht gut genug für mich. Ich wäre schon längst zufrieden gewesen und hätte mich auch mit einigen Unannehmlichkeiten arrangieren können, aber Farouk blieb wählerisch und wollte immer weiter suchen.

So ging es einige Jahre lang. 1983 kam unser Sohn Tarek in Deutschland zur Welt. Nur vier Monate später arbeitete ich wieder in einer Apotheke in Duisburg, wenn auch mit reduzierter Arbeitszeit. Morgens von neun bis zwei, an vier Tagen in der Woche. Meinen Sohn brachte ich morgens zu einer Familie und holte ihn mittags wieder ab. Es lief alles sehr gut, mit dieser Lösung war ich sehr zufrieden. Aber natürlich blieb mein größter Wunsch endlich nach Ägypten überzusiedeln und mit meinem Mann zusammen zu sein.

Es hätte sich wohl lange nichts an unserer Situation verändert, wäre uns nicht ein wahnwitziger Zufall zu Hilfe gekommen. Farouk hatte ein Porträt gemalt, diesmal von Präsident Sadat. Anlässlich eines Empfangs der Universität wurde Sadat das Bild feierlich überreicht. Daraufhin wollte der Präsident natürlich den Künstler persönlich kennen lernen. Das Bild gefiel ihm ausnehmend gut, und so sparte Sadat nicht mit Lob für Farouk. Dann wollte der Präsident wissen, was Farouk sich wünsche, womit er ihm eine Freude machen könnte. Farouk fiel im ersten Moment gar nichts ein. Aber einer der Leute, die in der Runde dabei standen, sagte: „Der Mann sucht seit Jahren eine Wohnung."

Jetzt wurden auf einmal alle Hebel in Bewegung gesetzt, und nur zwei Tage später hatten wir tatsächlich eine schöne Wohnung in Fleming, einem Stadtteil von Alexandria. Es ist genau die Wohnung, in der wir auch heute noch leben.

Natürlich musste die Wohnung erst noch renoviert und hergerichtet werden, was einige Zeit in Anspruch nahm. Doch dann war es eines Tages tatsächlich soweit: 1988 zog ich mit unserem Sohn Tarek nach Ägypten.

Zunächst war für mich alles neu und ungewohnt. Aber das lag nur zum Teil daran, dass ich mich in einem fremden Land zurechtfinden musste. Zum ersten Mal seit langem ging ich nicht zur Arbeit, sondern war ausschließlich Mutter und Hausfrau. Diese Umstellung fiel mir nicht gerade leicht. In dieser Anfangszeit bekam ich sogar ein Arbeitsangebot von einer pharmazeutischen Firma und habe ernsthaft daran gedacht, es auch hier in Alexandria mit dem Arbeiten zu versuchen. Aber die Arbeitszeiten waren nicht günstig für mich und die Anfahrt wäre obendrein sehr lang gewesen. Außerdem wollte ich gerne eine Zeitlang nur für meinen Sohn da sein. Für ihn war Ägypten schließlich auch ganz neu, er brauchte seine Eingewöhnungszeit. Bald ging Tarek in einen englischen Kindergarten, und später besuchte er eine englische Schule.

Die Familie meines Mannes hat mich von Anfang an sehr herzlich aufgenommen. Keiner versuchte mich zu beeinflussen, zum Islam überzutreten. Ihnen war es wichtiger, dass ich mich in Alexandria einlebte und wohl fühlte. Sie erzählten mir sogar von einer Kirche, die ganz in unserer Nähe war, ob ich dort nicht mal hingehen wollte? Farouk beließ es ebenfalls wie es war: er Moslem, ich Christin. Religion war in unserer Familie nie ein Streitpunkt. Mein Mann ist Moslem, so wurde mein Sohn auch Moslem. Ich selbst bin Christin. Wir feiern hohe Feiertage und traditionelle Feste von beiden Religionen, für uns ist das ganz natürlich. Farouk toleriert meinen Glauben und ich seinen, und er hat noch nie versucht, mich zum Islam zu bekehren. Die Eltern meines Mannes habe ich leider nicht mehr kennen gelernt, sie waren schon vor unserer Ehe gestorben. Aber mit Farouks Geschwistern haben wir regelmäßigen Kontakt.

Ich besitze auch bis heute die deutsche Staatsbürgerschaft. Da von der Staatsbürgerschaft meine Approbation als Apothekerin abhängt, wollte ich sie logischerweise nicht gerne aufgeben. Bis jetzt habe ich dadurch, dass ich Deutsche bin, hier in Ägypten keinerlei Nachteile gehabt. Meine Aufenthaltsgenehmigung wird jedes Mal problemlos um weitere fünf Jahre verlängert.

1990 gingen wir für vier Jahre nach Wien, mein Mann arbeitete dort als Kulturreferent an der Ägyptischen Botschaft. Er unterstützte ägyptische Doktoranden an der Universität in Wien und organisierte Projekte zum Kulturaustausch zwischen den beiden Ländern. Seine Tätigkeit an der Botschaft brachte eine ganze Reihe von gesellschaftlichen Verpflichtungen, auch für mich als seine Frau, mit sich. Tarek besuchte in Wien eine Internationale Schule mit Englisch als Unterrichtssprache, sodass ihm die Umstellung leicht fiel, Englisch war er ja schon in Alexandria unterrichtet worden. Als Mubarak 1992 nach Wien kam, begleitete ich mit einigen anderen Frauen Frau Mubarak durch Wien. Das war sehr interessant, man lernte ganz andere Leute kennen als sonst im „normalen" Leben. Wir hatten sehr viel offiziellen Besuch, zum Beispiel Staatsminister, Präsidenten der verschiedenen ägyptischen Kunstakademien, den Direktor der Oper in Kairo oder Musiker und Filmschauspieler.

Alles in allem gefiel es uns in Wien sehr gut, es waren schöne Jahre. Direkt unter unserer Wohnung lag eine Apotheke. Natürlich interessierte ich mich dafür, und bald ergab sich eine Gelegenheit und wir kamen mit den Inhabern ins Gespräch. Ich habe mich immer für die neuen Entwicklungen interessiert, was es an neuen Methoden und Medikamenten gab. Gearbeitet habe ich aber in der Zeit in Wien nicht, mit den gesellschaftlichen Verpflichtungen war ich vollständig ausgelastet. Trotzdem sind uns die Eigentümer der Apotheke schnell ans Herz gewachsen, und wir sind bis heute befreundet.

In diesen vier Jahren arbeitete ich immer im Sommer als Vertretung in „meiner" Apotheke in Duisburg. Mein Chef war froh, eine so zuverlässige Aushilfe an der Hand zu haben, und ich kannte mich von der Zeit vor Ägypten noch gut in der Apotheke aus. Dadurch blieb ich immer halbwegs auf dem Laufenden und hatte obendrein mein eigenes Geld zur Verfügung. Bis heute fällt es mir nämlich schwer, das Geld meines Mannes auszugeben. Irgendwie hatte ich dabei immer gewisse Hemmungen. Obwohl Farouk sehr großzügig ist, fragte ich ihn jedes Mal vorher um Erlaubnis, bevor ich mir etwas kaufte. Er hat mir zwar immer gesagt, das sei nicht notwendig, ich solle das kaufen, was ich für richtig hielte, er habe da volles Vertrauen zu mir. Aber mich kostete es trotzdem Überwindung.

1994 kamen wir dann von Wien zurück nach Alexandria. Kurz darauf bekam ich ein Angebot von der deutschen Schule, sie boten mir eine Stelle als Lehrerin an. Chemie und Biologie sollte ich unterrichten. Obwohl ich mir früher nie vorstellen konnte Lehrerin zu sein, nahm ich das Angebot an. Zum Glück, denn bis heute bin ich dort tätig und habe viel Freude an meiner Arbeit.

An der Deutschen Schule der Borromäerinnen (das ist ein katholischer Orden) sind nur Mädchen, in seltenen Ausnahmefällen auch Jungen, die sich dann aber sehr einsam vorkommen. Die meisten sind ägyptische Kinder und nur sehr wenige deutsche. Dadurch sprechen die Kinder leider zu wenig Deutsch. Früher war das wohl anders, aber jetzt sprechen die Kinder untereinander viel Arabisch.

Bei mir im Unterricht spreche ich nur Deutsch. Ich bemühe mich, in möglichst einfachen Sätzen zu sprechen und auch meine Unterlagen entsprechend zu gestalten. Heute entwerfe ich die meisten Unterlagen am Computer, aber anfangs musste ich natürlich noch mit der Schreibmaschine arbeiten. Das war ziemlich mühsam, vor allem wenn man nicht als Sekretärin ausgebildet ist und nur leidlich tippen kann. Umso mehr genieße ich es jetzt, dass man am Computer alles schnell ändern und jederzeit auf alle Informationen zurückgreifen kann.

Ich habe in Ägypten nie in einer Apotheke gearbeitet. Zum einen wäre wohl schon die Sprache ein Hindernis. Als Apotheker muss man die Kunden oft sehr ausführlich beraten, manchmal wissen sie selbst nicht so genau, was sie eigentlich suchen, und dann ist das Gespräch mit dem Apotheker um so wichtiger. Für solche Beratungen reichen meine Arabischkenntnisse bis heute nicht aus. Außerdem arbeiten die Apotheken in Ägypten ganz anders als in Deutschland. Als ich 1977 das erste Mal hier war, war das Angebot an Medikamenten sehr gering. Jetzt gibt es fast alle Medikamente in Lizenz, und so gut wie alles kann man ohne Rezept kaufen. Eigentlich ist das zwar verboten, aber daran hält sich hier keiner.

Wirtschaftlich ging es uns gut, wir hatten immer alles, was wir

brauchten. Mein Farouk verdiente genug, um uns ein angenehmes Leben zu ermöglichen. Dabei stammte der größere Anteil
unseres Geldes aus dem Verkauf seiner Bilder und nicht etwa
aus seinem Gehalt als Professor. Die Gehälter sind selbst an der
Universität so gering, dass es für viele kaum zum Leben reicht.
Farouk jedoch war durch glückliche Kontakte früh sehr bekannt
geworden, seine Werke verkauften sich gut. So stimmt das Bild
vom „armen Künstler" oder der „brotlosen Kunst" hier in
Ägypten nicht. Im Gegenteil: Ohne seine Kunst wären wir ganz
schön brotlos geblieben.

Bis heute arbeitet Farouk als Professor für Grafik an der Universität in Alexandria. Da er zudem in klassischer Malerei gut
ausgebildet ist, hat er im Laufe der Jahre auch eine ganze Reihe
von Porträts gemalt. Als Erstes malte er meine Mutter, die er
sehr gern hatte. Dann porträtierte Farouk mehrmals Präsident
Sadat, den er sehr verehrte. Frau Sadat und die damalige ägyptische Botschafterin in Bonn sowie verschiedene ägyptische
Minister hat er ebenfalls verewigt. Seine Portraits wurden dann
über die ägyptische Botschaft verschenkt, und es wäre sicher
interessant zu wissen, wo seine Werke jetzt überall die Wände
schmücken. Aus Deutschland malte er Walter Scheel, Mildred
Scheel, Helmut und Loki Schmidt. Von manchen erhielt er sehr
nette Dankesbriefe, die er natürlich aufhob, so zum Beispiel
von Ronald Reagan, Franz Josef Strauß und Kurt Waldheim.

Landschaften und Porträts malt Farouk in Öl. Er betrachtet
das für sich aber eigentlich als Handwerk, nicht als Kunst. Als
er in Deutschland so krank wurde, betrachtete er unter dem
Mikroskop seine eigenen Blutzellen. Die bizarren Formen fas-
zinierten ihn und inspirierten ihn zu Kunstlandschaften. Über
die Jahre entwickelte er seinen ganz eigenen Stil, der immer
abstrakter wurde. Das bezeichnet er heute als seine Kunst, in
der er völlig aufgeht. Er konnte seine Bilder auf vielen Ausstellungen zeigen, sowohl in Ägypten als auch international und ist
heute mit seinen Werken ziemlich bekannt geworden.

Unser Sohn hat inzwischen die Schule abgeschlossen, in
Alexandria Betriebswirtschaft studiert und arbeitet jetzt in einer
Firma in Alexandria. Er fühlt sich mehr als Ägypter und nicht
als Deutscher und die meisten seiner Freunde sind Ägypter. Er

spricht arabisch, englisch und deutsch gleich gut. Aus der Zeit in Wien hat er noch einige Freunde mit denen er meistens auf Englisch korrespondiert.

Was die Lebensmittel betrifft, komme ich hier gut zurecht. Den täglichen Einkauf erledigt häufig Farouk. Das Kochen überlässt er dann aber doch lieber mir. Meistens koche ich deutsche Gerichte. Zwar esse ich die ägyptische Küche sehr gern, aber ich bereite sie nicht selbst zu, das können andere sowieso besser. Viele ägyptische Gerichte sind auch sehr aufwändig und da fehlt mir oft die Geduld. Da ich bis heute berufstätig bin, habe ich nicht soviel Zeit zum Kochen, obwohl ich es eigentlich ganz gerne mache und auch gerne backe.

Wir haben viele ägyptische Freunde, mit vielen kann ich jetzt Arabisch sprechen, die meisten können aber auch Englisch. Ich habe eine sehr liebe Freundin, Nadia. Mein Mann kannte sie und ihren Mann schon bevor wir uns kennen lernten. Schon bevor ich mit Tarek nach Alexandria kam, überlegten sie gemeinsam, wie sie mich die erste Zeit hier am besten unterstützen könnten. Nadia hat mir sehr geholfen, mich hier einzuleben. Oft sind es ja ganz einfache Dinge, die uns das Einleben in einer fremden Kultur erleichtern. Nadia zeigte mir alle Geschäfte, sie half mir, mit den Handwerkern zu verhandeln. Sie vermittelte mir eine Putzfrau, führte sie bei mir ein und übersetzte in der ersten Zeit für mich. Sie half mir ganz allgemein, wenn ich nicht weiter wusste, und brachte mich im Zweifelsfall an die richtige Adresse. Anfangs konnte ich ja gar nicht mit den Leuten kommunizieren, und hier ist so vieles ganz anders als in Deutschland. Inzwischen ist mein Arabisch besser geworden, und ich komme sehr gut zurecht. Erst viel später lernte ich dann die deutschen Frauen vom Goethe-Institut kennen. Seit 1991 trifft sich diese Gruppe einmal im Monat zwecks Erfahrungsaustausch und gegenseitiger Unterstützung. Die Gruppe existiert bis heute und 1996 hat man mich zur Präsidentin gewählt. Außer den monatlichen Treffen machen wir Ausflüge und kümmern uns um soziale Projekte. Wir organisieren jedes Jahr einen großen Weihnachtsbasar und das Geld, das bei dieser Gelegenheit hereinkommt, fließt ebenfalls in soziale Projekte. Bis heute gibt es in Ägypten viel Armut und der Staat kümmert sich nur wenig darum. Manchmal fällt es uns schwer, das Geld den wirklich Bedürftigen zukommen zu lassen. Normalerweise unterstützen wir mit Sachspenden, das heißt wir kaufen ganz gezielt Dinge, die im Moment gebraucht werden. Der Grund dafür ist einfach: Nur so ist man sicher, dass das Geld auch tatsächlich den Bedürftigen zugute kommt. Wenn man Geld gibt, wird es eventuell für etwas ganz anderes ausgegeben, weil eben so vieles fehlt. Immer wieder hört man auch, dass Spendengelder irgendwo versickern oder verschwinden. Wir kontrollieren unsere Spenden so gut es geht.

Ganz allgemein hat sich die Gesellschaft in Ägypten in den letzten Jahren stark verändert, und nicht unbedingt zum Besseren. Man ist weniger hilfsbereit. Jeder lebt nur für sich. Die neuen Reichen fühlen sich nicht mehr für ihre Arbeiter verantwortlich. Früher wurden z. B. die Arztkosten von den Firmen übernommen, heute muss fast jeder selbst bezahlen. Für die meisten ist der Lebensunterhalt sehr schwierig, die Löhne sind zu niedrig. Einige wenige können sich immer mehr Luxus leisten, während die Masse der Menschen immer weniger hat. Der Egoismus nimmt zu. Jeder macht was er will. Beim Autofahren merkt man das besonders: Ampeln werden munter ignoriert, Verkehrsregeln übertreten, und zwar meistens von ganz jungen Leuten.

Was mir in Ägypten besonders gut gefällt? Da ist natürlich zum einen das Wetter. Fast immer scheint die Sonne, darüber freue ich mich immer noch jeden Morgen. Nur im Winter gibt es in Alexandria manchmal heftige Stürme, aber danach ist es in der Regel bald wieder schön. Es gibt keine so endlosen grauen Tage wie in Deutschland im November. Das trägt wirklich zur guten Laune bei. Die Leute hier sind sehr freundlich. Man besucht sich gegenseitig, einfach so. Ohne Ankündigung kommt man, um sich ein bisschen zu unterhalten. Man trinkt Kaffee oder Tee, plaudert ein paar Minuten. Das muss gar nicht lange sein, aber dadurch bleibt man im Kontakt.

Nach Deutschland fahre ich nur noch selten. Früher waren wir fast jedes Jahr dort, aber mit der Zeit wurde die Besuche immer weniger. Wenn man älter wird, wird man auch bequemer und das Reisen beschwerlicher. Wir genießen lieber unser Zuhause hier. Früher sind wir viel gereist, wir waren in Luxor und haben natürlich die Tempel besichtigt. Außerdem hatten wir die Gelegenheit Verdis Aida unter freiem Himmel in der Tempelanlage von Luxor zu sehen. Das war ein einmaliges Erlebnis und hat mich sehr beeindruckt. Wir waren auch in Assuan und natürlich fahren wir oft nach Kairo. Es sind nur zwei bis drei Stunden mit dem Auto, und schon ist man dort. Einige unserer Freunde leben in Kairo, sodass sich öfter mal die Gelegenheit zu einem Besuch ergibt.

Bei meiner Ankunft in Ägypten, damals vor fast 20 Jahren, dachte ich mir, wenn irgendetwas passiert, oder wenn es mir nicht gefällt, dann gehe ich eben zurück nach Deutschland. Heute denke ich ganz anders, jetzt bin ich hier zu Hause, in Alexandria. Hier habe ich meine Familie und meine Freunde. Mein ganzes Leben ist hier. Ägypten ist meine neue Heimat.

# Brigitte H.
# Ein Zwilling in Ägypten
# (und einer in der Schweiz)

*Brigitte stammt aus der Schweiz. Sie ist siebzig Jahre alt und wirkt sportlich und energisch. Wenn man mit ihr spricht, hat man das untrügliche Gefühl, dass sie immer genau weiß, was sie will. Ihr Arabisch ist hervorragend – ganz anders als bei vielen anderen Ausländerinnen. In Ägypten fühlt sie sich zu Hause, sie hat sich im Laufe der Jahre sehr gut integriert. Ob das wohl an ihrem Mann liegt? Ich möchte es gerne herausfinden. Sie erzählt ihre Geschichte:*

1955 machten meine Zwillingsschwester Juliane und ich mit einer ganzen Gruppe junger Leute Urlaub in Italien. Bella Italia – das war für uns mit 19 Jahren schon der Traum von der großen weiten Welt. Wir wohnten im Studentenwohnheim und freuten uns über die neu gefundene Freiheit fernab von elterlicher Aufsicht. Wir machten Besichtigungen, gingen baden, genossen das schöne Wetter und das Leben ganz allgemein. Im Schwimmbad habe ich Mohammed dann zum ersten Mal gesehen.

Ich war erst 19 und fand ihn mit seinen 31 Jahren eigentlich ein bisschen zu alt für mich. Deshalb dachte ich mir bei unserer ersten Begegnung nicht viel. Aber er war charmant und lustig, und ohne dass es mir groß auffiel, trafen wir uns während des ganzen Urlaubs fast jeden Tag. Nach zwei Wochen, am nächsten Tag sollte ich nach Hause fahren, eröffnete er mir, dass er mich heiraten wolle. Nun war ich doch überrascht, eigentlich ging es mir auch ein wenig zu schnell. Nur so ganz innerlich, da war ich im Prinzip längst einverstanden.

Trotzdem fuhr ich erst einmal nach Hause in die Schweiz. Ich lebte damals in Chiasso in der italienischen Schweiz und war Sekretärin. Juliane lebte ebenfalls dort. Ursprünglich stammen wir aus dem Norden der Schweiz, aber im Süden gefiel es uns besser. Im Norden ist es oft tagelang grau und neblig, vor allem im Herbst. Mich zog es jedenfalls immer nach Süden in die

Wärme, deshalb hatte ich mich in die italienische Schweiz beworben und die Stelle bekommen. Nach unserem Schulabschluss hatten meine Schwester und ich beide die Handelsschule besucht. Große Auswahl gab es sowieso nicht, denn mein Vater fand, dass Mädchen ja sowieso heiraten und Kinder kriegen würden. Eine höhere Ausbildung sei deshalb nicht notwendig. Damals waren solche Ansichten weit verbreitet, und da unser Vater ziemlich autoritär war, fügten wir uns sang- und klanglos.

Schon mit 16 Jahren wurden wir Halbwaisen, meine Mutter starb an einer Embolie. Unsere jüngere Schwester Sabine war damals erst sieben Jahre alt. Mein Vater hat später wieder geheiratet. Einerseits waren wir natürlich froh, dass er nicht mehr alleine war. Andererseits verstanden Juliane und ich uns nicht besonders gut mit unserer Stiefmutter. Immerhin hatten wir noch eine Tante, die Schwester unserer Mutter. Bald wurde sie für uns so etwas wie eine Ersatzmutter, mit ihr besprachen wir alles Wichtige und Unwichtige.

Natürlich habe ich nach unserem Italienurlaub zu Hause von Mohammed erzählt, aber erst mal nahm das keiner so recht ernst. Was sollte aus so einem Urlaubsflirt schon Großes werden? Aber Mohammed und ich ließen uns nicht beirren und schrieben uns regelmäßig. Bald war es für uns beide klar: Wir wollten heiraten. Die Briefe wurden noch häufiger. Mein Vater war zunächst einmal gegen diese Heirat, er hielt das für Unsinn, die Launen eines jungen Mädchens, die mit der Zeit schon von allein vergehen würden. Viele Jahre später habe ich erfahren, dass mein Vater über die Schweizerische Botschaft Auskünfte einholen ließ über diesen jungen Mann, den seine Tochter nun unbedingt heiraten wollte. Anscheinend waren diese Auskünfte positiv, denn irgendwann gab mein Vater nach und willigte in unsere Heirat ein. Unserem Glück stand endlich nichts mehr im Wege.

Vorher gab es 1956 aber die Suezkrise in Ägypten. In den Zeitungsartikeln sprach man vom „Pulverfass Ägypten". Deshalb mussten wir unsere Pläne wohl oder übel erst einmal zurückstellen.

Mohammed hatte in Ägypten Chemie studiert und bereits promoviert. Wie ich war er nur zum Urlaub in Italien gewesen.

Um näher bei mir zu sein, versuchte er bald für längere Zeit nach Deutschland zu kommen, was ihm auch gelang. Er bekam einen Forschungsauftrag an den Universitäten Heidelberg und Karlsruhe. 1957 kam er nach Deutschland und ich fuhr aus der Schweiz nach Heidelberg, um ihn dort zu treffen. Natürlich waren unsere Treffen eher kurz, die Sitten waren noch ziemlich streng, aber wir waren froh, dass wir uns überhaupt sehen konnten.

Im September 1957 verlobten wir uns. Die Verlobung feierten wir bei meinem Vater zu Hause in meinem Heimatort in der Schweiz. Im März 1958 wollten wir dann in der italienischen Schweiz heiraten. Ich hatte sogar schon alle meine Papiere auf Italienisch zusammen. Wir erkundigten uns bei der ägyptischen Botschaft, was Mohammed an Papieren brauchen würde. Man sagte uns, dass er alles in Frankfurt bekommen könne, weil er ja in Deutschland gemeldet sei. Wir gaben uns alle Mühe und befolgten gewissenhaft sämtliche Anweisungen Schritt für Schritt. Wir wollten unbedingt alles richtig machen mit den ägyptischen Behörden. Schließlich war es soweit und wir konnten uns auf den Weg machen aufs Standesamt in Heidelberg. Gäste hatten wir keine, wir waren ganz allein, nur zwei unbekannte Trauzeugen und wir. Selbst mein Vater hatte keine Ahnung. Erst nachdem alles vorbei war, rief ich ihn an und überraschte ihn mit der Neuigkeit. Vielleicht war ich mir doch nicht so ganz sicher, wie er auf die Nachricht reagieren würde. Bald reisten wir aber dann zusammen in die Schweiz und dort holten wir das Hochzeitsfest mit allen Freunden und Verwandten nach.

Nun war ich zwar verheiratet, besaß jedoch kaum eigenes Geld. Mein Vater half mir und so konnte ich einen Gasherd, einen Boiler und verschiedene andere Dinge kaufen. Dabei verließ ich mich ganz auf Mohammed. Er wusste, was in Ägypten gebraucht würde und gab mir entsprechende Ratschläge. Ich selbst hatte keinerlei klare Vorstellung von Ägypten. Ich glaube, mich lockte damals hauptsächlich die Aussicht auf ein fremdes Land im Süden, Ägypten erschien mir als riesiges Abenteuer am Horizont. Außerdem waren wir beide sehr verliebt, da denkt man sowieso nicht so genau nach. Für ein Auto reichte unser Geld natürlich nicht. Aber das fand ich ganz normal, schließlich fuhr ich in der Schweiz auch immer mit dem Fahrrad überall hin.

Bald packten wir unsere Siebensachen zusammen und machten uns im Sommer 1958 auf den weiten Weg nach Ägypten. Mit dem Zug fuhren wir bis Venedig, und von dort aus mit dem Schiff nach Alexandria. Ich weiß noch, dass es ein italienisches Schiff war, aber ansonsten habe ich an die Überfahrt keine besonderen Erinnerungen. Wir müssen wirklich sehr verliebt gewesen sein…

An den Hafen von Alexandria hingegen erinnere ich mich noch sehr gut: es war Mitte Juli und ganz schrecklich heiß. Eine – wie mir schien – riesige Menschenmenge erwartete das Schiff, und alle waren so dunkel! Im Vergleich zu den Ägyptern fühlte ich mich plötzlich sehr europäisch. Außerdem herrschte ein Höllenlärm, ich war völlig überwältigt. Alles war fremd und seltsam, ich hatte einen richtigen Kulturschock.

Immerhin waren einige von Mohammeds Brüdern gekommen, um uns abzuholen, und so fühlte ich mich etwas weniger verloren.

Als erstes fuhren wir zum Haus von Mohammeds Mutter (bei Cleopatra, das ist ein Stadtteil von Alexandria) und sie begrüßte uns sehr liebevoll. Vom ersten Augenblick an war sie mir sympathisch und wir verstanden uns gleich sehr gut, obwohl es mit der Sprache natürlich haperte. Seit ich Mohammed kannte, hatte ich versucht ein bisschen Arabisch zu lernen und bemühte mich nun sehr, wenigstens die einfachsten Umgangsformen zu beherrschen. Mohammeds Mutter war eine sehr liebevolle Frau und auch in den späteren Jahren standen wir uns immer nah. Die Familie ist den meisten Leuten in Ägypten sehr wichtig und außerdem sind viele Familien sehr groß. Damals waren acht oder neun Geschwister keine Seltenheit. Mohammed selbst hat insgesamt sieben Geschwister, alles Brüder, und er ist der Zweitjüngste.

Kurz nach unserer Ankunft in Ägypten setzte ich mich hin und schrieb an meinen Vater. Mohammed beobachtete mich und bat mich, diesen ersten Brief doch besser nicht abzuschicken. Zwar hatte er ihn nicht gelesen, aber er vermutete ganz richtig, dass ich vieles noch nicht richtig verdaut hatte und der Brief viel Negatives enthalten könnte. Damit hatte er wirklich Recht. Ich schickte den Brief tatsächlich nicht ab, sondern schrieb später, nachdem ich mich etwas eingewöhnt hatte, einen zweiten Brief. Telefonieren war damals in Ägypten noch ganz schwierig, die meisten Leute hatten kein Telefon. Erst viel später, ab Mitte der 80er Jahre, bekamen die meisten Haushalte in Ägypten Telefonanschluss, und heute haben die meisten Leute zumindest ein Handy. Insgesamt war es damals viel schwieriger als heute, Kontakt mit der Heimat zu halten. Juliane und ich schrieben uns aber immer regelmäßig.

Mein Schwiegervater wohnte übrigens nicht mit Mohammeds Mutter zusammen. Er hatte eine zweite Frau geheiratet und auch aus der zweiten Ehe gab es eine ganze Riege Halbgeschwister. Meine Schwiegermutter litt sehr unter dieser Trennung, konnte aber wenig dagegen tun. Geschieden waren sie nicht, denn in Ägypten kann man bis heute legal bis zu vier Frauen heiraten. Mein Schwiegervater war Rechtsanwalt. Natürlich sorgte er finanziell für seine erste Familie, aber trotzdem war das Geld immer knapp bei so vielen Personen. Mein Mann hatte zu allen seinen Geschwistern guten Kontakt, auch zu den Halbgeschwistern.

Für den Haushalt hatte meine Schwiegermutter immer ein Dienstmädchen, meistens waren das ganz junge Dinger, kleine Mädchen von weniger als zwölf Jahren. Erst später verstand ich, warum. In dieser Familie gab es nur Söhne und zwei davon lebten noch mit im Haus. Bei erwachsenen Frauen hätte es mit halbwüchsigen Jungs leicht Konflikte geben können. Sobald die Dienstmädchen in die Pubertät kamen, wurden sie jedenfalls immer weggeschickt.

Außer zweien von Mohammeds Brüdern hatten alle anderen schon geheiratet. Und natürlich war ich die einzige Ausländerin in der Familie. Bald konnten wir aber in unsere erste eigene Wohnung umziehen, nach Ibrahimeia. Zwar hatten wir zuerst nur ganz wenig Möbel, aber wir fühlten uns trotzdem sehr wohl dort.

Mohammed arbeitete an der Universität, später wurde er Professor. Nachdem ich mich halbwegs eingewöhnt hatte, wurde ich des Hausfrauendaseins bald überdrüssig. Auch Mohammed fand, ich solle wieder arbeiten. Das Geld konnten wir gut brauchen, denn selbst als Professor an der Universität verdiente er sehr wenig. Durch Zufall hörte ich von einer freien Stelle bei einer internationalen Organisation. Ich reichte meine Papiere ein und wurde zum Vorstellungsgespräch eingeladen. Am Ende waren wohl meine Sprachkenntnisse (englisch, französisch und deutsch) ausschlaggebend, dass ich die Stelle bekam. Aber natürlich sollte ich auch Schreibmaschine schreiben, und das war nun gar nicht meine Stärke. Damals gab es nur mechanische Schreibmaschinen, im Vergleich zu heute geradezu vorsintflutlich. Obendrein benutzten sie eine englische Tastatur, daran musste ich mich ebenfalls erst mal gewöhnen.

Trotzdem bekam ich die Stelle und ich hätte sogar sofort anfangen können. Das wollte ich aber nicht, denn vorher wollten wir noch für ein paar Tage nach Kairo fahren. Der Direktor war einverstanden, nur die Leute im Personalbüro murrten. Das war uns aber egal, Hauptsache wir konnten fahren.

In Kairo wohnten wir bei einem Bruder meines Mannes. Zum ersten Mal bot sich mir die Möglichkeit, etwas von den vielfältigen Kulturschätzen Ägyptens zu sehen. Wir besichtigten die Pyramiden, das Ägyptische Museum, einige Moscheen und vieles mehr. Ich war sehr beeindruckt und überwältigt von dem reichen kulturellen Erbe meines neuen Heimatlandes. Im Laufe der Jahre habe ich dann noch viel mehr gesehen, mein Mann und ich sind viel gereist und waren auch oft in Südägypten.

Als wir aus Kairo zurückkehrten, begann dann sozusagen der Ernst des Lebens für mich. In den ersten Wochen im Büro hatte ich große Probleme mit meinem Schulenglisch. Zwar konnte ich mich halbwegs verständlich machen, aber die anderen Leute verstand ich kaum. Das waren Engländer, Amerikaner und andere. Jeder sprach seinen eigenen Dialekt und benutzte eigene Ausdrücke, die ich vorher noch nie gehört hatte. Es dauerte eine ganze Weile, bis ich mich daran gewöhnte. Außerdem hatte ich wie vorhergesehen Schwierigkeiten mit der Schreibmaschine. Es ging zuerst mehr schlecht als recht. Damals musste man sehr viele Durchschläge machen, es gab ja noch keine Kopierer. Einen Fehler zu verbessern war sehr umständlich und ich war alles andere als zufrieden mit meiner Arbeit.

Dann wurde ich zu meiner großen Erleichterung in eine andere Abteilung versetzt. Jetzt kam ich viel besser zurecht, ich musste mehr selbstständig arbeiten und nicht mehr so viel schreiben. Mit meiner Vorgesetzten dort verstand ich mich sehr gut. Große Schreibarbeiten ließ sie andere machen, die darin besser waren als ich. Mir gab sie immer besondere Aufgaben, die meinen Fähigkeiten eher entsprachen. Das waren zum Beispiel organisatorische Tätigkeiten, die mehr selbstständiges Arbeiten erforderten.

Der Finanzminister bei uns zu Hause war Mohammed. Ich lernte erst nach und nach mit dem ägyptischen Geld umzugehen. Aber auch dann verwaltete mein Mann die Finanzen und es hat bei uns nie Konflikte wegen des Geldes gegeben. Was ihm gehörte, gehörte auch mir und umgekehrt. Am Anfang hatten wir natürlich wenig Einnahmen, aber irgendwie reichte es immer und wir konnten ganz gut leben. Ich verdiente durch meine Arbeit selbst ganz ordentlich und das half uns natürlich.

Dann wurde ich schwanger und im September 1959 wurde unsere Tochter Nadia geboren. Mohammed und ich waren uns einig, dass ich weiter arbeiten sollte. Mein Mann unterstützte mich darin voll und in meiner Arbeitsstelle wollte man mich auch gern behalten. Nur zwei Monate nach der Entbindung war ich schon wieder im Büro. Mein Arbeitstag begann morgens um acht und endete um 14 Uhr. Morgens vor der Arbeit stillte ich Nadia, dazwischen bekam sie eine Flasche und nachmittags konnte ich sie wieder stillen. Dazu brauchte ich natürlich eine Hilfe zu Hause, die das Kind versorgte. Samstags und sonntags hatte ich frei. Freitag war Mohammeds einziger freier Tag. Allerdings konnte er sich an der Universität seine Arbeitszeiten freier einteilen. So legte er alle seine Vorlesungen auf Samstag und Sonntag, damit unser Kind möglichst viel mit einem von uns beiden zusammen sein konnte. Es klappte eigentlich ganz gut. Als Nadia ein Jahr alt war, brachte Mohammed sie dann morgens zu seiner Mutter und ich holte sie am Nachmittag wieder ab. Das war für uns alle eine gute Lösung und auch meine Schwiegermutter freute sich, wenn sie ihre Enkelin regelmäßig sehen konnte. So war die Betreuungsfrage fürs Erste gelöst. Mit dem dritten Lebensjahr bekam Nadia leider Asthma. Die Anfälle waren oft sehr schlimm und wir gingen mit ihr zu verschiedenen Ärzten. Sie musste alle möglichen Untersuchungen über sich ergehen lassen, aber trotz allem konnte man nicht feststellen, ob das Asthma durch Feuchtigkeit, durch Staub oder sonst etwas verursacht wurde. Wir ließen ihr die Mandeln entfernen, und daraufhin wurde es zum Glück etwas besser. Ein Dauerproblem war mit Nadia auch das Essen. Unser Kind aß sehr wenig, das Füttern dauerte meist stundenlang, oft schlief ich dabei ein. Für uns alle war diese Zeit jedenfalls nicht einfach.

Obwohl eigentlich alles ganz gut lief, stellte sich doch bei mir auch Heimweh nach der Schweiz ein. In der Zeit unter Nasser durften Ägypter das Land kaum verlassen. Die Regierenden befürchteten einen wahren Exodus qualifizierter Leute und so war es für Ägypter praktisch unmöglich ein Reisevisum zu bekommen. Mohammed konnte also nicht ausreisen, aber für mich mit meinem Schweizer Pass traf das nicht zu. Ich reichte Urlaub ein und reiste ich mit meiner Tochter allein für eineinhalb Monate in die Schweiz. Mit dem Schiff fuhren wir nach Venedig und von dort aus weiter mit dem Zug. Nadia war damals drei Jahre alt und fühlte sich schnell wohl in ihrer „anderen Heimat". Tatsächlich fühlte sie sich bald dort so heimisch, dass sie flugs den schwyzerdütschen Dialekt annahm. Sehr zum Entsetzen meiner Schwiegermutter, die bei unserer Rückkehr mit Schrecken feststellte, dass sie sich mit Nadia kaum mehr verständigen konnte. Aber bei Kindern geht so etwas schnell vorbei und es dauerte gar nicht lange, da sprach sie auch wieder Arabisch.

Wir bezogen eine neue Wohnung in Saba Pacha. In dieser Zeit kam eine neue Hilfe zu uns, Aziza. Damals wussten wir es noch nicht, aber sie wurde bald ein wichtiger Bestandteil der Familie und blieb fast dreißig Jahre.

Sie sorgte für unsere Tochter, machte den Haushalt, kaufte ein und kochte sogar. Sie wohnte nicht bei uns, sondern kam morgens und ging abends. Nadia hing sehr an ihr, für sie war sie wie eine zweite Mutter, und auch Mohammed und ich mochten sie sehr gerne.

Ich arbeitete also und außerdem strickte und nähte ich viel, denn in Ägypten gab es immer noch sehr wenig zu kaufen. Meine Schwester schickte mir regelmäßig Pakete aus der Schweiz, und wenn wir dort waren, brachten wir ganze Koffer voller neuer Sachen mit.

Nadia kam erst in einen französischen Kindergarten, danach ging sie in eine englische Schwesternschule. Die deutsche Schule war zu weit weg, außerdem meinte Mohammed, dass eine englische Erziehung für sie besser wäre. Englisch war und ist bis heute die wichtigste Fremdsprache in Ägypten. Zu Hause sprach ich mit Nadia immer deutsch (genauer gesagt schwyzerdütsch) und so lernte sie das ebenfalls ganz leicht.

Da ich arbeitete und leider nur wenig Urlaub bekam, musste Nadia auch während der Schulferien immer gut betreut sein. Als sie klein war, sorgte Aziza für sie, später schickte ich sie manchmal in die Schweiz zu Juliane. Die ganzen Jahre hindurch hatten wir stets regen Kontakt, was nicht immer ganz einfach war. Heute gibt es mit Telefon, SMS und E-Mail ganz andere Möglichkeiten und alles ist erschwinglich. Wir mussten anfangs noch auf das gute alte Briefeschreiben zurückgreifen, erst nach und nach wurde es leichter. Juliane und ich verstehen uns trotz der langen Trennung bis heute sehr gut. Vielleicht besteht, weil wir Zwillinge sind, eine besondere Verbindung zwischen uns. Manchmal denke ich an sie und genau in diesem Moment schickt sie mir eine Nachricht. Obwohl wir beide so lange getrennt sind und ganz verschiedene Leben führen, ist doch immer noch die gleiche Vertrautheit da, wie wir sie als Kinder fühlten. Einige Male hat Juliane uns auch zusammen mit ihrem Mann in Ägypten besucht. 2006 haben wir in Oberägypten zu viert unseren 70. Geburtstag gefeiert.

Meine jüngere Schwester Sabine habe ich eigentlich erst später richtig kennen gelernt. Der Altersabstand ist einfach sehr groß, sie ist neun Jahre jünger als ich. Als ich nach Ägypten ging, war sie gerade mal elf. Erst bei meinen späteren Besuchen in der Schweiz haben wir uns richtig kennen lernen können und inzwischen ist sie eine wirklich gute Freundin geworden.

In den sechziger Jahren sah es ganz danach aus, als ob sich doch noch mal alles für uns verändern würde. Mohammed sollte ein Stipendium in Ungarn bekommen, für ein Jahr. Ich reichte Urlaub ein und wir planten schon die Abreise, aber es wurde dann doch nichts daraus. In letzter Minute haben sich die Pläne noch zerschlagen und wir blieben in Ägypten.

Später bekam Mohammed zusätzlich zu seiner Tätigkeit an der Universität eine Anstellung bei einer Firma und ich konnte mich intern ebenfalls verbessern. Obwohl ich in der Schweiz nur die Handelsschule besucht und kein Studium vorzuweisen hatte, übertrug man mir einen anspruchsvollen Posten mit ziemlich viel Verantwortung. Gelegentlich durfte ich ins Ausland reisen und dort Konferenzen oder Kongresse besuchen. Mein Mann hat mich immer darin bestärkt, alles zu unternehmen, was mich in meiner Karriere weiter bringen würde. Ohne seine Unterstützung hätte ich das sicher nicht geschafft. Meine Arbeit hat mir immer sehr viel Freude gemacht, und ich bekam von allen Seiten viel Anerkennung und Unterstützung.

Um meine berufliche Position zu verbessern, begann ich intensiv Arabisch zu lernen. Ich belegte Abendkurse in Hocharabisch und lernte fleißig. Hocharabisch ist wirklich sehr schwer. Aber ich war immer sehr neugierig und wollte alles ganz genau wissen. Heute kann ich immerhin Briefe soweit lesen, dass ich verstehe, worum es geht. Für die arabische Korrespondenz gab es aber zum Glück immer andere Mitarbeiter. In meinem persönlichen Arbeitsgebiet brauchte ich nur Englisch und Französisch.

1962 gab es in Ägypten die ersten Fernsehgeräte zu kaufen. Auch wir freuten uns über die neuen Unterhaltungsmöglichkeiten und erstanden stolz einen kleinen Schwarzweißfernseher. Den Krieg 1967 bekamen wir trotzdem nur am Rande mit, wir waren viel zu beschäftigt mit unserem Leben.

Trotz der kriegsbedingten Versorgungsengpässe hatte ich selbst keinerlei Schwierigkeiten mit der Versorgung. Ich ging sowieso nie einkaufen, das machte unsere Aziza oder mein Mann. Insofern war ich privilegiert, ich hatte meine Arbeit und meine Familie und musste mich nicht wie all die anderen mit den alltäglichen Problemen des Lebens herumschlagen.

1973 erhielt Mohammed ein Arbeitsangebot aus Libyen. Da es anders als seine Stelle in Ägypten gut bezahlt war, nahm er an und blieb insgesamt zwei Jahre. Nadia, damals 14, und ich verbrachten insgesamt acht Monate dort. Es war das erste Mal, dass wir alle freitags als Familie zusammen sein konnten. Nach einiger Zeit fing ich dort ebenfalls an zu arbeiten, als Sekretärin. In der Zeit dort konnten wir so viel Geld ansparen, dass ich mir bei unserer Rückkehr nach Ägypten ein eigenes Auto kaufen konnte. Der Wagen kam aus Deutschland und wurde drei Monate in Triest zurückgehalten, bis er endlich nach Ägypten verschifft werden konnte. Schon vorher hatten wir in Ägypten ein Auto gehabt, aber das fuhr meist Mohammed. Die Zeit in Libyen habe ich als sehr positiv in Erinnerung. Man konnte dort viel mehr kaufen: Kleider, Elektrogeräte, Importwaren, es gab alles. Nadia ging in Libyen in eine arabische Schule, was am Anfang natürlich schwierig war. Sie hat diese Herausforderung aber gut gemeistert.

1974 wurde ich wieder schwanger. Wir hatten uns schon lange ein zweites Kind gewünscht. Der Arzt meinte zwar, ich wäre mit meinen 38 Jahren schon etwas zu alt, aber ich freute mich trotzdem auf das Baby. Leider hatte ich dann eine Fehlgeburt, und eine Zeitlang waren wir sehr traurig. Am Ende siegte jedoch meine positive Lebenseinstellung und ich freute mich darüber, dass ich weiter arbeiten konnte.

1996 ging ich in Rente, danach hat man mich noch einmal zurückgeholt und ich arbeitete nochmals fünf Monate.

Ich habe erst sehr spät Kontakt zu anderen Frauen aus dem Ausland bekommen. Da ich immer berufstätig war, hatte ich wenig Zeit für zwanglose Treffen. Außerdem sprachen die meisten dieser Frauen sehr negativ und kritisch über Ägypten. Ich fand, das hätte mich nur belastet, und so vermied ich diese Kontakte. Mir war es immer wichtig, vor allem die positiven Seiten zu sehen. Erst seit ich nicht mehr arbeite, haben sich doch noch Kontakte zu anderen Schweizerinnen, Deutschen und Frauen anderer Nationalitäten aus dem International Club ergeben. Seit ein paar Jahren bin ich auch Mitglied im GWA (German Women of Alexandria) und im Schweizer Club.

Mohammed ist seit 2006 definitiv und endgültig im Ruhestand. Natürlich zieht es ihn trotzdem manchmal noch zur Universität, gerade zu Prüfungszeiten ist sein Fachwissen stets gefragt. Er war seine ganze berufliche Laufbahn hindurch Professor und ist ein guter Lehrer. Seine Begeisterung überträgt sich von ganz allein auf seine Studenten und er kann sehr gut erklären.

Seit meinen ersten Gehversuchen in der arabischen Sprache habe ich über die Jahre große Fortschritte gemacht. An mein erstes Erfolgserlebnis erinnere ich mich noch genau: Es war ein Werbeplakat für Coca Cola – natürlich in arabischer Schrift. Inzwischen bereiten mir Straßenschilder und Namen keinerlei Schwierigkeiten mehr. Im Fernsehen kann ich heute problemlos arabische Filme ansehen. Anfangs habe ich durch das Fernsehen noch viele neue Wörter gelernt.

Sehr schwierig ist es aber noch immer Wörter zu lesen, die ich noch nicht kenne. Im Arabischen werden die Vokale nicht ausgeschrieben, die muss man sich immer dazu denken. Wenn man das Wort selbst noch nie gehört hat, muss man also mehr oder weniger raten.

1969 bauten wir ein Haus in Agamy. Das liegt etwas außerhalb von Alexandria am Meer. Es gibt in dieser Gegend viele schöne Villen, aber die meisten sind nur im Sommer bewohnt. Mohammed hat das Haus selbst entworfen und gebaut – es hat alles, was wir brauchen, auch einen Swimmingpool. Im Sommer verbringen wir viel Zeit dort und ich genieße es, täglich im Pool zu schwimmen. Im Meer ist das Baden wegen der starken Strömungen ziemlich gefährlich. Einmal ist meine Schwester beim Schwimmen fast ertrunken und seither sind wir sehr vorsichtig geworden und halten uns lieber an den Pool.

Früher gingen wir manchmal auch an einen öffentlichen Strand in Stanley schwimmen. Leider haben sich die Sitten geändert. Als Frau kann man heute nicht mehr unbefangen im Badeanzug schwimmen, ohne dumm angeschaut zu werden. Früher war das ganz anders, in den 60er Jahren sah man noch viele Frauen im Badeanzug, es war ganz normal.

Unsere Tochter hat Architektur studiert, sie arbeitet heute aber in einer Bank. Schon vor mehr als zwanzig Jahren hat sie einen Kollegen geheiratet, den sie schon im Studium kennen gelernt hatte. Zwar werden in Ägypten bis heute viele Ehen von den Eltern der Brautleute vermittelt, aber mehr und mehr lernen sich die jungen Leute jetzt auch ohne Vermittlung kennen.

Sie haben zwei Söhne, 18 und 22 Jahre alt. Die Söhne leben zurzeit beide in der Schweiz. Der jüngere macht gerade einen

Deutschkurs und will dann studieren, der ältere studiert Elektrotechnik. Beide haben sie Schweizer Pässe.

Mein Mann ist Moslem. Seit einiger Zeit betet er auch wieder regelmäßig und geht in die Moschee. Wenn man älter wird, ändert man manchmal seine Ansichten und der Glaube an Gott wird wieder wichtiger. Mohammed hat aber noch nie von mir verlangt, dass ich ein Kopftuch trage, das käme ihm gar nicht in den Sinn. Er ist überhaupt sehr tolerant.

Ich selbst bin ziemlich bald zum Islam übergetreten. Schon bei unserer Heirat hatte die Ägyptische Botschaft in Frankfurt mir diesen Schritt empfohlen. Man hat sonst keinerlei Rechte auf die Kinder und außerdem ist man nicht erbberechtigt.

Das Beten habe ich aber erst viel später von einem meiner Enkel gelernt. Er hat es mir erklärt und gezeigt. In all den Jahren vorher war ich nie religiös. Durch meine Zeit hier in Ägypten bin ich anderen gegenüber sehr viel toleranter geworden. Meine Tochter trägt ein Kopftuch, und zwar freiwillig. Als sie achtzehn wurde und mir eröffnete, dass sie ab sofort ein Kopftuch tragen wolle, war ich gar nicht begeistert. Aber man muss einfach auch mal über den eigenen Schatten springen und Toleranz zeigen. Als Nadia dann verheiratet war und Kinder hatte, beschloss sie endgültig, Kopftuch zu tragen. Es blieb mir kaum etwas anderes übrig, als ihre Entscheidung zu akzeptieren. Sie war schon immer sehr selbstständig und weiß immer am besten, was für sie richtig ist. Ich bin ganz genauso, auch ich denke immer, ich weiß alles besser.

Allerdings finde ich schon, dass die Frauen, die ein Kopftuch tragen, sich auch entsprechend verhalten sollten. Heute sieht man manchmal junge Mädchen, die sehr aufreizend angezogen sind und sich auch so benehmen. Aber ein Kopftuch tragen sie natürlich trotzdem. Das passt einfach nicht zusammen. Diese Leute zeigen ihren Glauben nur nach außen, handeln aber nicht danach. Das Kopftuch allein macht schließlich noch lange keine gute Muslimin, oder?

Trotzdem sieht man heute viel mehr Frauen mit Kopftuch, sie sind eindeutig in der Überzahl. Früher gab es alles Mögliche: Miniröcke und westliche, tief ausgeschnittene Kleider. Heute tragen die jungen Mädchen enge Hosen und dazu ein Kopftuch.

Das sieht nicht immer schön aus, finde ich. Aber immerhin ist es anständiger als früher.

Religion war jedenfalls bei uns nie ein Streitpunkt. Und bei der Staatsangehörigkeit habe ich mich für die Doppellösung entschieden: Ich habe einen Ägyptischen und einen Schweizer Pass.

Nach mehr als dreißig Jahren in unserem Haushalt starb vor zwölf Jahren unsere Aziza. Für uns alle war sie wie ein geliebtes Familienmitglied und wir trauerten sehr um sie. Außerdem hinterließ sie eine weitere Lücke, die nicht so leicht zu schließen war: Ich war es nicht gewohnt zu kochen. Zum Glück hatte Nadia inzwischen kochen gelernt und so kochte sie für uns mit, Mohammed holte das Essen bei ihr ab. Manchmal kam sie auch zu uns und brachte uns unsere Mahlzeiten. Natürlich war das ziemlich umständlich. Dazu kam, dass wir ohnehin bald aus unserer Wohnung ausziehen wollten. Es gab bei uns nämlich keinen Fahrstuhl und wir wollten es etwas bequemer haben. Wir taten uns mit unserem Schwiegersohn zusammen und kauften zwei Wohnungen nebeneinander im selben Haus. Die Einteilung überließen wir den jungen Leuten. Ursprünglich hatten wir an zwei getrennte Wohnungen gedacht, aber unser Schwiegersohn baute die Räumlichkeiten so um, dass daraus eine große Wohnung entstand. Wir haben einen gemeinsamen Eingang und eine große gemeinsame Küche mit Salon und Esszimmer. Dann haben Mohammed und ich unseren eigenen Wohnbereich mit Schlafzimmer und Bad. Die junge Familie hat ebenso ihren eigenen Bereich. Diese Lösung ist wirklich wunderbar für uns. Mohammed und ich haben immer viel Kontakt zu den jungen Leuten und können dabei doch jederzeit für uns sein. Als unsere Enkel noch zu Hause wohnten, sahen wir sie täglich. Bei uns erledigten sie ihre Hausaufgaben und wir konnten an ihrem Leben teilnehmen und sie aufwachsen sehen. Wir verbrachten viel Zeit mit ihnen, aber die Hauptverantwortung lag trotzdem bei ihren Eltern. Jetzt, wo sie in der Schweiz leben, vermissen wir sie natürlich sehr.

Meine Tochter und ihr Mann arbeiten viel, so sehen wir uns oft nur am Morgen in der Küche, wenn einer Frühstück macht. Täglich kommt unsere Köchin, die für uns alle die Hauptmahlzeiten zubereitet. Ich selbst koche bis heute nur selten, und wenn, dann bereite ich nur Salat zu. Den Einkauf erledigt seit jeher Mohammed und wir essen sehr viel frisches Obst und Gemüse. Im Großen und Ganzen leben wir alle sehr harmonisch zusammen. Wenn man älter wird, entwickelt man mit der Zeit manchmal seltsame Eigenheiten. Durch den ständigen Kontakt mit anderen sind wir doch ein bisschen gezwungen, Rücksicht zu nehmen und uns anzupassen. Ich glaube, das tut uns ganz gut. Natürlich muss man auch daran denken, dass mal einer von uns allein zurückbleiben könnte. Dann hat man doch die Familie gerne um sich und kümmert sich umeinander.

Meine Zwillingsschwester Juliane lebt bis heute in der Schweiz. Sie hat einen Sohn. Finanziell geht es ihr sehr gut, aber neidisch bin ich kein bisschen.

Ich bin hier sehr zufrieden mit meinem Leben, mit meinem Mann und allgemein mit meiner Umgebung. Mir gefällt der viele Sonnenschein, nur im Sommer, da wird es natürlich sehr heiß. Aber da sind wir oft in unserem Sommerhaus in Agamy und genießen den Pool. In der Übergangszeit ist das Wetter meistens sehr angenehm. Im Winter gibt es manchmal heftige Stürme, aber es wird nie so kalt wie in der Schweiz. Das genieße ich nach wie vor und habe den Winter in Europa noch nie vermisst.

Von meiner Rente kann ich hier gut leben, auch meine Tochter kann ich gelegentlich noch finanziell unterstützen. Für eine Familie ist das Leben überall teuer, die Söhne sind ja in der Schweiz. Immerhin bekommt einer Gelder aus einem Stipendium.

Die Umgangsformen in Ägypten sind ganz anders als in der Schweiz. Daran musste ich mich erst gewöhnen. Man ist sehr viel weniger direkt als in Europa. Grundsätzlich kommt man nie sofort zum Thema, sondern es muss erst eine ganze Weile Konversation gemacht werden. „Wie geht's, wie geht's den Kindern, ist alles in Ordnung?" Das geht eine ganze Weile immer so hin und her, erst dann kommt man zum eigentlichen Gespräch. Sofort direkt auf das Thema zu kommen, gilt als ganz unhöflich. Inzwischen habe ich es gelernt und mich angepasst. Ich werde nicht mehr so schnell ungeduldig, sondern lächle und mache ein freundliches Gesicht. Dann sind alle sehr nett, besonders wenn man ihre Sprache spricht. Außerdem sind die Ägypter gastfreundlicher als die Europäer und plaudern sehr gerne. Das ist jedenfalls meine Erfahrung.

Die Umgebung wie zum Beispiel die Straße oder der Gehweg ist den Ägyptern nicht so wichtig, daran musste ich mich auch erst gewöhnen. Die Wohnungen sind alle sehr sauber, aber ab der Haustür fühlt man sich nicht mehr zuständig. Wenn man einige Zeit im Land ist, fällt es einem weniger auf und irgendwann stört es einen nicht mehr. Ich rege mich darüber jedenfalls nicht mehr auf.

Mein Mann hat mir das Leben in Ägypten sehr angenehm gemacht. Die meisten meiner Wünsche haben sich tatsächlich erfüllt. Vielleicht liegt es auch daran, dass ich gelernt habe, mein Leben nach meinen Möglichkeiten zu gestalten. Ich weiß, dass nicht alle Männer soviel Rücksicht auf ihre Frau nehmen. Das gilt natürlich in Europa genauso wie in Ägypten. Aber ich habe Glück gehabt und bin hier in Ägypten sehr zufrieden.

# Johanna O.
# Trotz allem!

*Johanna war die erste der Frauen, die ich in Alexandria kennen lernte. Sie spielt für mich eine Schlüsselrolle, denn vieles in Ägypten lernte ich erst durch sie verstehen. Sie lebt schon seit vielen Jahren in Alexandria und kennt die ägyptischen Sitten und Gebräuche aus ihrem Alltag. Trotzdem ist sie im Herzen immer Deutsche geblieben und deshalb kann ich mit ihr über alles reden. Beide Kulturen, die ägyptische wie die deutsche, sind ihr gleichermaßen vertraut. Ihr Leben war nicht immer einfach, aber sie wusste stets aus den Umständen das Beste zu machen – in Ägypten wie in Deutschland oder in der Schweiz. Johanna ist klein, aber sie wirkt sehr energisch und kraftvoll, trotz ihrer 72 Jahre. Hier ist ihre Geschichte:*

Meine Geschichte beginnt 1960 in Zürich. Ich war 25 Jahre alt und lebte seit einem Jahr in der schönen Schweiz. An einem Sonntag im Spätsommer, nach einem Spaziergang mit Freundinnen am Zürichsee, besuchten wir ein Café, in dem junges Publikum anzutreffen war. An einem der Tische saßen zwei Ägypter und einige Schweizer, einer von ihnen war Journalist. Bald saßen wir alle zwanglos zusammen. Erst kurz zuvor hatte ich ein Buch über die Kultur der Pharaonenzeit gelesen und jetzt interessierte ich mich brennend dafür, wie es heute in Ägypten aussah. Wie lebte man dort, was hatte die Religion für einen Stellenwert? Stolz erzählten uns die jungen Männer von ihrer Befreiung von der Fremdherrschaft und dass der Fortschritt nun auch zu ihnen käme. Die Diskussion war sehr lebhaft, wir stellten eine Unmenge an Fragen und kamen natürlich zu keinem Ende. Kamal, einer der Ägypter, wollte mich auf jeden Fall wieder sehen.

Drei Wochen später trafen wir uns zu unserem ersten Rendezvous auf der Limmatbrücke am See. Das Wetter war inzwischen herbstlich, er trug einen langen Mantel und einen Hut, den er schräg ins Gesicht gezogen hatte. Irgendwie sah er ulkig aus, aber er gefiel mir trotzdem. Er freute sich sehr, mich zu sehen und wir gingen in ein Café. Wir redeten und redeten und redeten. Dabei fielen mir seine feinen Hände und wunderschönen Augen auf, die mich so ehrlich und offen ansahen und mich musterten. Immer wieder stahl sich ein schalkhaftes Lächeln auf sein Gesicht.

Hier sollte ich vielleicht etwas von Kamals und meiner Kindheit und Jugend erzählen: Kamal ist in Tanta, im Nildelta, aufgewachsen. Er hatte vier Geschwister: eine ältere Schwester, einen älteren Bruder und zwei jüngere Brüder. Sein Vater war Religionswissenschaftler und arbeitete als Gymnasialdirektor in Tanta und später in Alexandria. Kamal und seine Brüder studierten alle an der Universität in Alexandria. Kamal studierte Chemie und bekam auf Grund seiner guten Leistungen ein Stipendium zum Studium in Wien. Dort gefiel es ihm sehr gut, er fand nette Freunde und konnte bald einige Forschungserfolge vermelden. Nach zwei Jahren hätte er eigentlich nach Ägypten zurückkehren sollen, Kamal aber wollte noch mehr dazulernen. Er bewarb sich um einen Platz als Doktorand an der E.T.H. Zürich und wurde tatsächlich angenommen – eine große Herausforderung für ihn. So kam er also nach Zürich.

Ich bin 1934 in einer Kleinstadt in Westfalen geboren. Die ersten fünf Jahre meines Lebens lebte ich behütet als einziges Kind meiner Eltern in liebevoller Umgebung. Dann brach der Krieg aus. Mein Vater, 32jährig, erhielt sofort seine Einberufung zur Wehrmacht. Unser neues Haus stand noch in den Grundmauern. Mein Bruder wurde geboren und als schließlich meine Schwester zur Welt kam, war mein Vater schon in Russland. Irgendwann zog die Mutter meines Vaters zu uns. Ich wurde eingeschult. Am Anfang schien der Krieg weit weg, im Alltag merkten wir kaum etwas davon. Später kamen fast täglich die Tieflieger, die Züge beschossen und bald sogar die Menschen auf den Straßen. Schon wir Schüler hatten eine Menge Pflichten. Wir suchten Ähren auf abgeernteten Feldern, Eicheln, Bucheckern, Beeren, Ackerschachtelhalm, Brombeerblätter und natürlich Kohlen von den Gleisen. Den Soldaten in den durchfahrenden Zügen brachten wir in unserer Freizeit heißen Kaffee und später nur noch Wasser.

Jede Nacht hörten wir schwere Bombengeschwader über uns hinwegfliegen. Irgendwann – ich war gerade in der Schule – erwischte es dann auch unsere Stadt. Überall Trümmer, viele, viele Häuser zerstört, manche wie abrasiert. Es war eine schreckliche Zeit. Ich schlief lange, sehr lange nur noch im Keller. Lebensmittel waren knapp. Wie alle anderen mussten wir „hamstern" und tauschten nach und nach Mutters Aussteuer gegen Essen ein. Diese Zeit hat mich sehr geprägt. Als dann die schweren Panzer der Amerikaner heranrollten, war ich nur noch erleichtert. Endlich keine Angst mehr haben!

Als nächstes folgte die Einquartierung. Wie alle Leute damals mussten auch wir Flüchtlinge aufnehmen. Trotzdem hatten wir Glück: Unser Haus stand noch und wir konnten sogar darin wohnen bleiben. Andere Häuser wurden von den Besatzern einfach für die eigene Unterbringung beschlagnahmt.

Mein Vater überlebte den Krieg und kam zwei Jahre nach Kriegsende aus der Kriegsgefangenschaft zurück. Er hatte die Invasion der Alliierten in Frankreich miterlebt und war von dort als Kriegsgefangener in die USA gebracht worden. Aber er lebte und wir waren so froh darüber! Aber der Krieg hatte ihn verändert, die Sorglosigkeit, mit der er früher gelebt hatte, war unwiderruflich dahin. Er arbeitete zwar fleißig und sorgte sehr gut für unsere Familie. Nur die Zukunft, die sah er immer grau in grau. Mit uns Kindern war er sehr streng und lobte uns kaum. Damals verstanden wir das natürlich nicht, wir glaubten, dass er uns nicht lieb habe.

Ich schloss die Schule mit der Mittleren Reife ab und machte anschließend eine Ausbildung zur Einzelhandelskauffrau. Danach hätte ich mich gerne in einem Buchverlag beworben. Dazu brauchte ich aber das Einverständnis meines Vaters, denn ich war noch nicht volljährig. Er liebte zwar Bücher, meinte aber, das sei brotlose Kunst und nicht geeignet, den Lebensunterhalt zu sichern. Also fügte ich mich und blieb erst mal, wo ich war. Nach kurzer Gesellenzeit und einigen Kursen im Management übertrug man mir die Führung einer Filiale. Ich hatte viel Erfolg, gutes Geld, aber wenig Freizeit.

Mit Männern konnte ich mich immer gut unterhalten, aber mit 25 Jahren hatte ich trotzdem noch nicht den richtigen Partner zum Heiraten gefunden. Zu Hause fühlte ich mich immer mehr eingeengt, ich fand es zunehmend schwerer, mich in allem dem Willen meines Vaters zu beugen. Außerdem wollte ich gerne meine Fremdsprachenkenntnisse (Englisch und Französisch) verbessern. Damals war es nicht so einfach, einen Job im Ausland zu bekommen, die einzige Möglichkeit, die sich mir bot, war eine Stellung als so genannte „Haustochter", vergleichbar einem Au-Pair-Mädchen heute. So kam ich nach Zürich. Dort musste ich der Dame des Hauses zur Hand gehen und auf die zehnjährige Tochter aufpassen. In meiner Freizeit konnte ich Sprachkurse besuchen. Ich war zum ersten Mal so weit von zu Hause weg und auf mich allein gestellt.

Ich wollte auch gerne die gute Schweizer Küche kennen lernen und meine Chefin verstand wirklich viel davon. Ihr Mann war nämlich sehr heikel, was das Essen betraf. Also brachte sie mir alles bei, was ich wissen musste. Christine, die Tochter, war ein verwöhntes Einzelkind und konnte sehr anstrengend sein, aber oft verstanden wir uns auch ganz gut. Außerdem wollte der Familienhund, ein Deutscher Boxer, versorgt und regelmäßig im nahen Wäldchen ausgeführt werden. Wenn das Ehepaar abends ausging, musste ich natürlich bei Christine bleiben. Anfangs haben sie mich richtig in ihr Leben miteinbezogen und ich fühlte mich damit ganz wohl. Erst als ich begann, mich mit Gleichaltrigen zu treffen, gingen sie ein wenig auf Abstand. Irgendwann erzählten sie mir, dass sie sich vor meiner Ankunft vorgestellt hätten, ich sei ein starkes Bauernmädchen, und wie überrascht sie dann waren, als da so eine zierliche Person angereist kam. Sie suchten mehr ein richtiges Dienstmädchen und wunderten sich, als ich plötzlich so was wie ein Privatleben entwickelte.

Meine nächsten Arbeitgeber lernte ich über eine befreundete Familie kennen. Sie wollten mich gerne bei ihrer Firma in der Züricher Innenstadt einstellen, aber dazu reichten meine Französischkenntnisse noch nicht aus. Eine Arbeitserlaubnis konnte ich sowieso nur mit den entsprechenden Sprachkenntnissen bekommen. Also vermittelten sie mich in eine Privatklinik in Lausanne, wo ich im Büro aushelfen und in meiner Freizeit Französisch büffeln sollte. Ich war einverstanden und wollte meine Pläne auch in die Tat umsetzen – da lernte ich Kamal kennen.

Kamal arbeitete an der E.T.H. Zürich direkt unter einem bekannten Professor der anorganischen und analytischen Chemie. Er stürzte sich förmlich in die Grundlagenforschung und musste nebenher Berge von Fachliteratur lesen. Für eine beginnende Romanze blieb nur an den Wochenenden Zeit. Meist trafen wir uns zum Essen oder in einem Café. Bei gutem Wetter unternahmen wir Ausflüge in die Umgebung, manchmal auch in einer Gruppe mit Freunden. Inzwischen hatte ich Kamal längst von meinen Abreiseplänen erzählt und er zeigte Verständnis für meine Situation. Ich würde auf jeden Fall fahren. Wir verstanden uns gut, aber noch beließen wir es bei einer unverbindlichen Freundschaft.

Im Frühjahr 1961 fuhr ich mit dem Zug nach Lausanne. Die Klinik war imposant und die Klientel international. Es war genau das, was ich brauchte. In meiner Freizeit nahm ich Privatunterricht in Französisch und kam auch gut voran. Aber sehr oft dachte ich an Kamal. Er fehlte mir regelrecht und erst jetzt merkte ich, dass ich mich verliebt hatte. Ich vermutete, dass es ihm vielleicht ebenso gehen könnte, nur: War es richtig, sich mit einem Menschen aus einem so fremden Kulturkreis zu verbinden? Selbst innerhalb Europas gab es ja so viele Unterschiede. Schon in Zürich hatten wir lebhaft über die unterschiedlichen Moralvorstellungen, Sitten und Gebräuche diskutiert. Allein deshalb war es stets bei einer gewissen Distanz zwischen uns geblieben. Ich überlegte hin und her und nach drei Wochen hatte ich noch immer nichts von Kamal gehört. Nun wunderte ich mich aber doch langsam. Aus den Augen, aus dem Sinn? Nach einiger Überlegung rief ich in seiner Wohnung an. Sein Mitbewohner kam an den Apparat und ich erfuhr, dass Kamal nach einem schweren Laborunfall im Kantonsspital auf der Intensivstation läge. Man wüsste noch nicht, ob er erblinden würde. Es war ein großer Schock für mich. Ich überlegte nicht lange, ich wusste, er brauchte mich jetzt. Ich ließ mir die Nummer des Krankenhauses geben und konnte tatsächlich mit ihm sprechen. Wie erwartet war er sehr niedergeschlagen. Bei einem Versuch mit explosivem Material war Wasserdampf entstanden und dann explodiert. Ich machte mir große Sorgen und fuhr sofort am nächsten Morgen nach Zürich. Kamals Augen waren komplett verbunden, Gesicht, Brustkorb und Hände von Glassplittern zerschnitten. Man hatte sie mit einer Pinzette einzeln entfernen müssen. Er hatte große Schmerzen. Vorsichtig teilte man uns mit, dass ein Auge nicht gerettet werden konnte, das andere sei auch noch nicht außer Gefahr. Er und speziell seine Augen brauchten jetzt absolute Ruhe. Ich durfte aber den ganzen Tag bei ihm bleiben und seine Hand halten. Er war sehr deprimiert. Erst nach einigen Tagen, als Kamal die Intensivstation verlassen durfte und in die erste Klasse der Augenklinik verlegt wurde, fuhr ich zurück nach Lausanne.

An den Wochenenden fuhr ich jetzt regelmäßig nach Zürich, um bei Kamal zu sein. In der Zwischenzeit wusste ich ihn in den guten Händen der erstklassigen Krankenschwestern. Bald durfte er immerhin leise klassische Musik hören, was sein Leben in der Dunkelheit bereicherte. Erst nach Wochen wurden die Verbände abgenommen und wir hatten endlich Gewissheit, dass sein anderes Auge nicht zu sehr geschädigt war. Zwar musste er noch eine ganze Zeit lang eine dunkle Brille tragen, aber sein Lebensmut kehrte zurück und bald konnte er wieder nach Hause.

Ich hatte noch fast ein ganzes Jahr in Lausanne vor mir. In dieser Zeit lebte jeder von uns sein Leben und ging seinen Aufgaben nach. Ich genoss die vielfältigen Möglichkeiten, die sich mir boten. In der Klinik herrschte eine angenehme, internationale Atmosphäre, ich konnte meine Sprachkenntnisse anwenden und in der Freizeit paukte ich weiter französische Vokabeln und Grammatik. Nach gut drei Monaten nahm Kamal seine Forschungsarbeit wieder auf. Gelegentlich trafen wir uns, aber dabei blieb es zunächst. In Lausanne lernte ich nette Freundinnen kennen und die Zeit verging wie im Flug. Zu Männern hielt ich Distanz, im Hinterkopf dachte ich immer noch an Kamal. Im Sommer 1962 war es dann soweit: Ich kam zurück nach Zürich und trat meine neue Stelle in der Firma an. Zum ersten Mal stand ich wirklich auf eigenen Beinen und musste mich auch um Unterkunft und Verpflegung selbst kümmern. Die Arbeit machte mir Spaß, sie war abwechslungsreich und ich hatte Kontakte zu Kunden aus der ganzen Welt. Auch privat verstand ich mich gut mit meinen Arbeitgebern.

Bald trafen Kamal und ich uns praktisch jedes Wochenende.

Abendessen, Spaziergänge in der Stadt, Besichtigungen. Gelegentlich machten wir Ausflüge in die Berge zum Wandern, oft den ganzen Tag. Wenn Schnee lag, hatten wir besonders viel Spaß: Mit heißen Maronen in der Tüte liefen wir den Ürtli-Berg hinauf oder wenn Zürich im Nebel verschwand, fuhren wir in die Flumser Berge zum Ski laufen – meist bei strahlendem Sonnenschein. Ein Tag dort oben war wie 14 Tage Urlaub, so durchlüftet fühlte ich mich, wenn ich mit den Brettern die Hänge heruntergesaust war. Kamal jedoch war das Skifahren auf Dauer zu gefährlich, er hatte ja auch keine Übung. Er liebte den Schnee, aber seine Unerfahrenheit brachte ihn in die komischsten Situationen und oft konnten wir uns vor Lachen kaum halten. Jedenfalls war Skilaufen kein Sport für ihn, vielleicht bereitete es ihm auch Schwierigkeiten, mit einem Auge genügend zu sehen. Inzwischen hatte Kamal eine eigene kleine Wohnung bezogen. Am Wochenende besuchte ich ihn dort, wir kochten gemeinsam und machten es uns gemütlich. Jetzt waren wir wirklich ein Paar mit Heiratsabsichten. Während seines Studiums konnten wir aber noch nicht heiraten. Das hätte mit Sicherheit Schwierigkeiten mit seinem Stipendium gegeben.

Mein Vater war lange Zeit gegen diese Verbindung und meinte, ich würde es mir sicher noch anders überlegen. Eine Ehe so über Kulturgrenzen hinweg – das konnte ja nicht gut gehen, meinte er. Erst 1963, bei der Beerdigung meiner Mutter, traf er Kamal zum ersten Mal. Meine Mutter war innerhalb von nur fünf Tagen gänzlich unerwartet an einem Darmverschluss gestorben. Sie hätte Kamal gerne kennen gelernt, aber leider war es dazu nicht mehr gekommen. Dieses tragische Ereignis brachte die Männer einander näher, sie führten lange Gespräche und endlich war das Eis gebrochen. Nun wusste mein Vater, dass ich bei Kamal in guten Händen war und war stolz auf seinen zukünftigen Schwiegersohn.

1964 schloss Kamal seine Promotion mit der Note Gut ab. Noch während seine Dissertation im Druck war, nahm er eine Beratertätigkeit in einer Schweizer Firma an. Er brachte gute Ideen mit und die Firma wollte ihn bald fest einstellen. Für mich wäre es natürlich ebenfalls sehr angenehm gewesen in der Schweiz zu bleiben. Aber da war ja noch die Familie… In

Ägypten spielt die Familie eine sehr große Rolle, das sollte ich bald merken. Kamals jüngerer Bruder kam uns besuchen. Inzwischen hatte Kamal seinen Eltern geschrieben, dass er eine Deutsche kennen gelernt habe und dass wir heiraten wollten. Nun sollte mich der Bruder wohl begutachten und außerdem Kamal dazu überreden, nach Ägypten zurückzukehren. Offensichtlich fand mich der Bruder wohl ganz in Ordnung, denn es gab keine Beschwerden von Seiten der Familie. Mit der Rückkehr nach Ägypten war das eine schwierigere Sache. Die Entscheidung fiel uns sehr schwer, auch Kamal wäre gerne in der Schweiz geblieben. Zu Weihnachten schleppte er sogar stolz unseren ersten Tannenbaum ins Haus und wir feierten ein wenig mit einem befreundeten koptischen Ägypter. Dennoch entschieden wir uns schließlich für Ägypten und begannen die Rückreise zu planen. Kamal kaufte eine Menge Gerätschaften für unsere neue Wohnung ein, da hatte er ganz bestimmte Vorstellungen, und in Ägypten gab es damals kaum etwas.

Im Sommer 1965 ging es dann los: Wir packten unser Auto voll bis unters Dach und fuhren in Richtung Venedig. Die Stimmung war wehmütig. Das hier war keine unbeschwerte Urlaubsreise an die Riviera wie in unserer Vergangenheit. Das hier war der abrupte Wechsel in die harte Realität. Mit Sack und Pack wurde Kamal auf die „Syria" verfrachtet. Er fuhr zunächst allein, ich wollte im September zu einem ersten Besuch nachkommen.

Ich reiste von Venedig aus mit der „Ascona". Es war eine erholsame und interessante Reise durch die Adria, voller schöner Eindrücke von den vielen ionischen Inseln, einer Besichtigung der Akropolis und einem kurzen Landgang auf Kreta. Eines Morgens lag dann im Morgendunst die flache Küste Ägyptens vor uns: „Alexandria", die Perle des Mittelmeers. Wir legten an, und ich merkte sofort: Das ist eine ganz andere Welt! Ein Gewimmel, mal gezielt, dann wieder unerklärlich durcheinander, fast wie Ameisen. Schreien und Rufen, unverständliche Satzfetzen. Fremde Gerüche und Geräusche. An einem Tau ließ man die Koffer vom Schiffsrumpf herunter, unten sammelten fremdartige, in weite Gewänder gekleidete Männer sie auf. Wo war mein Gepäck? Schon entdeckte ich Kamal und seinen Bruder. „Mach dir keine Sorgen, alles in Ordnung!" Ab sofort war ich Gast und musste nur noch hinterhertraben. „Man" machte das schon! Tatsächlich, meine Koffer waren da, also ließ ich mit mir geschehen und sog die neuen Eindrücke in mich auf.

Kamal hatte mir Ägypten nie rosig ausgemalt, sondern die Zustände nüchtern beschrieben. Er wollte mir nichts vormachen. Als wir uns einmal einen Dokumentarfilm über ein ägyptisches Dorf ansahen, meinte er, das sähe im Film schöner aus als in Wirklichkeit. Er hatte sogar die Kakerlaken in Ägypten erwähnt. Nun, da ich in Alexandria angekommen war, musste ich plötzlich wieder an dieses Gespräch denken und in meiner ersten Nacht hatte ich tatsächlich einen Albtraum.

Kamals Eltern und Geschwister waren ganz reizend zu mir und ich fühlte mich willkommen. Ich durfte sogar im Haus der Familie, in derselben Wohnung wie Kamal schlafen. Das war wirklich unorthodox für einen Religionswissenschaftler von Al Azhar, wie sein Vater es war. Aber die Verlobung war geplant und sollte bald gefeiert werden. Die Wohnung war eher europäisch als orientalisch eingerichtet, nur eben einfacher. Alles war sehr sauber und meine Angst vor Ungeziefer erwies sich jedenfalls in dieser Wohnung als unbegründet. Man versuchte mir jeden Wunsch zu erfüllen, was mir fast zu viel war. Da Kamal wusste, wie wichtig mir das Schwimmen war, fuhren wir mit Mutter, Schwester und ihren vier kleinen Kindern zu einem der Clubs in Roushdy (das ist ein Stadtteil von Alexandria). Es waren nur wenige Menschen am Strand. Es schien ganz normal, dass seine Schwester und ich mit Badeanzügen ins Wasser gingen. Seine Mutter trug ein luftiges Sommerkleid und lief nur mit den Füßen ins Wasser, es machte ihr sichtlich Spaß. Die Stadt selbst wirkte heruntergekommen, grau in grau, es fehlten der Anstrich, die Blumen, die Sauberkeit. Aber man sah optimistisch in die Zukunft, schien zufrieden und zeigte keine Schwierigkeiten oder finanziellen Probleme. Ich glaube selbst Kamal wusste zu der Zeit noch nicht, wie er mit seinem Gehalt leben konnte. Die anderen schafften es ja auch. Seine drei Brüder hatten alle studiert und waren erfolgreich. Da konnte ja nichts schief gehen. Ich kannte Kamal gut und hatte volles Vertrauen in seine Einschätzung als er meinte, dass wir wie Europäer leben könnten. Lügen waren ihm verhasst. Außerdem hatte er eine feste Anstellung an der Universität. Wir würden es zusammen schaffen, dessen war ich mir sicher, trotz allem.

So fuhr ich mutig zurück in die Schweiz, um meine Vorbereitungen für die Übersiedlung zu starten. Nach einer weiteren Bedenkzeit dort kündigte ich, verließ meine Wohnung in Zürich und fuhr zu meinem Vater und seiner neuen Lebensgefährtin, die drei große Töchter hatte. Sie lebten alle in meinem Elternhaus. Das war nun nicht mehr mein Zuhause. Da ich im Falle einer Heirat alle Güter zollfrei einführen konnte, war es finanziell interessant ein Auto mitzubringen, um es dann zu verkaufen. Ein gut erhaltener, gebrauchter Mercedes wurde gefunden, meine Aussteuer und viele deutsche Bücher in eine schwere Überseekiste gepackt, als es plötzlich hieß, es gäbe ein neues Gesetz. Alle Wagen würden in Zukunft mit 200% verzollt, ich müsse sofort kommen. Da nahm ich Abschied von Familie und Freunden. Diesmal wurde ich nach Venedig gebracht. Mein Bruder war so lieb, das zu übernehmen, und ich fühlte mich sicher mit all dem Gepäck. Also kam ich im September 1966 auf dem gleichen Schiff nach Alexandria, gespannt, ob ich das Auto noch ohne 200% Verzollung einführen könnte. Die Reise verlief ansonsten normal, nur dass ich diese aufreibenden Gedanken mit mir herumtrug. Als ich dann in Alexandria ankam, war ich immer noch nicht klüger. Normalerweise trat ein Gesetz erst nach 6 Monaten in Kraft, aber jeder war wohl ängstlich. Im Hafen konnte man den Wagen aus verschiedenen Gründen aber auch nicht gut lassen. Also zahlte Kamals Vater erst mal den hohen Betrag. Die Stimmung im Hause war dementsprechend. Ich spürte sie, ohne auch nur ein Wort zu verstehen. Mir lag diese Sache quer im Magen und ließ mir keine Ruhe.

Im Oktober heirateten wir dann im Familienkreis, das war unser Wunsch. Wir hatten beide unsere Brautkleidung von Zürich mitgebracht und waren recht elegant und alle waren sehr glücklich. So kam es, dass ich auch ins deutsche Konsulat musste, um meinen neuen Familienstand mitzuteilen. Ich erzählte von der leidigen Geschichte beim Zoll und sie wussten nun wirklich genau, dass das Gesetz noch nicht angewendet werden durfte. Ich hatte wieder Hoffnung. Kamal stellte daraufhin einen Antrag und es war viel Druck nötig, bis wir dann endlich nach zwei Jahren das ganze Geld wiederbekamen. Wir waren erleichtert. Meine Kiste musste ich natürlich auch im Zoll öffnen und viele schauten zu. Sie wollten doch alle meinen Reichtum sehen. Wie enttäuscht waren sie, als so viele Bücher zum Vorschein kamen, denn wir hörten nur das Wort „Bücher?" Das fand ich nun wieder lustig.

Nach der Hochzeit gingen wir dann sofort in unsere 80-qm-Vierzimmerwohnung, die in einem Ortsteil mit vielen Griechen, Libanesen und Armeniern lag. Kamal hatte sie von einem jungen Mann, dem die Braut davon gelaufen war, mit den Möbeln übernehmen können. Die Sitzmöbel erinnerten mich an den 50er-Nachkriegsstil. Ansonsten war die Wohnung eine gut erhaltene Altbauwohnung mit hohen Fenstern und Balkontüren, die sehr hell und tadellos gestrichen waren. Er hatte an alles gedacht und so schauten wir auf einen großen Garten. Mir gefiel die Wohnung, und vor allem, wir waren unter uns, denn das war eine meiner Heiratsbedingungen. Ich hatte bei meiner Mutter erlebt, wie schwierig es ist, wenn eine Schwiegermutter ständig in derselben Wohnung ist.

Nach nur wenigen schönen Tagen in unserer neuen Wohnung mussten wir uns auf den Weg nach Assiut machen, wo Kamal als Dozent lehren sollte. Die Universität in Assiut hatte sein Stipendium in Zürich mitfinanziert, aber Bedingung war, dass er mindestens ein Jahr lang dort unterrichten musste. Sonst hätte er die ganze Summe zurückbezahlen müssen, was bei seinem Verdienst vollkommen unmöglich war. Das Wintersemester begann bald und wir fuhren mit dem Zug über Kairo in den Süden, immer am Nil entlang. In Assiut leben ungefähr 50% Kopten, so nennt man die ägyptischen Christen. Sie sind nicht dem Papst in Rom unterstellt, sondern haben ihren eigenen Papst, den sie Baba nennen. Obwohl es schon Ende Oktober war, war es noch sehr heiß und der Wind blies den Sand von den nahen Bergen herüber. Ich hatte große Schwierigkeiten mit dem Kreislauf, fühlte mich ständig erschöpft und halb betäubt. Da wir nicht lange bleiben würden, hatten wir unsere Wohnung in Assiut nur mit dem Notwendigsten ausgestattet: ein Bett mit Moskitonetz, ein Plastikmottensack für unsere Kleider, ein Campingtisch und Hocker, ein Butangasöfchen mit einer Flamme und, ganz wichtig, Besen und Handfeger. Mit dem Sandfegen wurde man nie fertig, denn die Fenster schlossen nicht besonders gut. Immerhin wohnte einer von Kamals Studienfreunden mit seiner amerikanischen Frau in der Nähe. Sie würden länger in Assiut bleiben und hatten sich daher eine besser ausgestattete Wohnung gesucht. Diese beiden haben uns wirklich sehr geholfen die entbehrungsreiche Zeit dort zu überstehen. Später im Jahr, im Dezember, Januar und Februar wurde das Wetter angenehmer. Um ein bisschen aus dem Haus zu kommen und uns die Beine zu vertreten, gingen Kamal und ich über die Felder spazieren. Bald fiel uns auf, dass uns die anderen Leute seltsam musterten und hinterher schauten. Spazierengehen ist in Ägypten nicht gerade üblich, das kennen sie einfach nicht. Aber es gab einen kleinen Club an der Universität und den Baladi-Club, wo wir uns ungezwungen zusammen aufhalten konnten. Wir lernten auch einige ägyptische Paare kennen. Es gab gemeinsame Ausflüge in die nahe Wüste oder man grillte oder picknickte zwischen den Hügeln. Einmal lud uns ein Kollege von Kamal auf die Felder seiner Familie ein. Man hatte extra ein großes Schattendach gebaut mit Tischen und Bänken darunter und servierte uns die köstlichen Gerichte dieser Gegend in Tongefäßen. Obwohl zu unserer Gruppe auch Frauen gehörten, setzten sich die einheimischen Frauen nicht mit uns an den Tisch, das war hier nicht Sitte. Doch nach dem Essen gingen wir Frauen zu ihnen, um uns in unserem beschränkten Arabisch bei ihnen zu bedanken. Wir staunten über die einfachen Unterkünfte, die sie während der Sommerzeit bewohnten, und begannen langsam zu verstehen, was ägyptische Gastfreundschaft bedeutet.

Als 1967 der Sechstagekrieg begann, bestand Kamal darauf, dass ich sofort nach Alexandria fuhr. Er sorgte sich um meine Sicherheit, denn konnte man wissen, wie die Ägypter zu einem späteren Zeitpunkt, wenn die Emotionen schon aufgeheizt wären, auf eine Ausländerin reagieren würden? So lebte ich bis zu Kamals Rückkehr aus Assiut bei seinen Eltern. In dieser Zeit lernte ich seine Schwester besser kennen, die gut Französisch sprach. Irgendwann streiften wir bei einem unserer Gespräche das Thema „Altersvorsorge". Da hatte ich aber in ein Wespennest gestochen! In Ägypten redet man über so was einfach nicht, Geld und alles, was damit zu tun hat, ist ein großes Tabu. Kamals Schwester trug die ganze Geschichte direkt an Kamals Eltern weiter und die waren ehrlich entsetzt. Von da an hielten sie mich für geldgierig und obendrein unhöflich. Damals war mir das natürlich nicht klar, erst Jahre später klärte sich der Vorfall zufällig bei einem Gespräch mit Kamals Bruder auf. Ich bemerkte nur die veränderte Stimmung im Haus. Aus dieser Sache lernte ich schnell, sämtliche tiefer gehenden Diskussionen zu vermeiden. Wie gerne hätte ich mich in dieser Zeit gelegentlich mit einer anderen Europäerin unterhalten, die mich vielleicht hätte verstehen können. Aber Kontakte zu anderen Deutschen und Frauen aus anderen Ländern ergaben sich erst viel später.

Das Leben in der Regierungszeit von Gamal Abdel Nasser war sehr entbehrungsreich. Viele Dinge gab es gar nicht, anderes wurde in unsauberem Zustand verkauft und musste erst verlesen werden, wie Reis, Linsen usw.

Im Sommer 1967 kam Kamal von Assiut wieder nach Alexandria zurück. Ich hatte inzwischen den Weg zum Goethe-Institut gefunden, nahm Kontakt auf und konnte nach einiger Vorbereitung Deutsch unterrichten. Die Kontakte und die Arbeit gaben meinem Leben neuen Auftrieb. 1968 wurde die Stelle der Chefsekretärin frei und ich musste nicht lange überlegen. Auch wenn ich als ägyptische Ortskraft nicht gut bezahlt wurde, machte es mir großen Spaß und ich lernte viele neue Menschen kennen. Außerdem hatte ich dadurch auch wieder eigenes Geld.

1970 bot man Kamal eine Stelle an der Universität Tripolis in Libyen an. Bisher waren wir finanziell immer gerade so über die Runden gekommen und nun bot sich ihm endlich die Gelegenheit, etwas mehr zu verdienen. Ich kündigte meine Stelle beim Goethe-Institut, suchte eine geeignete Nachfolgerin und flog hinterher. Wir hatten eine hübsche Vierzimmerwohnung in einem modernen Haus. Auch ich fand in Tripolis praktisch sofort eine Stelle als Sekretärin bei einer Ölfirma. Doch nach nur drei Monaten in Libyen – ich war sogar noch in der Probezeit – wurde ich schwanger. In Ägypten hatte es in all den Monaten nicht geklappt, aber in Libyen fühlte ich mich offenbar so wohl, dass mein Körper einfach bereit war, einem Kind das Leben zu schenken. Wir freuten uns jedenfalls riesig auf unser Baby. Selbst in meiner Firma nahm man meine Ankündigung erstaunlich gelassen auf. Ich war schon 36 Jahre alt und Erstgebärende. In Alexandria hatte ich einiges an gesundheitlichen Problemen durchstehen müssen und die Ärzte dort kannten meine Krankengeschichte. Deshalb flog ich zur Entbindung nach Alexandria und wohnte wieder bei den Schwiegereltern. Meine Tochter kam per Kaiserschnitt auf die Welt, aber es ging uns beiden gut, alles verlief normal. Solange wir im Krankenhaus waren, war meine Kleine ein recht ruhiges Baby. Aber zu Hause in der Familie wurden wir beide zunehmend nervöser, jeder wollte mitreden und ich wurde immer unsicherer. Konnte ich sie ausreichend ernähren? Wenn nicht, würde das schnell zu einem Problem werden, denn Babynahrung für Säuglinge unter drei Monaten war kaum aufzutreiben. So war ich mehr als froh, als wir eine geeignete Kinderfrau fanden, die bereit war, mit uns in Libyen zu leben. Wir besorgten für Kind und Kinderfrau Reisepässe und konnten endlich wieder in unsere eigene kleine Welt zurück.

In Libyen war Jasmin, unsere kleine Tochter, bald ein ganz unkompliziertes Baby. Mein Mann war so froh ein Mädchen zu haben. Unsere Dada (Kinderfrau) war sehr sauber und ging ganz liebevoll mit Jasmin um. Bevor ich wieder anfing zu arbeiten, besprachen wir genau, wer für welche Aufgaben zuständig ist. So gab es keine Missverständnisse und alle waren zufrieden. Ein Freund von Kamal und seine amerikanische Frau lebten ebenfalls in Tripolis. Sie hatten einen kleinen Jungen im gleichen Alter wie Jasmin. Da wir keine familiären Verpflichtungen hatten, konnten wir uns an den Wochenenden besuchen oder etwas unternehmen und Land und Leute kennen lernen. Kamal und ich holten unsere Flitterwochen in Tunesien nach, fuhren mit Freunden zu antiken Stätten wie Sabratha und Leptis Magna, picknickten im Frühjahr in den Weidenwäldern oder gingen zum Schwimmen.

Im Frühling, wenn die Mandel-, Aprikosen- und Zitrusfruchtbäume blühten, war es immer besonders schön an der Küste zwischen Tripolis und der tunesischen Grenze. Die Gärten sind sehr gepflegt, dazwischen liegen Pinienalleen und Kaktushecken. Zur Bewässerung benutzen die Libyer ein Sprühsystem, das Wasser sparen soll. Die Kultur dort unterscheidet sich sehr von der ägyptischen: Sprache, Essen und Bekleidung sind ganz anders. Einheimische Frauen sah man damals in der Öffentlichkeit nur in großen naturfarbenen Tüchern verhüllt und bis auf ein Auge vollständig verschleiert. Im Haus habe ich die Frauen aber als sehr selbstbewusst empfunden. Für mich als Ausländerin galten diese strengen Kleidungsvorschriften zum Glück nicht. Die Männer kleideten sich entweder europäisch oder auch traditionell, ähnlich wie die Tunesier, das heißt, sie trugen Hosen, ein schwarzes Bolero, ein großes Schafwolltuch und einen runden Fez.

Einmal bot sich mir durch meine Firma die Gelegenheit mit einer Fokker 27 über die Wüste zu fliegen. Die Größe dieses Sandmeeres, vor dem alles andere zu nichts wird, hat mich sehr beeindruckt.

Ende 1972 zogen wir aus unserer Wohnung in eine Villa mit kleinem Garten. Jetzt hatten wir mehr Platz und im Garten wuchsen wunderbare Weintrauben, Aprikosen und Brombeeren (richtige Brombeeren!). Im Sommer konnten wir im Schatten eines großen Baumes auf dem Rasen picknicken. Als Jasmin anderthalb war, wurde ich wieder schwanger. Wie beim ersten Mal verlief die Schwangerschaft unproblematisch und diesmal wollte ich in Tripolis entbinden, damit ich schnell wieder bei meiner Familie sein konnte.

Im Frühling 1974, es war ein sehr heißer Tag, kam mein Sohn auf die Welt. Vom ersten Tag an war Karim ganz anders als Jasmin. Meine Tochter war ein ernsthaftes, ruhiges Kind mit großen, dunklen Augen. Karim kam praktisch schon grinsend auf die Welt. Er war früh lebhaft, mit acht Monaten lief er an Möbeln und Wänden entlang und nichts und niemand war vor ihm sicher. Wenn er früh am Morgen aufwachte, hörten wir ihn direkt rufen: „Chico, Chico!" Das war unser Hund und am liebsten wollte Karim noch im Schlafanzug zu ihm in den Garten stürmen und mit ihm spielen. Mit zwei Kindern gab es natürlich mehr zu tun, aber wir hatten schließlich Hilfe und es klappte recht gut. Einmal im Jahr flogen wir nach Europa, um meine Familie und Freunde zu besuchen, und fast immer konnten wir auch ein paar Tage in Österreich in den Bergen verbringen. An diese erholsamen Tage erinnerten wir uns später in schlechteren Zeiten immer wieder gerne.

Im Sommer 1975 ging unsere Zeit in Libyen zu Ende. Inzwischen hatten sich die Beziehungen zwischen Libyen und Ägypten sehr verschlechtert, deswegen gab es keine direkten Flüge mehr nach Ägypten. Wir mussten entweder mit dem Bus zurückfahren oder konnten über Paris nach Ägypten fliegen. Unsere Dada nahm die anstrengende 12stündige Busfahrt auf sich, wir selbst nutzten den Rückflug über Europa und besuchten noch mal meinen Vater, meinen Bruder und seine Familie. Anschließend fuhren wir nach Osttirol und besuchten meine Schwester. Ich ahnte, dass wir uns lange nicht wieder sehen würden. Dieses grüne Europa würde uns sehr fehlen, besonders die frische, saubere Luft in den Bergen. Trotzdem wollte Kamal wieder zurück in seine Heimat. Er glaubte fest an eine bessere Zukunft unter dem neuen Präsidenten Anwar El Sadat.

Tatsächlich hatte sich in den fünf Jahren, die wir im Ausland verbrachten, vieles in Ägypten verändert. Das Stadtbild war farbenfroher geworden. Es gab viel mehr Waren als vorher, denn Sadat war es gelungen, die politische und wirtschaftliche Isolation des Landes zu beenden. Auf einmal legte man wieder größeren Wert auf schöne Kleidung, man erfüllte sich manchen lang gehegten Wunsch und begann die Wohnungen zu renovieren. Gleichzeitig waren allerdings die Preise drastisch gestiegen, doch die Gehälter der staatlichen Institutionen wurden trotzdem nicht erhöht. In der freien Wirtschaft gab es jetzt zwar mehr Möglichkeiten, aber alles brauchte eben seine Zeit. Die Arbeitsbedingungen an der Universität hatten sich nicht verbessert – und auch die Bezahlung war immer noch sehr dürftig. Immer öfter kam Kamal völlig frustriert von der Arbeit und die Stimmung bei uns zu Hause war dementsprechend.

Wie gerne hätten wir wieder in einem Haus mit Garten gewohnt! Aber die Preise waren so hoch, dass wir es uns einfach nicht leisten konnten. So wohnten wir weiterhin in unserer Wohnung, 80 qm mussten jetzt für vier Personen ausreichen. Ich wollte gerne wieder am Goethe-Institut arbeiten, aber Kamal war dagegen, und eigentlich wäre es mir tatsächlich auch zu viel geworden. Die Kinder waren vier und anderthalb, und obwohl ich eine Hilfe zum Putzen und Waschen hatte, blieb für mich noch genug zu tun. Kamal war mit Arbeit so beschäftigt, dass er kaum Zeit fand, mich zu unterstützen. Die Großfamilie wollte uns jeden Freitag sehen, man saß lange zusammen, aß gemeinsam und erzählte. In dieser Riesenstadt an die frische Luft zu kommen, war leichter gesagt als getan. Zwar wohnten wir in der Nähe des Meeres, aber an der Corniche spazieren zu gehen, war im Prinzip unmöglich. Einmal habe ich das mit den Kindern ausprobiert und wurde mehrmals von Männern belästigt. Dann eben nicht, dachte ich mir und blieb fortan zu Hause.

Bei einem Empfang am Goethe-Institut lernte ich dann einige deutsche Frauen kennen und wir beschlossen, hier nicht länger passiv herumzusitzen. Als Erstes wollten wir Frauen privaten Arabischunterricht nehmen, um uns im Alltag leichter zu tun. Dann bildete sich ein Kreis zur musikalischen Früherziehung der Kinder. Den Unterricht übernahm ich in Zusammenarbeit mit einer Freundin, die an der Musikhochschule studiert hatte. Von ihr lernte ich eine ganze Menge und bekam endlich wieder eine sinnvolle Aufgabe neben meinen häuslichen Pflichten. Außerdem gab es Deutschunterricht für die Kinder, denn viele besuchten internationale Schulen und hatten dort gar keinen Unterricht in ihrer Muttersprache. Über die deutsche Schule fand ich weitere Kontakte. Ich schloss mich einem Lesekreis an und begann im Chor zu singen. Langsam fand ich in Alexandria immer mehr Dinge, die mir Spaß machten.

Deutsches Fernsehen gab es damals noch nirgends in Ägypten, nur Radio „Deutsche Welle", und um das hören zu können, brauchte man schon einen guten Kurzwellenempfang. So war man auf andere Informationsquellen angewiesen. Für mich brachten die deutschen Lehrer immer viel frischen Wind mit und mit einigen Familien verbindet mich bis heute eine echte Freundschaft.

Unsere Kinder konnten wir aber leider nicht auf die deutsche Schule schicken. Jasmin hätten sie zwar genommen, nicht aber Karim. Die Schule war noch streng nach Geschlechtern getrennt, obwohl für die Söhne von Lehrern bereits Ausnahmen gemacht wurden. Aber all unsere Bemühungen halfen nichts, sie nahmen weiterhin nur Mädchen auf. Wir wollten aber gerne, dass beide Kinder auf die gleiche Schule gehen sollten. So schickten wir sie auf eine englisch geführte Privatschule. Schon im Kindergarten hörten sie ausschließlich Englisch. Zu Hause sprach ich mit den Kindern Deutsch und Kamal und seine Familie sprachen mit ihnen Arabisch. Es erstaunt mich bis heute, wie selbstverständlich beide das hingenommen und ganz ungezwungen alle drei Sprachen gelernt haben.

Kindergarten, Schule, Einladungen zu Kindergeburtstagen, Freunde, das alles verlief wohl ähnlich wie bei jeder anderen Familie. Jedes Jahr zu Weihnachten brachte uns Kamal einen Weihnachtsbaum ins Haus, den wir liebevoll schmückten. Dass er gläubiger Moslem ist, störte dabei keinen von uns, ihn am allerwenigsten. Die Kinder sollten alle religiösen Bräuche kennen lernen und die Sitte mit dem Weihnachtsbaum gefiel Kamal besonders gut. Manchmal gingen wir sogar an Heiligabend zu einem Gottesdienst in eine der vielen Kirchen in Alexandria.

1978 starben fast zeitgleich mein Vater am seinem dritten Herzinfarkt und nur wenige Wochen später Kamals Vater. Er war mir ein lieber Schwiegervater gewesen, stets tolerant und immer bemüht, mich zu verstehen.

Wie schon erwähnt, war es hier in Alexandria nicht so einfach, sportlich aktiv zu werden. Man konnte weder spazieren gehen, noch im Meer schwimmen. So freuten wir uns sehr, als wir Ende der 70er Jahre Mitglieder des hiesigen „Sporting Clubs" werden konnten. Das war gar nicht so einfach, denn man konnte nur durch Empfehlung eines anderen Mitglieds aufgenommen werden und obendrein war es ziemlich teuer. Aber es lohnte sich, hier konnten wir alle entspannen und Sport treiben. Nur Freitagmittags, da erwartete man von uns, den Familienclan im Haus der Schwiegereltern zu besuchen. Obwohl gut gemeint, wurde es mir oft zuviel. Man aß gemeinsam und saß stundenlang herum. Zu erzählen gab es nicht viel, denn man hatte sich ja erst eine Woche zuvor gesehen.

1980 bot sich für Kamal wieder eine Möglichkeit im Ausland zu arbeiten. An der Universität in Mekka (Saudi-Arabien) würde er gutes Geld verdienen. Leider durften unsere Kinder als Moslems keine der internationalen Schulen besuchen. Deshalb beschlossen wir, dass ich mit den Kindern in Alexandria bleiben sollte. Diese lange Trennung von meinem Mann fiel mir wirklich sehr schwer, sie war aber aus finanziellen Gründen unbedingt notwendig, wenn wir weiterhin über die Runden kommen wollten. Zum Glück konnte ich mit Kamals Einwilligung in unserer Wohnung bleiben. Das war absolut nicht üblich, normalerweise hätte ich mit den Kindern zu meiner Schwiegermutter ziehen müssen. Kamal fühlte sich an der Universität in Mekka sehr wohl, man schätze seine gerade Art. In den Sommerferien fuhren wir zu ihm, obwohl es gerade dann unbeschreiblich heiß dort war. Für meine Tochter und mich gab es natürlich Kleidervorschriften, an die wir uns zu halten hatten. Das Haar und die Arme mussten bedeckt sein, und Hosen waren ebenfalls nicht erlaubt. Nachmittags fuhren wir oft nach Jiddah, wo man mit Ausländern etwas nachsichtiger war. Das Klima in Jiddah war deutlich schwüler als in Mekka, aber man konnte sich problemlos in große, klimatisierte Kaufhäuser flüchten.

1983 wurde ich mit den Kindern ganz selbstverständlich bei der „Hadsch", also der Pilgerfahrt, mit eingeplant. Das kam für mich aus heiterem Himmel, ich hielt mich dafür längst nicht ausreichend vorbereitet. Zwar war ich schon lange zum Islam übergetreten, aber eigentlich mehr aus ganz praktischen Gründen. Als Frau hätte ich in Ägypten sonst keine Rechte gehabt, ich hätte nicht erben und im Falle eines Falles auch nicht das Sorgerecht für meine Kinder übernehmen können. Zwei ägyptische Freundinnen halfen mir bei der Vorbereitung für die Hadsch, sonst wäre ich mir ganz schön verloren vorgekommen.

Zuerst lasen wir gemeinsam viel über die Pilgerfahrt und langsam begann ich zu verstehen, worum es dabei eigentlich ging. Da waren zunächst formale Vorschriften. Die Hadsch muss zu einer bestimmten Zeit des Jahres gemacht werden. Wenn man früher oder später fährt, heißt das Umrah und zählt nicht so viel. Der genaue Zeitpunkt richtet sich ebenso wie der Ramadan nach dem Mondjahr, sodass er sich im Laufe der Zeit durch alle Jahreszeiten verschiebt.

Die Kleidung muss weiß sein. Frauen tragen eine so genannte Abeia, das ist ein langes weißes Gewand. Sie dürfen keine Schminke und keinen Nagellack tragen. Männer dürfen nur mit zwei weißen Tüchern bedeckt sein, sie dürfen keinerlei genähte Sachen tragen, auch keine Unterwäsche. Den Frauen sind Unterwäsche und auch genähte Sachen erlaubt. Ich hatte mir meine Abeia nähen lassen und natürlich trug ich auch ein weißes Tuch über dem Kopf. Diese Kleidung ist im Grunde die gleiche, in der man auch begraben wird. Damit wird symbolisiert, dass bei der Pilgerfahrt alle Menschen gleich sind, so wie sie auch nach dem Tode alle gleich sind.

Dann macht man sich auf den Weg ins Gebiet Arafat, einem großen Tal inmitten hoher Berge. Wir fuhren in einer Gruppe mit vier Bussen. Dort gibt es eine Moschee und große offene Zelte. Natürlich ist alles sehr spartanisch, statt Spülklosetts gibt es nur Latrinen. Es sind immer sehr viele Menschen dort (zur Zeit der Hadsch kommen in Mekka über zwei Millionen zusammen). Es gibt viele Gruppen, die Frauen sind getrennt von den Männern, aber die Zelte liegen nah beieinander. Wir waren in einem großen Zelt mit vielen anderen Frauen und Kindern. Es war eine Gluthitze, kaum auszuhalten. Trotzdem betete man und meditierte. Wenn es gar zu schlimm wurde, gab es Eisbeutel zur Kühlung des Kopfes. Während der ganzen Hadsch darf man nur gute Gedanken haben, darf nicht streiten oder wütend werden. Alle versuchen ihre Gedanken auf Gott auszurichten. Erstaunlicherweise machten sogar die Kinder das alles sehr gut mit. Die Atmosphäre unter so vielen Menschen hat sie sehr beeindruckt und sie verhielten sich die meiste Zeit sehr still. Damals waren sie 12 und 9 Jahre alt.

Anschließend sollten wir mit dem Bus nach Mena fahren. Aber unsere Busse kamen nicht, statt vier Bussen kam nur einer. Unsere Gruppe wurde getrennt, der Bus war natürlich völlig überfüllt. Trotzdem ging alles sehr friedlich vonstatten, denn man darf ja keine bösen Gedanken haben und nicht streiten. Statt zu streiten, nahm man das Ganze mit Humor, alle blieben sehr gelassen und keiner schimpfte. Sogar bei einem mehr als abenteuerlichen Wendemanöver unseres Busfahrers regte sich keiner auf. Alle vertrauten auf Allah, dass uns schon nichts geschehen würde. Dabei war wirklich viel Verkehr, sehr viele Menschen waren auf demselben Weg unterwegs wie wir.

Als es schon dunkelte, hielten wir noch einmal in Mustalifa

und mussten dort Steine aufsammeln. Später in Mena wirft man mindestens sieben Steine (oder sieben mal sieben) auf eine Säule, um symbolisch den Teufel zu steinigen.

In Mena muss man drei Tage bleiben, aber zwischendurch durften wir nach Hause in unsere Wohnung. Mit dem Auto konnten wir dann bis auf einen Kilometer an die Tunnel heranfahren. Durch einen dieser Tunnel muss man zu Fuß gehen, sonst ist es nicht richtig. Überhaupt läuft man bei all diesen Handlungen sehr viel.

Danach rasieren die Männer sich den Kopf oder schneiden sich die Haare, Frauen sollen sich eine Haarsträhne abschneiden. Man schlachtet ein Schaf, das den Armen gespendet wird. Heute erledigt das eine große Fleischindustrie, die alles organisiert, die geschlachteten Tiere weiterverarbeitet und an die Armen verschickt. Die Opferung des Schafes findet in sämtlichen islamischen Ländern am gleichen Tag statt. Es ist das traditionelle große Opferfest.

Zum Abschluss der Hadsch muss man sieben Mal die Kaaba umschreiten, das heißt Tawaf. Davor sind die rituellen Waschungen wie vor jedem Gebet auszuführen. Die Kaaba ist ein großes Gebäude in der Form eines Würfels, das mit schwarzem Tuch verkleidet ist. Das Tuch ist mit goldenen Verzierungen geschmückt. Früher wurde die Verkleidung der Kaaba immer mit großem Zeremoniell in Kairo hergestellt. Dann brachte man das Tuch mit einer großen Karawane nach Saudi-Arabien. Als Geschenk von Ägypten an Saudi-Arabien. Bei all diesen Handlungen wird nicht gesprochen, jeder ist ganz auf sich konzentriert. Die Gebete und sämtliche Abläufe sind aber ganz genau vorgeschrieben. *(Anmerkung: Die Hadsch ist hier aus Johannas Erinnerung beschrieben. Es ist möglich, dass die Details ungenau sind.)*

Am meisten hat mir gefallen, dass bei der Hadsch alle Menschen gleich sind, es gibt keine Unterschiede und jeder versucht nur gute Gedanken zu haben. Man fühlt sich als Teil einer großen Gemeinschaft (Omma, das heißt Gemeinde). Diese Geborgenheit in der Gemeinschaft hat mich sehr berührt. Jeder hat nur die besten Gedanken und tatsächlich kommt man innerlich verändert von dort zurück.

Unsere Kinder sind auch Moslems. Ich habe ihnen aber immer beigebracht, dass sie sich vor fanatischen Menschen hüten sollen. Mein Mann hat nie verlangt, dass die Kinder beten sollten. Mein Sohn hat erst spät damit angefangen.

Im Winter 1984/85 kauften wir uns eine neue Wohnung in einem der besten Wohnviertel der Stadt. Wegen der aufwändigen Renovierung konnten wir aber erst 1987 einziehen. Alexandria war seit meiner Ankunft 1966 von 3 Millionen auf ca. 8 Millionen Einwohner angewachsen. Immer mehr Villen verschwanden, es wurde dichter gebaut, die Wohnhäuser wurden immer höher, und die Bodenpreise stiegen entsprechend.

Da unsere Kinder mich nicht mehr ständig brauchten, trat ich um diese Zeit, in den „International Women's Club" ein, der sich einmal die Woche traf. Obwohl es auf den ersten Blick vielleicht überraschend ist, sind dort auch viele ägyptische Frauen Mitglied. Ich wollte auch außerhalb der Familie Kontakte zu Ägypterinnen knüpfen und erfahren, welche Möglichkeiten die ägyptische Gesellschaft ihnen bot. Ich lernte viel von ihnen und später im Alltag waren mir meine Kontakte oft sehr nützlich. Einige Jahre lang habe ich selbst aktiv mitgewirkt. 1991 gründete sich ein deutscher Frauenkreis, der bis heute besteht und auch soziale Funktionen hat. Vor allem bietet er eine Anlaufstelle für alle Frauen aus dem Deutsch sprechenden Kulturkreis. Man tauscht sich aus und kann viel über die Möglichkeiten, Sitten und Gebräuche in unserem Gastland lernen. Unser jährlicher Weihnachtsbasar, der im Goethe-Institut stattfindet, ist inzwischen stadtbekannt. Mit Sachspenden unterstützen wir ägyptische soziale Einrichtungen.

Im Sommer 1986 zog Kamal wieder zu uns nach Alexandria und nun hatten wir endlich genug Geld, um unsere Villa vor den Toren der Stadt fertigzustellen. Unser Bauprojekt nahm unsere ganze Freizeit in Anspruch, man musste sehr genau aufpassen, dass alles tatsächlich nach unseren Wünschen durchgeführt wurde. Das war natürlich sehr nervenaufreibend, aber am Ende hat es sich doch gelohnt. In den 70er Jahren stand in der Gegend noch kein einziges Haus, aber heute ist es ein grünes Fleckchen Erde mit vielen kleinen und großen Villen mit Schwimmbecken.

Kamal ist schon seit Jahren Professor und berät außerdem

verschiedene Firmen. In den 90er Jahren unterrichtete er von Zeit zu Zeit als Gastprofessor an der Universität Beirut. Obwohl es eine unruhige Zeit im Libanon war und immer wieder Angriffe auf verschiedene Versorgungsziele vorkamen, fuhr ich einmal für sechs Wochen mit. Die Wochenenden nutzten wir für Reisen durch den Libanon und auch nach Damaskus in Syrien. Ägypten mit seinem Reichtum an Sehenswürdigkeiten hatten wir natürlich in all den Jahren vorher immer wieder bereist und gönnen uns diesen Luxus bis heute. Weil Kamal immer volles Vertrauen zu mir hatte, konnte ich mit anderen Frauen und sogar alleine verreisen. Dafür bin ich ihm besonders dankbar, denn in dieser konservativen Gesellschaft hier ist das keine Selbstverständlichkeit. Im Februar dieses Jahres hat Kamal einen Schlaganfall erlitten, aber inzwischen geht es ihm wieder besser. Er arbeitet sogar schon wieder, denn die Arbeit ist sein Leben.

Obwohl heute mehr Frauen als früher verschleiert gehen, sind doch viele Tabus gefallen. Frauen können sich leichter scheiden lassen, Frauen wohnen mit ihren Kindern allein, wenn ihr Ehemann im Ausland ist. Unverheiratete Mädchen ziehen in eine andere Stadt, um beruflich weiterzukommen. Fast alle Mädchen und Frauen aus den unteren sozialen Schichten arbeiten. Alle gehen zur Schule und nach ihrem Abschluss möchten sie ihre Ausbildung auch nutzen und ihr eigenes Geld verdienen. Oft ist es schlicht und einfach notwendig – aus finanziellen Gründen. Die meisten Eltern geben ihr letztes Geld, um ihren Kindern eine gute Ausbildung zu ermöglichen. Es gibt immer mehr gemischte Schulen. Die Menschen hier leben sehr dicht zusammen, da braucht man vielleicht strenge Sitten. Mit dem Tuch auf dem Kopf kann man sich als Frau schnell und unkompliziert den nötigen Abstand und Respekt verschaffen.

In unserer engeren Familie trägt niemand das Kopftuch. Einige unserer Verwandten gehen ungezwungen damit um, sie finden es nicht störend es zu tragen. Früher, in den 60er und 70er Jahren, sah man viel weniger Frauen verschleiert auf der Straße. Warum sich das über die Jahre so geändert hat, weiß eigentlich keiner. Es gibt da verschiedene Theorien. Einmal waren einfache Mädchen früher nur zu Hause, sie arbeiteten nicht, sondern warteten darauf, dass sie verheiratet wurden. Sie gingen kaum aus dem Haus. Heute arbeiten fast alle, und wenn es an Geld für den Frisör fehlt, ist das Kopftuch eine einfache und billige Lösung. Außerdem haben über die Jahre immer mehr ägyptische Männer in Saudi-Arabien gearbeitet. Dort waren immer alle Frauen verschleiert. Viele dieser Männer brachten wohl diese Sitte mit nach Ägypten und verlangten nun von ihren Frauen, dass sie das Kopftuch tragen. Heute gibt es auch immer mehr Frauen, die vollkommen schwarz gekleidet sind und nur einen Schlitz für die Augen frei haben. Außerdem tragen sie lange Handschuhe und geben Fremden nicht die Hand zur Begrüßung. Solch extreme Kleidung sah man früher gar nicht. Diese „wahabitische" Ausrichtung des islamischen Glaubens gibt es seit den 90er Jahren immer häufiger in Alexandria.

Bis heute werden viele junge Paare noch immer verheiratet, das heißt die Ehe wird von den Eltern vermittelt. Aber manche jungen Leute suchen sich ihren Partner auch selbst. Früher, so etwa bis Anfang der 70er Jahre, sah man in Ägypten kaum Farbe im Stadtbild, alles war grau in grau. Erst unter Sadat, als es wieder Importe aus Europa und den USA gab, hat sich das geändert. Der Lebensstandard ist ganz allgemein gestiegen, obwohl es bis heute noch sehr arme Leute gibt. Aber die Ägypter sind sehr erfinderisch. Wenn sie keine Arbeit haben, lassen sie sich etwas einfallen, irgendeine neue Sache, die sie dann verkaufen. Fast überall gibt es kleine Händler, die ihre Waren auf der Straße anbieten: von der Unterhose über Kämme bis zu Gläsern gibt es alles. Gelegentlich werden sie von der Polizei verscheucht, aber nach ein paar Tagen sind sie wieder da. Ganz häufig sieht man in der Stadt Leute, die für ein paar Pfund ihr Handy zum telefonieren anbieten. Wenn in Kairo mal wieder Stau ist, gibt es immer Leute, die einem die Autofenster putzen. Natürlich gibt man ihnen auch etwas. Ein soziales Netz vom Staat wie in Deutschland gibt es nicht. Das zwingt die Menschen dazu, für ihren Lebensunterhalt selbst zu sorgen. Irgendwie scheint es trotz allem zu funktionieren. Es gibt zwar nach wie vor arme Leute, aber hungern muss keiner.

Meine Tochter Jasmin hat die Schule hier mit dem Abitur abgeschlossen und studierte anschließend englische Literatur. Sie unterrichtete an der Universität und an der Akademie und machte noch einen Master an der American University of Cairo. Zur Promotion ging sie in die USA, wo sie im Moment an ihrer Dissertation arbeitet. Seit 2005 ist sie mit einem Amerikaner verheiratet. Vorher jedoch musste ihr Mann, der katholisch aufgewachsen ist, zum Islam übertreten. Sonst wäre ihre Ehe nach islamischem Gesetz nicht gültig gewesen.

Karim hat nach dem Abitur die Maritim Akademie (sie war ursprünglich nur für die Marine) besucht und Maschinenbau studiert. Er machte einen erstklassigen Abschluss und arbeitet seitdem in einer internationalen Düngemittelfirma in Kairo. Seit 2006 ist er mit einer jungen Akademikerin aus Kairo verheiratet.

Beide Kinder fühlen sich ganz als Moslems, sind aber in ihrem Denken völlig westlich. Karim war kürzlich beruflich in Deutschland und kam sehr stolz und begeistert aus seiner zweiten Heimat zurück. Enkelkinder haben wir noch nicht.

Abschließend möchte ich gern noch darauf hinweisen, dass es in Alexandria weitaus mehr große Kirchen gibt als große Moscheen. Es werden sogar noch neue Kirchen gebaut. Die unzähligen koptischen Kirchen sind täglich geöffnet und können ohne Schwierigkeiten besucht werden. Die Koptische Kirche in Ägypten ist eine der ältesten christlichen Kirchen der Welt, den Zeitpunkt der Gründung schätzt man auf 50 n. Chr. Obwohl Ägypten schon im siebten Jahrhundert islamisiert wurde, war das friedliche Zusammenleben von Christen und Moslems die meiste Zeit hindurch selbstverständlich. Man schätzt, dass der Anteil der Kopten an der Gesamtbevölkerung Ägyptens heute ungefähr 10% beträgt. Aus meiner eigenen Erfahrung kann ich berichten, dass es auch heute sehr friedlich zwischen den beiden Religionsgemeinschaften zugeht. Nur Mischehen – die gibt es fast gar nicht.

2004 wurde das Opernhaus in Alexandria nach längerer Renovierung wiedereröffnet und nun gehen wir regelmäßig zu Konzerten. Das Orchester kommt aus Kairo. Meist hört man klassische Musik, gelegentlich auch arabische Musik. Manchmal gibt es Gastspiele von Ensembles aus anderen Ländern wie zum Beispiel Korea, China, Ukraine oder Spanien.

Seit meine Eltern beide verstorben sind, fahre ich kaum mehr nach Deutschland. Alle paar Jahre besuchen wir meine Schwester in der Schweiz oder Freunde in Deutschland. Aber insgesamt ist mir Deutschland nach so vielen Jahren nicht mehr so wichtig. Die Einstellung der Menschen dort gefällt mir nicht besonders. Sie sind sehr schnell unzufrieden und jammern viel. So empfinde ich das jedenfalls bei unseren Besuchen. Deshalb kehre ich immer wieder gerne nach Alexandria zurück. In Ägypten sind die Menschen viel freundlicher, vielleicht liegt das an dem reichlichen Sonnenschein, den wir hier genießen dürfen. Die vielen Kleinigkeiten, die mir in Ägypten nicht gefallen, habe ich über die Jahre akzeptieren gelernt. Heute fühle ich mich hier sehr wohl. Meine Tochter fehlt mir natürlich, aber wir telefonieren oft, inzwischen über das Internet. Ansonsten habe ich hier alles was ich brauche. Mein Arabisch hat sich soweit verbessert, dass ich neben den deutschen Satellitenprogrammen auch das ägyptische Fernsehen schauen kann.

Für mich war Ägypten wohl so etwas wie eine Bestimmung. Ich habe es nie bereut, dass ich einen Ägypter geheiratet habe. Trotz aller Hürden und Hindernisse bin ich hier glücklich geworden.

# Hildegard S.
# Verheiratet mit einem Kopten

*Hildegard lebt mit ihrem Mann in Deutschland. Aber seit vielen Jahren kommt sie regelmäßig nach Alexandria und kennt die ägyptischen Sitten und Gebräuche sehr gut. Ihr Mann ist Kopte. Als Kopten bezeichnet man die Christen in Ägypten, heutzutage gibt es Kopten aber auch anderswo auf der Welt. Das Wort „Kopten" stammt aus dem Griechischen und ursprünglich waren damit alle Ägypter gemeint. Nach der Islamisierung blieb das Wort für den christlichen Bevölkerungsanteil erhalten. Auch Hildegard ist Koptin geworden. Dies ist für mich ein neuer, interessanter Aspekt von Ägypten. Ich möchte gern erfahren, worin sich ihre Geschichte von denen der anderen Frauen unterscheidet. Sind Kopten anders als muslimische Ägypter? Oder ist der Unterschied gar nicht so groß? Ich lernte Hildegard bei einem ihrer Aufenthalte in Alexandria durch andere Deutsche kennen. Auch ihre Geschichte beginnt in Deutschland:*

Meinen Mann habe ich 1954 in Düsseldorf kennen gelernt. Ich war 20 Jahre alt und Boutros 24. Er besuchte dort eine Freundin von mir, die er im Jahr zuvor in Salzburg kennen gelernt hatte. Damit hatte es folgendes auf sich: Käthe und ich waren beide Mitglied bei den Pfadfindern. Durch die Pfadfinder hatte man immer viele Kontakte ins Ausland, was wir natürlich sehr spannend fanden. Fast jedes Jahr gab es internationale Treffen und Zusammenkünfte, wo man Jugendliche aus der ganzen Welt traf und viel Spaß hatte. In Ägypten gibt es bis heute noch Pfadfinder und auch Boutros war damals einer von ihnen. Jedes Jahr schickte ihn die Organisation zu Pfadfindertreffen ins Ausland. Für viele boten die Pfadfinder damals die einzige Möglichkeit, ins Ausland zu reisen und dort Kontakte zu knüpfen. Wir drei (Boutros, Käthe und ich) unternahmen manches zusammen mit verschiedenen anderen Freunden. Zu diesem Zeitpunkt lebte Boutros noch in Ägypten. Er hatte in Kairo Wirtschaft studiert und arbeitete im Erziehungsministerium. Sein Ziel war es jedoch, in Deutschland Hotelfach zu studieren. Schon damals sah er die Chance, die sich seinem Land mit der Entwicklung des modernen Tourismus bot, und wollte gerne später in diesem Bereich arbeiten. Nach dem Ende seines Besuchsaufenthalts in Deutschland fuhr er in seine Heimat zurück, aber wir blieben in Kontakt. Im Jahr darauf kam er wieder nach Deutschland und diesmal wohnte er bei uns.

Ich lebte noch bei meiner Mutter. Mein Vater war im Krieg gefallen. Wir hatten zwar nur eine 3-Zimmer-Wohnung, aber meine Mutter führte immer ein sehr offenes Haus. Egal wer kam, ob junger Mann oder junges Mädchen, alle wurden aufgenommen und verpflegt. Wir jungen Leute waren nicht besonders anspruchsvoll und gerade durch meine Pfadfinderkontakte hatten wir sehr oft Besuch. Es war ein ständiges Kommen und Gehen und man freute sich immer, jemanden aus einem anderen Land kennen zu lernen. Boutros wohnte also ein paar Wochen bei uns, wieder unternahmen wir viel zusammen und verstanden uns gut. Dann fuhr er nach Ägypten zurück.

Im nächsten Jahr kam Boutros mit seinem Freund Mansour auf dem Motorroller angefahren, er besuchte wieder einmal ein Pfadfindertreffen. Per Roller und Schiff kamen sie nach Deutschland. Er wollte länger bleiben und sein Studium in Angriff nehmen. Dafür fehlte es ihm aber noch am nötigen Kleingeld und so suchte er sich einen Job in einer Sanitärfirma. In dieser Zeit bekam Boutros auf einmal gesundheitliche Probleme: Ständig klagte er über Müdigkeit und dann stellte man Blut im Urin fest. Zunächst waren die Ärzte ratlos. Nach mehreren eingehenden Untersuchungen diagnostizierte man schließlich Bilharziose. Diese Krankheit trat früher in Ägypten sehr häufig auf. Dort erwischte es viele Menschen, die im Nil oder seinen Nebenarmen gebadet hatten. In Deutschland gibt es die Bilharziose praktisch gar nicht und heutzutage kann man sie sehr gut behandeln. Damals jedoch war vieles noch unerforscht und sowohl die Universitätsklinik als auch die Firma Bayer waren sehr an seinem Fall interessiert. Sie finanzierten seine Behandlung und taten wirklich alles Notwendige für ihn. Nach ein paar Wochen war Boutros wieder ganz gesund und konnte zu seiner Arbeit zurückkehren. Inzwischen schrieb man das Jahr 1956, die Suezkrise kündigte sich an. Das machte mir Sorgen, ich hatte Angst, dass Boutros bei Ausbruch eines Krieges Schwierigkeiten bekommen könnte. Ich riet ihm dringend, nach Ägypten zurückzukehren und kurz vor Ausbruch des Suezkrieges nahm er tatsächlich das letzte Schiff nach Hause. Inzwischen hatten wir schon festgestellt, dass wir uns sehr mochten. Die Trennung fiel uns entsprechend schwer, aber es ging nun mal nicht anders. Wenig später bekam ich zu meiner Beruhigung ein Telegramm, dass er gut angekommen war.

Schon vor Boutros' Aufenthalt in Deutschland hatte ich mit einer Gruppe Pfadfinderinnen eine Reise nach Ägypten geplant. Wir waren im Reisebüro gewesen und anschließend ganz begeistert nach Hause gekommen. Mithilfe von Cook Reisen hatten wir eine detaillierte Tour ausgearbeitet und freuten uns riesig darauf. Dann kam der Suez-Krieg. Er dauerte zwar nur wenige Tage, aber die anderen Mädchen mochten trotzdem nicht mehr fahren. Nur eine Freundin und ich wollten noch los, aber zu zweit wäre es uns natürlich auch zu unsicher gewesen und wir hätten daheim bleiben müssen. Da bot sich ein netter Kollege von mir an. Ich kannte ihn gut und wusste, er ist sehr zuverlässig. Er war bereit mitzufahren. So machten wir uns also im März 1957, nur wenige Monate nach dem Suez-Krieg, zu dritt auf den Weg.

Boutros lebte inzwischen in Kuwait, wo er in der Firma seiner Brüder als kaufmännischer Leiter tätig war. Die beiden Brüder betreuten als Architekt und Bauingenieur ein großes Projekt in Kuwait und waren froh, dass Boutros sie unterstützte. Ich hatte ihm natürlich von unserer bevorstehenden Reise erzählt, es waren viele verschiedene Stationen geplant und in Kairo würden wir von seiner Familie erwartet werden. Aber bis nach Kairo war es noch weit! Wir setzten uns in Düsseldorf in den Zug und fuhren zunächst nach Belgrad. Dann ging es weiter über Istanbul und Ankara und schließlich mit dem Bagdad-Express bis Aleppo in Nordsyrien. Hier mussten wir in einen klapprigen Bus umsteigen, der uns nach Damaskus brachte. Von dort nahmen wir ein Taxi bis Beirut. Über Land war hier für uns Endstation, denn durch Israel konnte man nicht nach Ägypten einreisen. So nahmen wir für das letzte Stück das Flugzeug nach Kairo. Allein der Hinweg dauerte ganze zwei Wochen! Zurück wollten wir von Alexandria aus mit dem Schiff nach Brindisi und über Neapel nach Rom und Mailand. Von dort aus würden wir wieder mit dem Zug nach Deutschland fahren.

Es war eine spannende Reise und für uns alle ein großes Abenteuer. In all diesen Ländern gab es damals noch sehr wenige Touristen. Überall wurden wir sehr herzlich aufgenommen, im Zug und auch in den Städten, wenn wir übernachteten. Meistens schliefen wir in Jugendherbergen, und wenn es die nicht gab, wie zum Beispiel in Aleppo, dann suchten wir uns ein einfaches Hotel. Oft wurden wir zu jemandem nach Hause eingeladen, und durch die Pfadfinder gab es einige Anlaufstellen. In Beirut wohnten wir bei der Leiterin der Pfadfinderinnen. Bei vielen Gelegenheiten bekamen wir zum Abschied kleine Geschenke wie Schmuckstücke oder Ähnliches. Die Herzlichkeit der Menschen hat uns damals sehr beeindruckt.

Dass man sich besser über die Gepflogenheiten im jeweiligen Land informiert, lernten wir sehr schnell. In Aleppo wurde ich sogar verhaftet, weil ich fotografiert hatte. Es war Nationalfeiertag und man feierte mit einer großen Militärparade. Ich wollte natürlich eigentlich nur die anderen Pfadfinderinnen fotografieren, aber da es dort viele militärische Anlagen gab, wurde jeder mit offener Kamera verhaftet. Zum Glück hatte ich als Westdeutsche einen gewissen Bonus und allen Beteiligten war schnell klar, dass ich harmlos war. Nach nur wenigen Stunden ließ man mich wieder frei und ich durfte sogar meinen Film behalten. Von Boutros hatte ich seit unserer Abreise aus Deutschland nichts gehört. Wir hatten ausgemacht, dass er mir postlagernd nach Aleppo schreiben sollte, aber er meldete sich nicht. Vergeblich wartete ich auf eine Nachricht, denn wie sich später herausstellte, konnte Boutros mir gar nicht schreiben. Er hatte sich auf einer der Baustellen verletzt und den Arm gequetscht.

Boutros wusste aber über unsere Reisepläne genau Bescheid und hatte seine Familie in Kairo bestens auf unsere Ankunft vorbereitet. Der Flug von Beirut nach Kairo war sehr aufregend für uns, denn wir flogen alle das erste Mal. Fliegen war damals noch etwas ganz Exklusives, man behandelte uns wie Könige. Es war ziemlich teuer und es gab auch nur ganz wenige Flüge. Ich hatte wie immer meine Kamera dabei und wollte von oben den Suezkanal fotografieren. Das war aber streng verboten, wie mir die Stewardess mitteilte. Ich muss wohl ein sehr trauriges Gesicht gemacht haben, dann kurz darauf kam sie und lud mich ein, ins Cockpit zu kommen. Ich durfte dann dort sitzen und sogar kurz das Flugzeug steuern. Natürlich geschah das alles unter Kontrolle des Piloten, aber für mich war es trotzdem sehr aufregend.

Wenig später landeten wir ohne Zwischenfälle in Kairo. Das Flughafengebäude war winzig, kein Vergleich zu den riesigen Bauten heute. Eher erinnerte es an eine kleine Garage. Gleich an der Gangway stand ein großer, sehr gut aussehender Mann. Wie sich herausstellte, war das einer von Boutros' Brüdern, Fawzi. Die ganze Familie von Boutros war da, alle erwarteten uns gespannt am Flughafengebäude. Nur Boutros' Mutter war zu Hause geblieben. Boutros hatte alles arrangiert. Fawzi hat sich auch später immer um mich gekümmert, wenn ich allein in Ägypten war. Er begrüßte mich mit einem riesigen Blumenstrauß und brachte uns zu ihnen nach Hause. Boutros war zwar in Kuwait, hatte aber alles Weitere für unsere Ankunft und unseren Aufenthalt in Kairo sorgsam vorbereitet. Boutros' Freund Mansour und sein Bruder Fawzi waren jeden Tag mit uns in Kairo unterwegs. Mansour war ein kleiner Mann, ziemlich kräftig. In diesen Wochen habe ich von Kairo so viel gesehen wie nie wieder. Boutros hatte alles bis ins Detail geplant und genau aufgeschrieben, was die beiden uns zeigen sollten. Von morgens bis abends waren wir unterwegs. Es war gerade Ramadan. Mansour war Moslem, er fastete also, das heißt, er aß und trank den ganzen Tag lang nichts. Erst bei Sonnenuntergang, beim traditionellen Fastenbrechen, langte er dann zu. Aber er hielt das gut aus. Wie alle Ägypter war er sehr stolz auf sein Land und es machte ihm viel Freude, uns alles zu zeigen. Er sprach gut Englisch, sodass wir uns problemlos verständigen konnten. Mit Mansour blieben wir über all die Jahre befreundet, bis er leider vor einigen Jahren starb.

Dies war also mein erster Ägyptenbesuch, ich wohnte bei Boutros' Familie, ebenso wie mein Kollege. Meine Freundin war in der Familie von Mansour untergebracht. Natürlich kamen sämtliche Verwandten und Freunde, um mich zu begutachten. Das war mir aber nicht bewusst, denn zu diesem Zeitpunkt waren Boutros und ich noch gar kein Paar. Boutros hatte eine große Familie, insgesamt sind es fünf Brüder und drei Schwestern. Boutros ist der Drittjüngste.

Dann bat mich Boutros' ältester Bruder eines Tages feierlich in sein Büro. Was kommt denn jetzt?, dachte ich bei mir. Er fragte mich ganz frei heraus, ob ich Boutros liebe. Da war ich doch etwas verblüfft, denn darüber hatten wir eigentlich noch nie gesprochen. Ohne groß darüber nachzudenken, antwortete ich spontan mit Ja. Boutros' Bruder schlug vor, ich solle doch etwas für Boutros kochen oder backen. Er würde am nächsten Tag nach Kuwait fliegen und es für Boutros mitnehmen. Die Idee fand ich nicht schlecht und beschloss, einen Kuchen zu backen. Aber alle Zutaten waren anders als bei uns und der Backofen funktionierte auch nicht so wie ich es gewohnt war. Es gab keine richtige Temperaturanzeige, man arbeitete eher nach Gefühl. Mein Kuchen jedenfalls wurde steinhart und Boutros hat ihn sofort weggeworfen. Das hat er mir natürlich erst später erzählt…

Ein Bruder von Boutros sollte bald im Libanon heiraten. Die Familie der Braut lebte in Kairo, Boutros und seine Brüder hielten sich aber in Kuwait auf. Die Reise von Kuwait nach Ägypten war immer sehr beschwerlich und so hatte man beschlossen, dass die Hochzeit im Libanon stattfinden sollte, damit auch wirklich alle teilnehmen konnten, denn dorthin konnten alle gut reisen. Einer der Geschäftspartner der Brüder organisierte alles vor Ort, die Vorbereitungen liefen bereits auf Hochtouren. Obwohl ich nun schon einige Wochen in Ägypten war, hatte ich Boutros selbst noch gar nicht zu Gesicht bekommen. Unser letztes Treffen lag schon einige Monate zurück. Boutros schrieb mir, ich solle doch mitreisen in den Libanon, um ihn dort zu treffen. Seine Familie würde mir sogar die Reise bezahlen. Ich selbst hatte natürlich nicht so viel Geld und zunächst war ich zu stolz, um ein so großzügiges Geschenk anzunehmen. Aber Mansour redete mir gut zu und schließlich siegten meine Neugierde und auch ein wenig die Sehnsucht. So bin ich doch mitgefahren. Wir flogen alle gemeinsam mit dem Flugzeug und Boutros erwartete mich am Flughafen. Fast ein ganzes Jahr war seit unserem letzten Treffen vergangen. Wir redeten viel, zum ersten Mal auch über eine mögliche gemeinsame Zukunft. Wir wussten, dass wir zusammengehörten und schmiedeten erste Pläne. Boutros verdiente gut in Kuwait, trotzdem wollte er aber bald wieder nach Deutschland kommen. Zunächst hieß es jedoch wieder einmal Abschied zu nehmen. Noch vor der Hochzeit seines Bruders musste ich zurück nach Kairo, denn mein Schiff sollte bald von Alexandria nach Italien auslaufen.

Ich flog also wieder nach Kairo und nur ein paar Tage später verließen meine Freundin Irene, mein Kollege Kurt und ich Ägypten mit dem Schiff in Richtung Brindisi. Von dort aus ging es mit dem Zug weiter über Neapel und Mailand bis nach Düsseldorf. Insgesamt waren wir sechs Wochen unterwegs gewesen und kamen voller neuer Eindrücke wieder nach Hause.

Mehr als ein Jahr später, 1959, kam Boutros dann wieder nach Deutschland. Nun wollte er endlich mit dem Studium beginnen. Eine adäquate Hotelfach- oder Tourismus-Ausbildung gab es damals in Ägypten noch nicht; die Tourismusbranche steckte noch in den Kinderschuhen. Um zum Studium zugelassen zu werden, musste er natürlich zuerst Deutsch lernen. Während der drei Monate am Goethe-Institut in Arolsen konnte er im Internat wohnen. Natürlich lebten dort noch andere Ägypter, sogar einer seiner Freunde aus Kairo war zeitgleich mit ihm da. In der Freizeit wurde deshalb viel Arabisch gesprochen, was für die Fortschritte in Deutsch nicht gerade hilfreich war. Sein Freund hat später übrigens ebenfalls eine Deutsche geheiratet, mit der wir bis heute befreundet sind. Ihr Mann ist leider schon gestorben.

Um Geld zu verdienen, suchte sich Boutros dann zunächst einen Job. Es war aber nicht einfach, Arbeit zu finden. Damals gab es viele Arbeitslose. Mehr als hundert Bewerbungen schrieb ich für ihn, aber niemand stellte ihn ein. Schließlich fand er etwas als Aushilfe bei einem Libanesen. Aber es war keine feste Anstellung und sollte jedenfalls kein Dauerzustand werden.

Im September 1959 verlobten wir uns. Meine Familie war natürlich erst mal geschlossen dagegen. Man wusste so gut wie nichts über Ägypten. In den Zeitungen las man Horrorgeschichten, was mit Mädchen passierte, die in arabische Länder heiraten. Sie landeten in einem Harem, hatten keinerlei Rechte und wurden sowieso kreuzunglücklich. Da mein Vater im Krieg gefallen war und keine schützende Hand über mich halten konnte, machten sich sämtliche Tanten und Onkels große Sorgen um mich.

Meine Mutter allerdings hatte Boutros schon bald in ihr Herz geschlossen. Sie war in allen Dingen sehr aufgeschlossen und erlebte täglich mit, wie glücklich ich mit ihm war. Also heirateten wir im Januar 1960. Ich bin katholisch aufgewachsen und da es damals noch keine Koptische Gemeinde in Deutschland gab, fand die Trauung in der Katholischen Kirche statt. Boutros ist religiös und am Tag der Hochzeit war er sehr still. Ich merkte das natürlich und fragte mich warum. Vielleicht will er gar nicht mehr heiraten? Erst später verstand ich, dass er seine Familie gerade an diesem besonderen Tag sehr vermisste.

Ich selbst hatte eine interessante Arbeit, die mir viel Freude machte. Gleich nach dem Abitur absolvierte ich eine Ausbildung bei einer großen Versicherung. Wie gerne hätte ich studiert, aber das konnte meine Mutter beim besten Willen nicht finanzieren. Trotzdem hatte ich großes Glück und wurde direkt nach der Ausbildung von der Versicherung übernommen. Auch mit den Vorgesetzten traf ich es stets ganz gut, ich wurde immer meinen Fähigkeiten entsprechend eingesetzt und gefördert. Später führte ich eine Abteilung mit fünfzehn Mitarbeitern. Das war damals etwas Besonderes, denn weibliche Angestellte gab es in dieser Branche sonst nur als Sekretärinnen oder Sachbearbeiterinnen. Heute ist das ganz anders. Man findet Frauen in allen Positionen. Durch meine Arbeit hatten wir ein geregeltes festes Einkommen. Bei dieser Versicherung habe ich bis zu meiner Pensionierung gearbeitet.

Für Boutros war es nicht so einfach, denn er musste regelmäßig seine Arbeitsgenehmigung verlängern lassen. Sie wurde jedes Mal nur für die Gültigkeitsdauer seines Passes ausgestellt. Man wusste nie vorher, ob alles klappen würde, und diese Unsicherheit hat uns oft zu schaffen gemacht. Erst 1970 wurde Boutros eingebürgert und erhielt die deutsche Staatsangehörigkeit.

1961 wurde unser erster Sohn René geboren. Er bekam zunächst einen Fremdenpass, denn nach dem damaligen Gesetz hätte er die Staatsangehörigkeit des Vaters bekommen müssen. Nach ägyptischem Recht wurde unsere Eheschließung aber nicht anerkannt. So war es für uns auch ein Problem, gemeinsam nach Ägypten zu fahren. Wir wollten natürlich unseren kleinen René gerne der Familie in Ägypten vorstellen. Boutros konnte aber nicht nach Ägypten, weil man ihn vielleicht nicht wieder ausreisen lassen würde. So fuhr ich also allein mit dem fünf Monate alten Kind nach Ägypten, um René seinen Großeltern und der restlichen Verwandtschaft zu zeigen.

1961 wurde in Dortmund eine neue Hotelfachschule eröffnet und Boutros konnte endlich seine Ausbildung beginnen. Schon in den letzten Jahren hatten verschiedene finanzkräftige Investoren immer wieder größere Tourismusprojekte in Ägypten geplant. Am Roten Meer und am Mittelmeer sollten neue Tourismuskomplexe entstehen. Onassis schwebte so etwas wie ein neues Monaco vor, es wurde dann aber doch nichts daraus. Blatzheim (das war der Stiefvater von Romy Schneider) plante mehrere Hotels am Roten Meer und am Mittelmeer und versprach Boutros die Leitung in einem seiner neuen Häuser. So begann Boutros noch während seiner Ausbildung an der Hotelfachschule bei Blatzheim in Köln. Trotzdem gelang es ihm, sein Studium erfolgreich zu beenden. Allein die Planung der Hotels in Ägypten verschob sich immer wieder, stattdessen setzte man Boutros in verschiedenen Lokalen in Köln ein. Er konnte gut organisieren und hatte durch sein Studium auch die kaufmännische Seite gut im Griff. Jetzt verdiente er ganz gut, aber durch die ungünstigen Arbeitszeiten hatten wir praktisch kein Familienleben mehr. Boutros arbeitete oft nachts, ich war tagsüber im Büro. Gemeinsame Freizeit blieb uns kaum.

1963 wurde unser zweiter Sohn Markus geboren. Wir wohnten immer noch in der 3-Zimmer-Wohnung mit meiner Mutter und den Kindern. Ohne einen gewissen Grundstock an Kapital war es sehr schwierig, eine Wohnung zu bekommen. Meine Firma hatte zwar Wohnungen für die Angestellten, aber die wurden nur an Männer vergeben.

Das Familienleben litt immer mehr unter den ungünstigen Arbeitszeiten und so bemühte sich Boutros um einen anderen Job. Im „Breidenbacher Hof" fand er eine feste Anstellung als Kaufmännischer Leiter – mit geregelter Arbeitszeit und gutem Einkommen. Später wechselte ins neu eröffnete Hotel „Hilton" in Düsseldorf. Jetzt wurde er noch besser bezahlt, oft nutzte man die Angestellten aber ziemlich aus. Es gab viele Großveranstaltungen und Boutros musste dann immer im Service aushelfen. Schließlich bekam er eine Anstellung bei der Dresdner Bank. Dort hat er neunzehn Jahre lang das Kasino geleitet. Diese Arbeit lag ihm sehr, denn er hatte viel mit Menschen zu tun. Sämtliche Abläufe und der Einkauf für das Casino gingen über seinen Tisch. Hier arbeitete er bis zu seiner Pensionierung.

Alle zwei Jahre fuhren wir mit den Kindern nach Ägypten. Für mich war das aber nicht immer so schön. Wenn Boutros dabei war, stellte er sich nur auf seine Familie ein. Er hatte sie ja eine lange Zeit nicht gesehen. Manchmal sprach er mehrere Tage kaum ein Wort mit mir. Er saß mit seinen Verwandten zusammen, sie lachten, waren fröhlich. Manchmal standen plötzlich alle auf und setzten sich in Bewegung. Ziel unbekannt. Ich verstand kein Wort und fühlte mich oft sehr verloren. Dann bekam ich einen einzigen Satz zur Erklärung, und es ging nahtlos irgendwo anders weiter. Wir besuchten alle möglichen Leute, die ich oftmals gar nicht kannte. Dies dauerte häufig bis spät in Nacht. Mein Arabisch war recht bruchstückhaft und reichte natürlich für eine längere Unterhaltung bei weitem nicht aus. Wann hätte ich das auch lernen sollen? Wir lebten in Düsseldorf, ich hatte einen Ganztagsjob und zwei kleine Kinder zu versorgen.

Wenn ich allerdings allein in Ägypten war, war das eine ganz andere Sache. Dann drehte sich alles nur um mich und meine Bedürfnisse, waren aber Boutros und ich gemeinsam in Ägypten, richtete sich alles nur nach Boutros.

Auch für die Kinder waren diese Aufenthalte nicht immer leicht, denn sie konnten ebenfalls kein Arabisch. Um die Sprache zu lernen, hätte Boutros von klein auf mit ihnen Arabisch sprechen müssen. Das hatte er aber nicht getan. Anfangs war er wegen seiner Arbeitsbedingungen sowieso kaum zu Hause, und dann war es irgendwann einfach zu spät. Trotzdem kann ich mich über seine Vaterqualitäten nicht beklagen: Wenn er denn zu Hause war, beteiligte sich an allen Arbeiten: füttern, Windeln wechseln und alles, was dazu gehört. Wenn wir beide nicht da waren, versorgte meine Mutter die Kinder.

1968 hatten wir dann endlich Glück bei der Wohnungssuche und konnten in eine größere Wohnung umziehen. Meine Mutter lebte aber weiterhin bei uns, denn sie betreute ja tagsüber die Kinder. Boutros verstand sich zum Glück meistens gut mit ihr, er ist überhaupt ein sehr umgänglicher Zeitgenosse. Wie in jeder Familie gab es bei uns auch mal Krach zwischen Mutter und Tochter, aber wir alle waren aufeinander angewiesen und im Grunde mit der Lösung ganz zufrieden.

Irgendwann traf Boutros dann andere Kopten in Düsseldorf. Ein evangelischer Pfarrer erlaubte ihnen, sich in der evangelischen Gemeinde zu treffen. Bald stieß ein koptischer Priester aus Frankfurt dazu, der nun einmal im Monat nach Düsseldorf kam. So entstand langsam aber sicher eine kleine koptische Gemeinde in Düsseldorf. Boutros beteiligte sich an der Aufbauarbeit, denn er konnte gut organisieren und hatte Spaß daran. Etwas später wurde Boutros Gemeindevorstand. Der koptische Priester hatte die kluge Idee, die deutschen Frauen in die Organisation mit einzubinden. Sonntags gab es eine koptische Messe, an der sehr viele ägyptische Familien teilnahmen. Die deutschen Frauen kümmerten sich immer um die anschließende Feier: Sie bereiteten das Essen zu und räumten hinterher alles wieder auf. Das war notwendig, denn in der evangelischen Gemeinde waren wir ja nur zu Gast. Die ägyptischen Frauen verhielten sich meist so, wie sie sich manchmal auch in Ägypten verhalten. Bei der Mithilfe hielten sie sich ziemlich zurück. Sie saßen da und ließen sich bedienen. Die Kinder machten immer, was sie wollten, und wurden nie zur Ordnung gerufen. Ich galt als böse Rabenmutter, weil ich meinen Kindern manche Dinge nicht erlaubte, wie zum Beispiel großen Lärm zu machen, Dinge zu beschädigen und anderes mehr. Später bekam die koptische Gemeinde ihre eigene Bleibe; die koptische Kirche kaufte ein Gebäude und pachtete das Grundstück für 99 Jahre.

Obwohl ich selbst katholisch aufgewachsen bin, ging ich nach meiner Heirat immer mit Boutros zusammen zum koptischen Gottesdienst. Ich finde den Unterschied zwischen den beiden Glaubensrichtungen nicht so groß. Alles was bei den Katholiken dreimal gesagt wird, hört man bei den Kopten mindestens zehnmal. Das Glaubensbekenntnis unterscheidet sich in wenigen Kleinigkeiten.

Nach einigen Jahren kam ein neuer Priester in unsere Gemeinde. Boutros war bis dahin Gemeindevorstand gewesen. Der neue Priester stellte nun fest, dass Boutros gar nicht rechtmäßig koptisch verheiratet war. Und ich selbst war je auch keine Koptin! Deshalb könne Boutros nun nicht mehr Gemeindevorstand sein, da er in Sünde lebe. Ich sollte mich deshalb koptisch taufen lassen und anschließend sollten wir auch koptisch heiraten. Ich fand das eigentlich unnötig. Aber ich sagte zu Boutros: „Wenn du das willst, werde ich es machen." Für mich würden diese Rituale an meiner Religion nicht viel ändern. Doch wenn es denn sein musste, kein Problem. Wir beschlossen, dass ich wenigstens die Taufe über mich ergehen lassen sollte. Also wurde ich getauft und 1991 heirateten Boutros und ich noch einmal – diesmal nach koptischem Ritual.

Die Gemeinde in Düsseldorf ist inzwischen sehr groß geworden. Außerdem gibt es eine ganze Reihe weiterer koptischer Kirchen in Deutschland. Die Koptische Kirche ist eine der ältesten christlichen Kirchen, wenn nicht sogar die älteste. Wahrscheinlich wurde sie schon 61 n. Chr. von Markus gegründet. Mehr dazu findet man im Internet unter: www.kopten.de

1992 hatte ich Gelegenheit, das Oberhaupt der Koptischen Kirche kennen zu lernen. Patriarch Shenouda aus Alexandria wurde von der Universität Bonn mit der Ehrendoktorwürde ausgezeichnet und besuchte anschließend alle koptischen Gemeinden in Deutschland. Sein stetiger Einsatz für die Aussöhnung und Annäherung zwischen den großen Religionsgemeinschaften wurde ihm als hoher Verdienst angerechnet und er hat uns als Persönlichkeit sehr beeindruckt. Patriarch Shenouda ist ein sehr charismatischer, äußerst intelligenter Mann und akzeptierte auch die deutschen Frauen in den Gemeinden problemlos. Damals habe ich mich auch mit den Unterschieden zwischen den verschiedenen christlichen Glaubensrichtungen befasst. Hauptstreitpunkt war ursprünglich die Person Jesus Christus. Die einen sagen, er sei gleichzeitig Gott und Mensch – an sich schon eine knifflige Angelegenheit. Die anderen behaupten,

Christus manifestiere sich auf zweierlei Weise. Erstmals trat dieser Streit beim Konzil von Nizäa 325 n. Chr. auf. Ich persönlich verstehe die Feinheiten nicht wirklich, und so wie mir geht es wohl den meisten Christen. Später, beim Konzil von Chalkedon 451 kam es deswegen zur Kirchenspaltung und sowohl die Kirche von Alexandria als auch andere orientalische Kirchen spalteten sich von der Katholischen Kirche ab. Wahrscheinlich standen dahinter neben diesen Glaubensfragen hauptsächlich politische Gründe. Seitdem gibt es eine eigene Koptische Kirche. Seit 1988 gibt es wieder eine Annäherung zwischen der Katholischen und der Koptischen Kirche.

Mit Beginn der Islamisierung waren die Kopten in Ägypten immer wieder Opfer von Diskriminierungen. Die Bekehrung zum Islam allerdings verlief meist friedlich. Und das ging so: Die Moslems mussten weniger Steuern bezahlen als Juden und Christen. Viele traten also aus rein finanziellen Gründen zum muslimischen Glauben über. Heute gelten die gleichen Steuersätze für alle – unabhängig vom Glauben. In Ägypten gibt es ungefähr 10% Kopten, die meisten leben in Assiut und Alexandria. Viele von ihnen sind wohlhabender als der Durchschnitt der ägyptischen Bevölkerung und da die Kopten sehr großen Wert auf Bildung legen, ist auch der durchschnittliche Bildungsstand bei ihnen etwas höher. 1981 schickte Sadat den von uns so geschätzten Patriarchen Shenouda ins Kloster Wadi Natrum ins Exil. Shenouda hatte sich auf einer USA-Reise negativ über Sadat geäußert. Nun sollte Bischof Samuel Patriarch werden, zu dem Sadat freundschaftliche Kontakte pflegte. Dies wurde von der Koptischen Kirche jedoch nicht akzeptiert, denn mit dem Patriarch ist es wie mit dem Papst. Man gibt das Amt nicht so einfach ab, sondern man bleibt Papst oder Patriarch bis zum Tode. Als Sadat 1981 erschossen wurde, saß Bischof Samuel neben ihm und wurde mit ihm getötet. Patriarch Shenouda wurde 1985 von Mubarak rehabilitiert.

Inzwischen haben sich die Beziehungen zwischen Staat und Koptischer Kirche wieder verbessert. Seit vielen Jahrhunderten leben die beiden Religionen in Ägypten nebeneinander, ebenso wie es auch jüdische Gemeinden gibt. Meistens verlief das Zusammenleben friedlich, aber im Laufe der Geschichte hat es auch immer wieder Unruhen gegeben, wie sie heute wieder vermehrt auftreten. Trotzdem kann man nicht sagen, dass das als tiefer Riss durch die Bevölkerung geht. Es gab und gibt auch viele Freundschaften zwischen Moslems und Kopten.

Grundlage der Gesetze in Ägypten ist der Koran. Und obwohl es nicht direkt verboten ist, gibt es kaum Ehen zwischen Kopten und Moslems. Gelegentlich tritt ein Kopte zum muslimischen Glauben über, aber dass ein Moslem Christ wird, hört man sehr selten.

Die Familie spielt in beiden Religionen eine sehr wichtige Rolle, was man auch im Alltag merkt. Man sorgt füreinander. An erster Stelle kommen die Eltern. Der Bruder muss für die Schwester sorgen, der Vater für seine Kinder. Das ist ein grundlegender Bestandteil des Lebens in Ägypten und unabhängig von der Religionszugehörigkeit.

Bei meinen ersten Besuchen in Kairo ging ich oft allein in die katholische Kirche. Ich fuhr mit der Straßenbahn hin, die damals noch offen war. Heute sind die Wagen geschlossen und natürlich auch viel voller. Ich bekam meistens einen Sitzplatz und wurde immer mit Respekt behandelt. In der Kirche wurde sogar oft eigens für mich mein Platz ordentlich geputzt. Man behandelte mich immer anständig und zuvorkommend.

Einmal vor vielen Jahren (1976) war ich mit den Kindern von Freunden in Alexandria, Mamura. Wir waren schwimmen, natürlich im Badeanzug. Plötzlich kamen ein paar junge Männer und wollten mit uns sprechen. Wir dachten erst, sie seien nur neugierig. Aber dann fassten sie mich und die jungen Mädchen (13 und 14 Jahre) ziemlich eindeutig an, bis wir sie wegjagen konnten. Das war das erste Mal, dass mich jemand belästigt hat. Wir sagten aber dem Vater der Mädchen nichts, denn sonst hätten sie bestimmt nie wieder mit uns irgendwo hingehen dürfen.

Heute kann es schon passieren, dass man von jungen Männern angerempelt und auf eindeutige Art angefasst wird. Sie stellen sich wohl vor, dass jede Frau, die kein Kopftuch trägt, darauf wartet, von Männern angemacht zu werden. Am besten ist es, man schaut keinem direkt ins Gesicht, wenn man als Frau allein unter Menschen ist.

Heute sind viele Frauen verschleiert. Die Kopftücher gibt es in vielen Farben, sie sind immer auf die Kleidung abgestimmt und sehen manchmal richtig schön aus. Es ist vielleicht sogar ganz bequem, weil man sich dann nicht so sehr um seine Frisur kümmern muss. Sobald die Mädchen erwachsen sind, tragen sie normalerweise das Kopftuch. Früher trugen die Frauen vom Land kein Kopftuch. Ihre Kleider waren bunt und manchmal trugen sie dazu ein Tuch mit Bömmelchen dran. Jetzt sind viele komplett schwarz gekleidet und tragen einen Gesichtsschleier, der nur die Augen freilässt.

1993 wurde ich pensioniert, Boutros schon zwei Jahre früher. Zum Abschied bekam ich noch eine ganz hübsche Summe und davon wollten wir eine Wohnung in Alexandria kaufen. Wir fanden unsere Wohnung in Glym, an der Corniche. Die Wohnung war genau das, was wir gesucht hatten. Leider war sie noch nicht ganz fertig, sodass wir die Fertigstellung noch mit organisieren und vor allem überwachen mussten. Hier in Ägypten ist es viel schwieriger als in Deutschland, zuverlässige Handwerker zu bekommen. Viele halten sich einfach nicht an Terminabsprachen. Außerdem arbeiten sie nicht so sauber, wie man das in Europa gewohnt ist. Jedenfalls war nach jedem Arbeitsschritt, nach jedem Besuch durch einen Handwerker, eine gründliche Reinigung notwendig. Die Fliesen im Bad habe ich eigenhändig vom Zement gesäubert. Außerdem dauert immer alles sehr lange. Ganze fünf Tage mussten wir auf unsere Wasseruhr warten. Man kann überhaupt nicht so planen, wie man es gerne möchte, dann irgendetwas kommt garantiert dazwischen. Schnell merkten wir, dass das Ägypten von heute sehr kompliziert geworden ist. Als Tourist bekommt man das ja nicht so mit. Irgendwann 1994 war unsere Wohnung dann aber endlich fertig und wir genossen es sehr, bei unseren Aufenthalten hier nicht mehr bei Verwandten wohnen zu müssen. Bis wir komplett eingerichtet waren, dauerte es natürlich noch eine Weile, denn viele Möbel in Ägypten entsprachen einfach nicht unserem Geschmack. Jahrelang kamen wir regelmäßig nach Ägypten. Nach und nach habe ich das Land immer besser kennen gelernt und fühlte mich immer wohler hier. Außerdem reisten wir viel herum und besichtigten alle Tempel und Museen.

Leider leben heute keine Geschwister von Boutros mehr.

Aber es gibt eine Menge von Nichten und Neffen. Wenn sie verheiratet sind, arbeiten meistens beide, Mann und Frau. Für die Kinderbetreuung hat man eine Kinderfrau, denn Dienstboten sind in Ägypten noch immer für wenig Geld zu bekommen. Die Frauen aus den besseren Kreisen studieren heute fast alle, aber um einen guten Arbeitsplatz müssen sie kämpfen wie überall. Das Studium selbst ist umsonst und fast alle Studenten leben noch zu Hause bei den Eltern oder in Studentenwohnheimen.

Vieles hat sich im Laufe der Jahre geändert in Ägypten. Einerseits ist das Leben schwieriger geworden. Man kämpft um den Arbeitsplatz und bei vielen reicht der Verdienst kaum aus, um davon gut zu leben. Dafür gibt es jetzt fast alles zu kaufen, seien es Lebensmittel, Elektrogeräte oder Luxusartikel. Alles, was importiert wird, ist teuer. Aber es wird auch immer mehr im Land produziert und diese Waren bekommt man zu erschwinglichen Preisen. Für uns Europäer ist natürlich alles günstig, aber die Ägypter stöhnen unter der Inflation.

Sicher hat mein Mann über die Jahre darunter gelitten, dass er nicht in seiner Heimat leben konnte. Für die Ägypter spielt die Familie eine sehr große Rolle und wir haben die meiste Zeit in Deutschland gelebt. Mit dem Kauf der Wohnung in Alexandria konnte Boutros sich wieder mehr seiner Familie widmen. So fühlte er sich seinen Wurzeln näher und genoss unsere Aufenthalte hier in vollen Zügen. Einige unserer deutschen Freunde haben wir hier in Alexandria wieder getroffen. Erstaunlicherweise gibt es nämlich eine ganze Reihe von ägyptischen Männern mit deutschen Ehefrauen. Da hat man sich natürlich viel zu erzählen.

Die ägyptische Küche schmeckt mir sehr gut, allerdings kann ich sie nicht selbst zubereiten. Aber wenn wir in Ägypten sind, essen wir alles, was hier so üblich ist. Einige Dinge, wie zum Beispiel Malocheia, mag ich nicht. Aber man findet sehr viel, was für einen deutschen Gaumen gut und schmackhaft ist.

Trotz allem ist unser Lebensmittelpunkt in Deutschland geblieben, denn in Europa leben unsere Kinder. Einer unserer Söhne lebt mit seiner Familie in Paris. Er ist verheiratet und hat Zwillinge. Wir besuchen ihn oft und helfen auch mal mit den Kindern aus, denn beide Eltern sind beruflich sehr eingespannt.

Beide Söhne wollen nicht nach Ägypten übersiedeln. Zwar haben sie immer gern ihre Urlaube hier verbracht, aber ihre Heimat ist in Deutschland und inzwischen spielt Ägypten keine große Rolle mehr in ihrem Leben.

Unsere so hart erarbeitete Wohnung haben wir deshalb 2006 wieder verkauft. Unsere Söhne waren nicht daran interessiert und für uns wird es wohl irgendwann zu beschwerlich werden. Ich habe auch festgestellt, dass die gesundheitliche Versorgung in Ägypten längst nicht so gut ist wie in Deutschland. Ich möchte jedenfalls hier nicht in ein Krankenhaus kommen, wenn sich das irgendwie vermeiden lässt. Auch schon wegen der Sprache wäre das für mich sehr problematisch. Jetzt kommen wir nur noch zum Urlaub nach Ägypten. Wir haben noch Verwandte und Freunde hier und fahren gern ans Rote Meer. Wir haben viele schöne Reisen gemacht und es gibt immer noch Gegenden, die wir gerne sehen möchten. Aber den größten Teil unseres Lebens verbringen wir jetzt wieder in Deutschland.

Mein Mann hat sich über die Jahre in Deutschland sehr gut eingelebt. Auch er betrachtet Deutschland jetzt als sein Zuhause. Aber seine Herzensheimat wird wohl immer Ägypten sein. Hier in Ägypten sind seine Wurzeln, so wie meine eben in Deutschland sind. Wie so viele unserer Freunde aus den gemischten Familien mussten wir viele Gegensätze überwinden. Aber mit gegenseitiger Toleranz und Verständnis sind wir glücklich geworden.

# Martha H.
# Eine Liebe in Deutschland

*Martha lernte ich in Deutschland kennen. Ihr Mann Sami ist Arzt, wie auch mein Sohn Achmed. Achmed und Sami lernten sich durch Zufall im Krankenhaus kennen, in dem Achmed arbeitet. Sie haben sich dann angefreundet und die Familien treffen sich gelegentlich. Bei einem dieser Treffen erzählte Tarek, der Sohn von Sami und Martha, dass er nach Alexandria gehen würde, um Arabisch zu studieren. „Da wirst du meine Mutter treffen, sie ist auch dort", sagte mein Sohn Achmed. Tatsächlich lernte ich Tarek dann 2005 in Alexandria an der „Faculty of Arts" kennen. Im Gegensatz zu mir hat er inzwischen perfekt Arabisch gelernt. Für junge Leute ist der Zugang zu einer neuen Sprache offensichtlich deutlich einfacher als für uns ältere Semester. Den Rest der Familie trafen wir bei Achmed bei unserem nächsten Deutschlandaufenthalt. Als Martha von meinem Projekt erfuhr, erklärte sie sofort, dass sie gerne mitmachen würde. Sie erzählt mir ihre Geschichte bei einem Spaziergang in einem kleinen Dorf in Niedersachsen. Immer wieder schalten wir beim Erzählen das Diktiergerät ab, um uns noch eingehender zu unterhalten, und wir lachen auch viel dabei. Mit 56 Jahren ist Martha die Jüngste von allen Frauen, die in diesem Buch zu Wort kommen. Sie lebt mit ihrem ägyptischen Mann in Deutschland. Sie wirkt sehr selbstbewusst und energisch. Martha ist mittelgroß, schlank und hat rote, lockige Haare, die sie meistens als Zopf trägt oder in einem Knoten feststeckt. Hier ist Marthas Geschichte:*

Mein Mann Sami und ich haben uns 1979 bei einem Fest in Bad Bevensen (das ist eine kleine Stadt in der Lüneburger Heide) kennen gelernt. Ich war damals 27 und arbeitete als MTA (medizinisch-technische Assistentin) in einem Krankenhaus. Sami war 28 und bereits Assistenzarzt an einem anderen Krankenhaus. Schon von der ersten Begegnung an gehörten wir zusammen – Liebe auf den ersten Blick. Wir verabredeten uns sofort wieder und unternahmen in den nächsten Tagen und Wochen viel gemeinsam. Wenig später stellte ich Sami meinen Eltern vor, die ihn beide mit offenen Armen aufnahmen. Das war eigentlich gar nicht selbstverständlich, wenn ich es so rückblickend betrachte. Meine Eltern waren beide überzeugte Protestanten. Ich selbst bin ebenfalls im protestantischen Glauben erzogen und aufgewachsen. Sami wiederum ist gläubiger Moslem. Trotz dieses offensichtlichen Unterschiedes verstanden uns auf Anhieb sehr gut, und so ist es bis heute geblieben.

Meine Kindheit verlebte ich in Sachsen-Anhalt, ich bin die jüngste von vier Töchtern. Mein Vater hatte sich als Maschinenbauingenieur eine kleine Firma aufgebaut. Er stellte Kräne her. In der ehemaligen DDR machte man es ihm aber sehr schwer, immer wieder gab es Schwierigkeiten, und irgendwann sollte er dann sogar enteignet werden. 1961 beschlossen meine Eltern deshalb, der DDR den Rücken zu kehren und in der Bundesrepublik einen Neuanfang zu wagen. Als wir über Berlin in den Westen flohen, war ich gerade neun Jahre alt. Damals verließen sehr viele Menschen die DDR auf diesem Weg, bis kurz darauf, im August 1961, die Mauer gebaut wurde. In Bad Bevensen in Niedersachsen musste mein Vater nun mit 49 Jahren komplett von vorn anfangen. Zuerst fand er eine Stelle bei Siemens. Später baute er sich wieder einen kleinen Betrieb in der Maschinenbaubranche auf. Er beschäftigte fünfzehn Mitarbeiter und meine Mutter unterstützte ihn. Sie war für die gesamte Buchhaltung und andere Verwaltungtätigkeiten zuständig. Wir Mädchen gingen zur Schule, ich machte Abitur und anschließend eine Ausbildung zur MTA in Hamburg. Direkt danach fand ich eine Anstellung in einem Krankenhaus in Bad Bevensen. Wie viele junge Leute in den siebziger Jahren pflegte ich in meiner Freizeit eine ganze Reihe von Hobbys, aber meine größte Leidenschaft war das Theaterspielen. Eine Zeitlang spielte ich sogar am Stadttheater Uelzen. Später, als Ehe und Familie kamen, musste ich dieses Hobby aus Zeitmangel leider aufgegeben.

Sami kam 1950 in Alexandria zur Welt und wuchs auch dort auf. Nach dem Abitur studierte er Medizin an der Universität von Alexandria. Nach Deutschland kam er, um seine Ausbildung zu vertiefen. In Deutschland war der medizinische Fortschritt schon viel weiter als in Ägypten und er versprach sich hier eine bessere Ausbildung und bessere Berufaussichten. Er konnte bald als Assistenzarzt in der Inneren Medizin arbeiten, danach wurde er Facharzt für Innere Medizin. Später machte er dann noch den Facharzt für Kardiologie. Seit 1991 hat er eine Praxis als Kardiologe in Gronau (Niedersachsen). Als wir uns kennen lernten war er gerade Assistenzarzt in einem Krankenhaus in Bad Bevensen, jedoch nicht in demselben Krankenhaus, in dem ich arbeitete.

Wir waren verliebt und für uns beide gab es keinerlei Zweifel, dass wir zusammengehörten. So wollte Sami mich seiner Familie vorstellen und natürlich wollte ich auch gerne seine Heimat Ägypten kennen lernen. Noch im selben Jahr 1979 fuhren wir zum ersten Mal zusammen nach Ägypten. Ich lernte Samis Familie kennen, er ist der dritte von insgesamt fünf Geschwistern. Er hat eine Schwester und drei Brüder. Samis Vater war von Beruf Graphologe und Schriftexperte bei Gericht. Außerdem war er Kalligraph, er malte in Kunstschrift die Suren des Korans auf große Blätter. Im arabischen Raum wird die Kunst der Kalligraphie hoch geschätzt und in vielen Wohnungen in Ägypten und anderen arabischen Ländern hängen gerahmte Kalligraphien an den Wänden. Die Werke von Samis Vater wurden auch auf Ausstellungen der Kalligraphie gezeigt.

Samis Familie nahm mich sehr herzlich auf. Sie waren Moslems, aber überhaupt nicht engstirnig. Im Gegenteil, mein Schwiegervater war äußerst tolerant. In meinem ganzen Leben ist mir kein Mensch begegnet, der anderen Ansichten gegenüber verständnisvoller und toleranter war als er. Meine Schwiegermutter war natürlich, wie alle Schwiegermütter, mir gegenüber zunächst etwas skeptisch. Ob sie wohl gut genug ist für meinen Sohn? Aber nach nur etwa zehn Minuten hatte sie mich schon ins Herz geschlossen, und bis heute verstehen wir uns sehr gut. Zur Vorbereitung auf unsere Reise hatte ich schon in Deutschland ein wenig Arabisch gelernt und so konnten wir uns immerhin notdürftig verständigen, was die Sache deutlich erleichterte. Mein Schwiegervater und die jüngeren Mitglieder der Familie sprachen alle Englisch. Im Laufe der Jahre lernte ich dann mehr und mehr Arabisch, vor allem mein Schwiegervater half mir dabei. Später konnte ich mich ganz gut auf Arabisch unterhalten. Während dieses ersten Aufenthalts in Alexandria besichtigten wir auch Einiges, was es dort zu sehen gab: den Hafen, die griechischen und römischen Ausgrabungen. Die meiste Zeit aber verbrachten wir mit der Familie, denn das schien uns zu diesem Zeitpunkt das Wichtigste zu sein. Einmal fuhren wir nach Kairo und besuchten die Pyramiden. Das war auch für Sami das erste Mal. Später haben wir auf unseren Reisen natürlich noch sehr viel mehr von Ägypten gesehen.

Die ganze Familie freute sich über unsere bevorstehende Heirat. Zum Glück war nicht vorgesehen, dass Sami eine entfernte Verwandte oder eine Frau aus der Nachbarschaft heiraten sollte. Bis heute werden immer noch viele Ehen von den Familien arrangiert, obwohl es nicht mehr ganz so häufig der Fall ist wie früher. Frauen aus Europa allerdings waren in Ägypten als Ehefrauen immer sehr willkommen. Zum einen verlangen sie keine „Morgengabe", keinen Schmuck, keine fertige Wohnung oder Abfindung bei einer Scheidung. In Ägypten sind viele Frauen sehr anspruchsvoll vor der Ehe und die jungen Männer können sich das oft nicht leisten. Deshalb dauert es mitunter Jahre, bis die Paare heiraten können. Samis Familie hatte nichts dergleichen im Sinn, sie freuten sich einfach mit ihm, dass er so glücklich war. Wirklich alle waren sehr nett zu mir und nahmen mich mit offenen Armen auf. Später haben uns Samis Eltern mehrmals in Deutschland besucht.

So kehrten wir nach dem Urlaub zufrieden und glücklich nach Deutschland zurück. Wir waren sehr verliebt und hatten beschlossen, so schnell wie möglich zu heiraten. 1980 wurden wir auf dem Standesamt Bad Bevensen nach deutschem Recht getraut. Zuvor „belehrte" mich der Standesbeamte eingehend über die Konsequenzen unserer Eheschließung. Sami könne in seiner Heimat noch drei weitere Frauen heiraten und außerdem gelte für mich dort islamisches Recht. Das Erbrecht und alles, was mit den Kindern zusammen hängt, ist dort ganz anders und nicht gerade zum Vorteil der Frauen geregelt. Schon damals gab es ziemlich viele Scheinehen von Ägyptern mit deutschen Frauen, die dann in Ägypten sehr schlecht behandelt wurden. Für den Mann ging es meist darum, von seiner Frau möglichst viel Geld zu bekommen und sie dann möglichst schnell wieder los zu werden. Als Deutsche ist man dann ziemlich machtlos, auch der deutsche Staat kann einem dann nicht weiterhelfen. Ich ließ mich aber davon nicht abschrecken und die Trauung fand planmäßig statt. Meine Eltern waren dabei und meine Schwestern und Freundinnen. Außerdem kam noch ein Onkel von Sami, der auch in Deutschland lebt.

Im Gegensatz zu den ägyptischen jungen Paaren besaßen wir beide übrigens gar nichts. Unsere einzige Habe bestand aus einer Bratpfanne (von Sami) und einer großen Glasschüssel (von mir). Den gesamten Hausrat haben wir dann nach und nach gemeinsam angeschafft, wie es in Deutschland viele junge Paare tun. Das Geld war natürlich nicht so üppig und als wir in unsere erste gemeinsame Wohnung in Gronau zogen, reichte es nur für eine gebrauchte Küche. Eine meiner Schwägerinnen hat später bei einem Besuch in Deutschland erklärt, dass sie niemals von ihrem Mann eine gebrauchte Küche akzeptiert hätte. Sie rümpfte tatsächlich die Nase über meine Küche. Uns gefiel sie aber, denn sie ist ein handgefertigtes Unikat und wir besitzen sie noch heute.

Für uns stand von Anfang an fest, dass wir in Deutschland leben würden. Sami wollte nicht wieder nach Ägypten zurück, er sah seine berufliche Zukunft in Deutschland. Außerdem schätzte er den höheren Lebensstandard und die deutsche Kultur und Lebensweise. Für mich wäre ein Leben in Ägypten auch nicht in Frage gekommen. Das liegt weniger an der Mentalität der Menschen, als vielmehr an den anderen Lebensumständen. In Ägypten kann man nur in der Großstadt leben, wenn man nicht gerade Bauer ist. Auf dem Land gibt es keinerlei Infrastruktur, die für uns ein „normales" Leben überhaupt erst möglich macht. Kairo oder Alexandria aber sind Riesenstädte, mit allem was dazugehört: Lärm, Gedränge, Abgase und so weiter. Auch in Deutschland mag ich die Großstädte nicht besonders, ich lebe lieber auf dem Land. So war es damals unsere gemeinsame Entscheidung in Deutschland zu leben.

Sami mochte die deutsche Lebensweise, es gefällt ihm auch heute noch hier in Deutschland. Ich denke aber, dass alle Ägypter (oder vielleicht sogar alle Menschen aus einem anderen Land), die fern von ihrer Heimat leben, doch innerlich irgendwie zerrissen sind.

1981 wurde unsere Tochter Jasmin geboren, 1985 unser Sohn Tarek. Bis die Kinder kamen, arbeitete ich weiterhin im Krankenhaus als MTA. Dann ging ich in den Mutterschutz, und als Tarek drei wurde, fing ich wieder an zu arbeiten. Sami hat mich immer sehr unterstützt. Als ich wieder arbeitete, ging ich morgens vor sieben Uhr aus dem Haus. Sami war für das Frühstück der Kinder zuständig und er kümmerte sich auch darum, dass sie rechtzeitig zur Schule kamen. Sami liebt die deutsche Pünktlichkeit, das ist etwas, was es in Ägypten so gar nicht gibt. Der Stundenplan der Kinder hing in der Küche und die Kinder wurden bald sehr selbstständig, was Sami besonders gut gefiel. Dass der Mann sich zu Hause ebenfalls um die Kinder kümmert, hatte er wohl auch in seiner eigenen Familie bei seinem Vater miterlebt. Der war nämlich genauso. Im Allgemeinen lassen sich die ägyptischen Männer aber eher von den Frauen bedienen.

Als die Kinder größer wurden, gab es natürlich wie in allen Familien heftige Diskussionen – vielleicht noch ein wenig heftiger, weil Sami Ägypter ist. Jasmin war sechzehn und wollte wie alle ihre Freundinnen allein ins Kino gehen. Sami war natürlich dagegen, denn in Ägypten wäre das undenkbar. Aber Jasmin gab nicht so leicht auf und mit siebzehn durfte sie dann doch allein hin. In Deutschland ist die Gesellschaft eben anders und wir konnten die Kinder schließlich nicht komplett im Widerspruch dazu erziehen. Das wäre sehr schwierig geworden. Bis zu einem gewissen Grad muss man sich immer an die Gesellschaft anpassen, in der man lebt, und die ist eben in Deutschland anders als in Ägypten.

Die ersten Jahre unserer Ehe lebten wir in einer Wohnung, vor 23 Jahren mieteten wir ein Haus, und vor 16 Jahren bezogen wir schließlich ein eigenes Haus, in dem wir noch heute leben. Die Küche wurde übrigens immer mit umgezogen. Unser Wohnort liegt sehr idyllisch, wie bei Schneewittchen, hinter den sieben Bergen, in Niedersachsen. 1991 machte Sami seine Prüfung als Kardiologe und eröffnete seine Praxis in Gronau.

Lange fuhren wir fast jedes Jahr nach Ägypten. Wir besuchten die Familie und alle Geschwister und Verwandten. Natürlich hatte man sich viel zu erzählen, es wurde sehr viel geredet, und mein Arabisch war ziemlich begrenzt. Diese Aufenthalte waren für mich oft sehr anstrengend und nicht immer das, was ich mir unter „Urlaub" vorstellte.

Sami freute sich, wenn wir nach Ägypten fuhren. Er war aber auch sehr glücklich wieder „nach Hause" zu fahren, nach Deutschland. Er hatte sich an die deutsche Lebensweise vollkommen gewöhnt. Ich bin froh darüber, denn ich könnte nicht in Ägypten leben. Es ist mir dort in den großen Städten einfach zu laut und zu voll.

Sami hätte gern gehabt, dass unsere Kinder in seinem Glauben erzogen würden. Das konnte ich natürlich nicht, denn ich bin evangelisch. Unsere Kinder besuchten also in der Schule den evangelischen Religionsunterricht. Sami versuchte ihnen in der Freizeit den Islam nahe zu bringen. Er erzählte ihnen immer mal wieder davon, aber da er nur wenig Zeit hatte, hielt sich ihre religiöse Ausbildung im Islam in Grenzen.

Als Jasmin achtzehn wurde, hat sie sich schließlich ganz bewusst gegen den Glauben ihres Vaters und auch gegen die ägyptischen Sitten entschieden. Sie möchte in Deutschland leben und empfindet Deutschland als ihre Heimat. Inzwischen ist sie promovierte Tierärztin. Sie hat einen deutschen Freund, den sie wahrscheinlich bald heiraten wird. Für Sami ist das alles sehr schwierig. Für ihn wäre es wichtig, dass der junge Mann zum Islam übertritt. Aber das kommt für das junge Paar nicht in Frage. Es ist eine ziemlich verfahrene Situation, unter der vor allem Sami sehr leidet.

Vor allem nach dem Tode seines Vaters 1987 ist Sami wieder mehr zu seiner Religion zurückgekehrt. Er hält sich an die Glaubensregeln, betet, fastet an Ramadan und trinkt keinen Alkohol. Zweimal hat er die Hadsch nach Mekka unternommen.

Nach dem Abitur ging Tarek für ein Jahr nach Alexandria, um an der Universität Arabisch zu lernen. Er konnte bei seinen Verwandten wohnen und hatte dadurch engen Kontakt zu seinen Cousins. Sie nahmen ihn überall mit und Tarek lernte in dieser Zeit ziemlich perfekt Arabisch. Während seines Jahres in Alexandria hat er sich dem Islam zugewandt und ist überzeugter Moslem geworden. Er ist sehr konsequent, betet, fastet und trinkt keinen Alkohohl. Ursprünglich wollte Tarek in Ägypten Medizin studieren. Allerdings hatte er vor seinem Abitur in Deutschland leider die Fächer Chemie und Physik abgewählt und wurde deshalb in Ägypten nicht angenommen. In Deutschland ist das wohl kein Hinderungsgrund, und so studiert Tarek jetzt in Halle Medizin. Nach dem Studium will er ganz nach Ägypten übersiedeln. Er fühlt sich in Ägypten mehr zu Hause als in Deutschland.

Für mich als Mutter ist es ganz selbstverständlich, dass meine Kinder frei entscheiden sollen. Ich möchte nur, dass sie glücklich werden. Falls Tarek eine muslimische Frau heiraten sollte, werde ich sie natürlich ebenso herzlich in die Familie aufnehmen, wie ich es mit meinem deutschen Schwiegersohn gemacht habe.

Sami wollte natürlich, dass sich beide Kinder für seinen Glauben entscheiden. Da aber bei Jasmin die Dinge ganz anders liegen, hat er vor kurzem ihrem Freund erklärt: „Wenn du kein Moslem wirst, werde ich freundlich zu dir sein. Aber ich werde nicht dein Freund werden." Ich finde das sehr schade, aber wir müssen es akzeptieren und damit leben. Mit Sicherheit leidet Sami am meisten unter der Situation.

Woran mag es liegen, dass sich meist nur die Söhne zum Islam hingezogen fühlen? Darauf gibt es eine einfache Antwort, denke ich. Die Freiheit und die Rechte der Frauen sind im Islam stark eingeschränkt und sich für eine solche Religion zu entscheiden, verlangt ihnen viel größere Opfer ab als den Männern.

Nach islamischem Recht gilt zum Beispiel die Zeugenaussage eines Mannes doppelt so viel wie die einer Frau. Außerdem gilt die Frau als schwächer und muss vom Vater oder den Brüdern versorgt werden, falls sie keinen Ehemann hat. Die Familie ist in Ägypten sehr wichtig und Hilfe innerhalb der Familie selbstverständlich. Mein Mann liebt alle seine Geschwister. Ganz selbstverständlich sorgt er auch für seine Schwester, das gehört zu seinem Glauben. Er tut das, ohne irgendeine Gegenleistung dafür zu erwarten. Wenn es finanzielle Hilfe ist, so wird niemals über Rückzahlung gesprochen. Diese Solidarität hat mich sehr beeindruckt, in Deutschland ist ein so starker Zusammenhalt doch eher die Ausnahme.

Als ich 1980 zum ersten Mal nach Ägypten kam, kleideten sich die Frauen ganz anders als heute. Man sah auch Miniröcke und ausgeschnittene Kleider. Inzwischen hat sich die Gesellschaft stark gewandelt, und viele Frauen gehen heute verschleiert. Oft sind es sogar die gleichen Frauen, die vor zwanzig Jahren im Minirock herumliefen. In der Straßenbahn hängen Bilder, die veranschaulichen, wie die Frauen „richtig" gekleidet sein müssen. Auch das Verhalten von Frauen in der Öffentlichkeit hat sich sehr verändert. Sie sind weniger selbstbewusst, eher in sich gekehrt und scheuen sich, anderen Menschen direkt ins Gesicht zu sehen. Das steht in deutlichem Gegensatz dazu, dass in Ägypten sehr viele Frauen studieren und in öffentlichen Positionen tätig sind.

Diese gesellschaftlichen Entwicklungen sind mit ein Grund dafür, dass ich heute nicht mehr so gerne nach Ägypten fahre. 1980 habe ich Ägypten als ein tolles, aufgeschlossenes Land erlebt, mit einer wunderbaren, auch modernen Kultur, die Spaß machte. Jetzt ist alles anders geworden. Am Hochzeitstag tragen die Frauen noch ein ausgeschnittenes Kleid und sind wahnsinnig geschminkt. Nur einen Tag später sind sie dann verschleiert und bedecken sich von Kopf bis Fuß. Nicht ein Stück Haut oder Haar ist noch zu sehen.

Ich weiß, dass viele deutsche Frauen in Ägypten aus praktischen Gründen zum Islam übergetreten sind. Man kann das auf einem Amt ganz problemlos mit einer einfachen Glaubensformel tun. Keiner verlangt, dass man sich mit dem Glauben in irgendeiner Form beschäftigt hat. Im Gegensatz dazu muss man sich beim Judentum mindestens drei Jahre lang unterweisen lassen, und auch bei den Christen wird man erst aufgenommen, wenn man sich mindestens zwei Jahre mit den Glaubensgrundsätzen befasst hat. Für mich war ein Übertritt zum Islam nie ein Thema. Ich habe in Deutschland all die Jahre zufrieden mit meinem Glauben gelebt, wieso sollte ich also daran etwas ändern?

Mein Schwiegervater ist leider schon vor Jahren gestorben. Meine eigenen Eltern leben ebenfalls nicht mehr. Das Verhältnis zu meiner Schwiegermutter ist sehr gut. Mein Arabisch war zu Anfang recht ordentlich und ich konnte mich ganz gut unterhalten. Leider ist es im Laufe der Zeit wieder schlechter geworden, denn ich komme nicht mehr so oft nach Ägypten. Wenn man eine Sprache wenig benutzt, vergisst man einfach sehr vieles wieder.

Als die Kinder etwas größer waren, sind wir auch viel durch

Ägypten gereist. Wir besuchten Kairo und Südägypten, waren in Assuan und Luxor. Dabei besichtigten wir natürlich die Tempel und Gräber. Die ägyptische Kultur hat uns alle beeindruckt, und nach solch einer Reise fühlt man sich immer sehr bereichert. Es gibt so viel zu sehen, und man bringt viele großartige Eindrücke mit nach Hause, die noch lange nachwirken.

Das ägyptische Essen schmeckt mir persönlich ausgesprochen gut. Sami hat natürlich auch seine Lieblingsgerichte. Wenn ich ihm eine besondere Freude machen will, koche ich einen Auberginenauflauf. Die ganze Familie liebt dieses Gericht. Ich mag übrigens sogar Malocheia, ein Gericht, mit dem man eigentlich aufgewachsen sein muss, um es zu mögen. Es ist ein grünes Gemüse, das gekocht und mit Reis und Fleisch serviert wird. In der Konsistenz ist es ein bisschen glitschig und die meisten Europäer finden es mehr als gewöhnungsbedürftig. Aber die Ägypter lieben es alle. Für die Feiertage haben wir einen denkbar einfachen Kompromiss gefunden: Wir feiern sämtliche muslimischen und alle christlichen Festtage. Meist ist dies mit einem großen Aufwand an Kochen und Backen für Familie und Freunde verbunden.

Vor mehr als zehn Jahren erbte ich etwas Geld und wagte noch einmal einen beruflichen Neuanfang. Schon immer hatte ich davon geträumt, als Buchhändlerin meinen eigenen Laden zu betreiben. Zunächst absolvierte ich eine sechsmonatige Ausbildung und lernte alles Notwendige: Bestellung, Buchführung, Verwaltung, Steuern – eben alles, was bei einer Buchhandlung wichtig ist. Natürlich auch geschäftliche Planung, Umsatz, Gewinn und Verlust. Inzwischen weiß ich, dass ich es ohne diese theoretischen Grundlagen wohl kaum geschafft hätte. 1996 eröffnete ich meine kleine Buchhandlung in Gronau und bin nun stolze selbstständige Buchhändlerin. Zur Unterstützung habe ich eine Mitarbeiterin, aber natürlich kann ich trotzdem nie sehr lange Urlaub machen. Das ist noch ein Grund, warum ich jetzt nicht mehr so oft nach Ägypten fahre. Ein weiterer Grund ist, dass ich mich in Ägypten nicht wirklich erholen kann. Die Stadt Alexandria mit all ihrem Trubel empfinde ich als sehr anstrengend und bei den Familienbesuchen kann ich auch nicht richtig entspannen. So ist Sami in den letzten Jahren öfters allein nach Ägypten gefahren. Er besucht seine Mutter und sieht seine ganze Familie und seine Freunde. Trotzdem, anschließend kommt er immer wieder gerne zurück zu uns nach Deutschland – nach Hause.

Als mein Schwiegervater noch lebte, haben uns die Schwiegereltern regelmäßig in Deutschland besucht. Sie kamen zweimal im Jahr und blieben manchmal vier bis sechs Wochen lang. Mit meinen Eltern verstanden sie sich erstaunlich gut, obwohl sie sich kaum verständigen konnten. Trotzdem hatten sie sehr viel Spaß und bei solchen Gelegenheiten trank mein Schwiegervater sogar manchmal ein Glas Wein. Meine Eltern sind aber nie nach Ägypten gereist. Eigentlich weiß ich gar nicht, warum. Ich vermute, dass mein Vater immer zu sehr mit seinem Betrieb beschäftigt war.

Unsere Entscheidung für ein gemeinsames Leben in Deutschland haben Sami und ich nie bereut. Sicher erfordert so ein Zusammenleben von beiden Partnern mehr Toleranz als bei Paaren, die im gleichen kulturellen Umfeld groß geworden sind. Aber mit beiderseitigem gutem Willen kann man von einander lernen, man kann sich anpassen und den anderen akzeptieren. Durch den Entschluss, gemeinsam mit mir in Deutschland zu leben, hat mir Sami die Entscheidung leicht gemacht. Sicher hatten wir weniger Probleme zu meistern als die Familien in Ägypten.

Unser Lebensmittelpunkt ist hier in Deutschland. Sami aber hat seine Wurzeln in Ägypten. Das wird sich sicher nicht ändern. Mit „Heimat" meint Sami immer Ägypten als Land. Wahrscheinlich empfinden alle Ägypter so.

Unseren Sohn Tarek zieht es auch nach Ägypten. Bei einer Diskussion über die beiden Länder sagte Tarek einmal: „Ägypten hat eine Seele!" Darüber musste ich lange nachdenken.

# Beate S.
# Mein Leben in zwei Welten

*Beate hat mit ihrem Mann hauptsächlich in Deutschland gelebt. Dort haben sie sich auch kennen gelernt. Ich traf Beate im Kreis von anderen Deutschen in Alexandria und war gleich angetan von ihrer offenen, spontanen Art auf die Menschen zuzugehen. Sie ist mittelgroß, dunkelhaarig und wirkt jugendlich. Sie spricht auffallend gut Arabisch – besser als viele, die schon seit Jahren in Ägypten leben. Trotz ihres Akzents klingt es bei ihr sehr natürlich, was mir sogar die Ägypter bestätigen können. In unseren Vorgesprächen unterhielten wir uns ausführlich über ihre und andere Geschichten. Einer ihrer spontanen Kommentare war: „Wenn ich mir so überlege, was andere Leute für Probleme hatten, dann habe ich mit meinem Mann wirklich ein Schnäppchen gemacht!" Ihre Lebenseinstellung ist von Natur aus positiv. Beate erzählt mir ihre Geschichte, die sie mit einigen Notizen vorbereitet hat.*

Wir lernten uns im April 1971 in Aachen kennen. Abdu war 36 Jahre alt, ich selbst knapp 24. Ich arbeitete an der Hochschule in Aachen und Abdu hatte gerade seine erste Stelle nach Studium und Promotion angetreten. Wir hatten jeder schon eine Ehe hinter uns und waren entsprechend vorsichtig, was neue Bindungen angeht. Dass wir überhaupt eine neue Beziehung eingingen, war alles andere als selbstverständlich.

Doch zunächst zu unserer Vorgeschichte:

Abdu ist 1935 in Alexandria geboren, als drittes von acht Kindern. Sein Vater war Kaufmann, die Familie gehörte zum Mittelstand. Von seiner Mutter weiß ich, dass sie sehr jung geheiratet hat. Nicht einmal ihre eigenen Kinder kannten ihr tatsächliches Alter. In Ägypten machen viele Frauen ein großes Geheimnis daraus. Abdu machte in Alexandria Abitur, genau wie sein jüngerer Bruder. Beide wollten in Europa studieren, wo ihnen die Ausbildung besser erschien als in Ägypten. Sie waren aber beide noch unschlüssig, welches Fach für sie das richtige wäre. 1955 reisten sie zunächst nach Wien und schrieben sich für Pharmazie ein. Das Geld zum Studium kam von den Eltern und wurde über die Studienmission an die Studenten ausbezahlt. In Wien teilten sie sich ein Zimmer bei einer sehr netten Zimmerwirtin. Trotzdem war es für die beiden alles andere als einfach. Sie waren zum ersten Mal von zu Hause fort und alles war neu für sie. Im Winter mussten sie zum Beispiel ihren Kohlenofen selbst heizen und das Wetter machte ihnen sowieso zu schaffen. Von Ägypten kannten sie das alles gar nicht. Außerdem konnten sie beide noch kein Deutsch, sondern außer Arabisch nur Schulfranzösisch. Sie besorgten sich ein Wörterbuch Französisch-Deutsch und versuchten sich irgendwie durchzuschlagen. In Alexandria hatten beide Brüder im literarischen Zweig ihrer Schule Abitur gemacht und so anspruchsvolle Autoren wie Victor Hugo oder Honoré de Balzac im Original gelesen. Außerdem lernten sie viel über arabische Dichter, was heute ganz ungewöhnlich ist. Sie hatten beide erhebliche Defizite in Mathematik und Physik, die sie erst einmal aufholen mussten. Nach einem eher bescheidenen ersten Jahr beschlossen beide Brüder das Fach zu wechseln. Abdus Bruder blieb weiter in Wien und bestand später sein Diplom als Ingenieur. Abdu hingegen verließ Österreich und machte sich mit seinem Freund Ahmad auf den Weg nach Alexandria, um erst einmal Urlaub zu machen. Danach wollten sie aber nach Europa zurück. Die Erdölindustrie schien ihnen ein viel versprechendes Berufsfeld für junge Ingenieure zu sein, und in diese Richtung sollte ihr Studium gehen. Ihr nächstes Ziel war Schweden, denn sie glaubten, dort sei es interessanter als in Österreich. Auf ihrer Reise dorthin machten sie Station in Aachen. Die Stadt gefiel ihnen auf Anhieb, und die Technische Hochschule hatte einen sehr guten Ruf. Zwar gab es dort nichts in Richtung Erdöl, aber es gab einen Studienzweig Bergbau. Sie überlegten nicht lange, sondern schrieben sich einfach ein und fingen an zu studieren.

Während der Semesterferien waren immer wieder Praktika unter Tage vorgeschrieben. Man kann sich vorstellen, was das für diese jungen Männer bedeutete. Bisher hatten sie ihre Sommer in Alexandria verbracht: Drei Monate, in denen nichts zu tun war, außer den Mädchen hinterher zu schauen und sich am Strand zu vergnügen. Plötzlich fanden sie sich 1000 Meter unter der Erde wieder und mussten Knochenarbeit verrichten. Es war sehr schwer, aber trotz aller Strapazen hielten sie durch. Seit dieser Zeit hat Abdu mit Asthma zu kämpfen, wahrscheinlich eine Folge der schweren Arbeit im Kohlenstaub.

Abdu studierte natürlich nicht nur, sondern hatte auch ein Privatleben. 1958 lernte er seine erste Frau kennen, sie war Modistin und entwarf Mode. Im Jahr 1962 heirateten sie und noch im selben Jahr wurde ihr Sohn Ahmad geboren. Abdu setzte sein Studium fort, seine Frau arbeitete, und 1965 legte Abdu sein Diplom als Ingenieur für Bergbau ab.

1965 reiste die kleine Familie nach Ägypten. Abdu hatte vor, sich dort eine Arbeit zu suchen und mit der ganzen Familie nach Ägypten überzusiedeln. Damals suchte man qualifizierte Arbeitskräfte für den Bau des Staudamms in Assuan. Abdu hätte auch tatsächlich dort Arbeit bekommen, allein sein Verdienst wäre so niedrig gewesen, dass man davon keine Familie ernähren konnte. Nach einem halben Jahr kehrten sie deshalb zurück nach Deutschland. Abdu hatte mit seinem Vater gesprochen und beschlossen, dass er promovieren wollte. Sein Vater würde ihn weiterhin finanziell unterstützen. Abdu begann in Aachen seine Promotion im Fach Straßenbau und seine Frau arbeitete wieder. Doch schon 1968 ging die Ehe auseinander. Beide Eltern hatten beruflich viel um die Ohren und wenig Zeit, deshalb kam Ahmad zunächst zu Pflegeeltern. Die Scheidung und die damit verbundene Entscheidung über das Sorgerecht zogen sich noch einige Jahre hin. Abdu war es sehr wichtig, dass Ahmad bei ihm aufwuchs, seine Frau wollte aber ebenfalls das Sorgerecht für sich. Nach all diesen Komplikationen war Abdu verständlicherweise sehr zurückhaltend, was Frauen anbelangte. Einer seiner Freunde meinte einmal, er müsse sich wohl eine Frau backen lassen, so vorsichtig war er geworden.

Ich selbst bin in der Nähe von Aachen als mittleres von fünf Kindern aufgewachsen. Nach der Mittleren Reife absolvierte ich eine Banklehre und wurde anschließend bei der Sparkasse angestellt. Im Alter von zwanzig Jahren heiratete ich, natürlich entgegen aller Ratschläge meiner Eltern. Heute weiß ich, dass mein erster Mann und ich beide für eine solche Entscheidung viel zu jung waren und außerdem überhaupt nicht zueinander passten. Jedenfalls wurde die Ehe schon nach zwei Jahren geschieden.

Wir gingen im Guten auseinander. Nach der Scheidung kehrte ich nach Aachen zurück, ich hatte Glück und konnte meine alte Arbeitsstelle bei der Sparkasse wieder antreten. Nach einiger Zeit wollte ich mich beruflich verändern und wurde auf eine Stelle an der Technischen Hochschule in Aachen aufmerksam. Ich bewarb mich, bekam den Job und arbeitete fortan als Sachbearbeiterin im Institut für Verfahrenstechnik. Die Arbeit selbst war zwar nicht gerade aufregend, aber das Umfeld und die Leute dort gefielen mir gut. Außerdem konnte ich in den Einrichtungen der Hochschule Sport treiben. Dabei wurde Abdu auf mich aufmerksam und sprach mich an. Das war im April 1971. Ich war gerade 23 Jahre alt.

Wir hatten also beide schon eine erste Ehe hinter uns. Ich hatte mir vorgenommen, ganz genau zu überlegen und zu prüfen, bevor ich wieder eine Bindung einging. Trotzdem, gleich beim ersten Treffen hatte es zwischen uns gefunkt. Abdu war sich sogar sofort ganz sicher, bei mir dauerte es etwas länger. Ich musste erst einmal nachdenken und mir über alles klar werden. Meine Scheidung lag erst ein halbes Jahr zurück. Für meine Familie war die Scheidung damals eine Schande. Heute sieht man das ja ganz anders. Obendrein war Abdu Ausländer, war noch nicht geschieden und hatte einen neunjährigen Sohn, für den er das Sorgerecht haben wollte. Eine verzwickte Situation. Aber trotz allem fand ich Abdu vom ersten Moment an sehr aufregend. Meine Eltern hingegen waren von dieser neuen Entwicklung überhaupt nicht begeistert. Damals waren jede Menge Gerüchte über „die Araber" im Umlauf. Was alles mit den Frauen passierte, die in ein solches Land gingen. Aber das störte mich alles nicht, wir liebten uns, und das war für mich das Wichtigste.

Im Juli 1971, wir kannten uns gerade drei Monate, fuhren wir zum ersten Mal zusammen mit Ahmad nach Alexandria, Ägypten. Bevor ich irgendwelche weit reichenden Entscheidungen traf, wollte ich das Land und Abdus Familie kennen lernen. Wir wohnten bei Abdus Eltern. Ich weiß gar nicht, was er ihnen erzählt hat, ob wir verheiratet seien oder nicht. Ich konnte ja auch gar kein Arabisch, konnte mich nicht verplappern, und es gab keinerlei Diskussionen. In der Familie war immer viel los, ein ständiges Kommen und Gehen. Die Familie war sehr groß, Geschwister, Tanten, Onkel, Nichten und Neffen, viele gingen täglich ein und aus, und ich hatte nicht den geringsten Überblick, wer zu wem gehörte. Von den Unterhaltungen verstand ich kein Wort und kaum einer hielt es für nötig, mir etwas zu übersetzen oder zu erklären. Und noch etwas störte mich sehr: Abdu hatte mir nichts über die Kleidung der Frauen gesagt. Ich hatte nur Miniröcke eingepackt und jetzt kam ich mir sehr unpassend gekleidet vor. In Ägypten trugen die Frauen damals zwar auch Sommerkleider mit kurzen Ärmeln, aber eben nicht so kurz wie in Europa. Die ganze Zeit über fühlte ich mich nicht wohl in meiner Haut, aber passendere Sachen hatte ich nicht dabei. Es war mitten im Hochsommer und sehr heiß. Vieles war mir fremd, aber ich wollte natürlich einen guten Eindruck machen und mir auf keinen Fall richtig grobe Schnitzer leisten. Als junges Liebespaar waren wir von Deutschland nach Ägypten gereist, doch hier in Alexandria merkte ich leider gar nichts mehr davon. Abdu war von morgens bis abends mit seiner Familie beschäftigt. Wir besuchten alle möglichen Leute und saßen dann stundenlang herum. Ich verstand kein Wort. Natürlich war auch Ahmad immer bei uns und langsam stellten sich die ersten Schwierigkeiten ein. Ahmad war mit wenig Regeln aufgewachsen und in Ägypten machte er, was er wollte. Ich selbst bin sehr streng erzogen worden. In Ägypten ist das Verhalten den Kindern gegenüber ganz anders als in Deutschland. Sie dürfen eigentlich alles, es greift auch niemand ein, wenn sie laut sind. Für mich war die Situation sehr kompliziert, denn ich wollte ja nichts falsch machen. Außerdem wurde mein Verhalten Ahmad gegenüber genauestens von der Familie beobachtet.

Gelegentlich gab es zwischen Abdu und mir auch Verständigungsschwierigkeiten. Wir kannten uns noch nicht lange. So bekam ich manchmal etwas in den falschen Hals, was er gar nicht so gemeint hatte.

Die Schwiegereltern waren beide sehr nett zu mir. Sie gaben sich wirklich große Mühe, damit ich mich wohl fühlte. Einmal kam mein Schwiegervater sogar mit einer Flasche Wein an. Damals war die Versorgung noch sehr problematisch, und sicher hatte es ihn viel Mühe gekostet, diese Flasche zu ergattern. Für viele Lebensmittel musste man noch anstehen, und Manches gab es einfach nicht. Zum Beispiel gab es kein Toilettenpapier, keine Seife. Es war vielleicht vergleichbar mit der DDR in der ersten Zeit. Trotzdem, die Menschen waren alle sehr freundlich und strahlten uns einfach an. Es wurde viel gelacht und gescherzt.

Wir wohnten bei den Schwiegereltern, und die Wohnung lag direkt am Meer. Ich wollte so gern schwimmen gehen, aber allein ließ man mich absolut nicht gehen. Das kam gar nicht in Frage. Ein paar Mal fuhren wir mit der Familie an einen Privatstrand nach Montazah. Dort konnte ich gut schwimmen und niemand störte sich an meinem Bikini. Die Familie allerdings verbrachte den Tag am Strand mit Essen. Zuerst wurde ein großes Picknick ausgepackt. Ins Wasser gingen nur die Kinder, die Erwachsenen saßen am Strand und unterhielten sich und aßen...

Ich hätte so gern ein paar Tage allein mit Abdu verbracht oder wäre wenigstens mal mit ihm am Abend allein spazieren gegangen. In Alexandria war das aber nicht möglich. So kamen wir nach drei Wochen wieder zurück nach Deutschland und hatten kaum fünf Minuten allein zusammen verbracht.

Schon kurz vor unserem Urlaub hatte Abdu an einem Projekt in Hamburg mitgearbeitet. Im Dezember zogen wir dann ganz nach Hamburg, wir wollten einfach nicht länger pendeln. Meine sichere Stelle in Aachen hatte ich aufgegeben, mit etwas Bauchweh und natürlich entgegen allen guten Ratschlägen aus meinem Bekanntenkreis. Uns war es aber beiden sehr wichtig, dass wir ein normales Familienleben führten. Abdu arbeitete, ich blieb vorerst zu Hause. Abdu hatte inzwischen das Sorgerecht für Ahmad bekommen und so wohnte Ahmad ebenfalls bei uns. Er ging zur Schule und nach und nach gewöhnten wir uns aneinander. Anfangs ließ er sich von mir natürlich wenig sagen. Der Altersunterschied zwischen uns ist nicht so groß und er war sehr viel freier erzogen, als ich es für richtig befand. Allmählich kamen wir aber immer besser miteinander aus. In Hamburg gefiel es uns als Familie richtig gut. Auch Abdu und ich lernten nun immer besser miteinander umzugehen. Die kulturellen Unterschiede stellten sich allerdings als größer heraus als anfangs gedacht. Wenn ich zum Beispiel nett zu einem Mann war, dachte Abdu immer sofort, dass ich etwas mit ihm anfangen wollte.

Als Rheinländerin war ich so etwas nicht gewohnt. Ich gehe sehr offen auf die Menschen zu, sicher eine Eigenart des Rheinländers. In Ägypten aber verhält man sich ganz anders und die meisten ägyptischen Männer sind sehr eifersüchtig. Es dauerte eine ganze Weile bis wir uns auf einen Kompromiss einigen konnten. Ich lernte, mich etwas anzupassen, und auch Abdu wurde toleranter. Meistens waren es nur Kleinigkeiten, die zu richtigen Grundsatzdiskussionen führten, und mit etwas gutem Willen durchaus beseitigt werden konnten.

Eigentlich wollte ich nach einiger Zeit gerne wieder arbeiten, wenn auch nur halbtags. Dazu kam es dann aber doch nicht, denn ich wurde schwanger. Ich weiß noch genau, wie ich aus dem Sprechzimmer meines Frauenarztes kam. Ich war so glücklich und hätte die ganze Welt umarmen können. Ich war 25 Jahre alt, genau im richtigen Alter, wie ich fand. Zwar waren wir noch nicht verheiratet, aber das störte mich nicht im Geringsten. Meine Eltern allerdings waren erst einmal bestürzt und machten sich große Sorgen um mich.

Leider neigte sich die Zeit in Hamburg schon nach einem knappen Jahr dem Ende zu. Das Projekt, an dem Abdu arbeitete, wurde vorzeitig beendet und Abdu ging zurück zu seinem Arbeitgeber nach Köln. Wieder einmal hieß es also Wohnung suchen und Umziehen. Diesmal mieteten wir eine 3-Zimmer-Wohnung in einem kleinen Ort bei Köln. Nun lebte ich zwar etwas näher bei meinen Eltern, dafür aber ziemlich abgeschnitten vom Rest der Welt. Wir hatten kein Telefon, im ganzen Dorf gab es noch keine Telefonleitungen. Handys gab es natürlich auch noch nicht. Ich hatte kein Auto, also saß ich während der Woche fest. Ahmad ging zur Schule, er wurde mit dem Bus abgeholt. Das war also kein Problem. Aber der Ort war sterbenslangweilig, ich hatte keinerlei Kontakte und wenig Abwechslung.

Im September 1972 wurde unsere Tochter Samia geboren. Sie war ein ganz pflegeleichtes Baby und auch Ahmad schloss sie sofort ins Herz. Jetzt war ich natürlich gut beschäftigt und lernte bald auch andere Mütter kennen. Kurz darauf nahm Abdu eine Stelle in Düsseldorf an. Wir wären gern sofort aus unserem Dorf weggezogen, aber unser Mietvertrag lief zwei Jahre und wir konnten nicht vorzeitig kündigen. So blieben wir erst einmal in dem kleinen Ort wohnen. Immerhin hatte ich inzwischen ein eigenes Auto und konnte mehr unternehmen.

Später fanden wir ein schönes Reihenhaus in einem Vorort von Düsseldorf, wo wir zunächst zur Miete wohnten. Nach einigen Jahren konnten wir das Haus kaufen und wir wohnen noch heute darin. Hier gibt es sämtliche Schulen, Kindergarten und eine direkte Bahnverbindung nach Düsseldorf. Dieses Haus betrachten alle unsere Kinder als ihr Zuhause.

Im März 1973 wurde dann endlich geheiratet. Am Ende hatte sich alles nach unseren Wünschen gefügt. Der Standesbeamte ließ es sich nicht nehmen, mich über sämtliche mit dieser Ehe verbundenen Risiken aufzuklären: Abdu könnte noch drei Frauen in Ägypten heiraten, meine Rechte seien dort sehr eingeschränkt, usw. Er sagte dann tatsächlich wörtlich: „Das haben Sie doch gar nicht nötig!" Daraufhin wäre es fast zu einer Schlägerei zwischen ihm und Abdu gekommen. Nachdem sich die Gemüter wieder beruhigt hatten, wurde die Eheschließung aber doch noch vollzogen.

Nun waren wir also verheiratet und sehr glücklich. Sogar meine Eltern hatten nichts mehr auszusetzen. 1977 kam unser Sohn Monir zur Welt. Damit war unsere Familie komplett und ich fühlte mich sehr wohl. Ich hatte die Kinder, das Haus und den Garten zu versorgen. In meiner Freizeit machte ich alle Mögliche; ich töpferte und ich versuchte Arabisch zu lernen. Dazu ging ich in einen Kurs an der Volkshochschule für klassisches Arabisch. Das klassische Arabisch unterscheidet sich aber sehr stark vom ägyptischen Arabisch, was mir bei den Ägyptern immer viele Lacher einbrachte, wenn ich mich mit meinen paar Brocken abmühte. Für meine Motivation war das nicht gerade förderlich, und bald ließ ich es deshalb bleiben. Im Kurs habe ich aber einige andere deutsche Frauen kennen gelernt, die ebenfalls mit Ägyptern verheiratet waren, was für mich fast genauso wichtig war, wie das Erlernen der Sprache. Man konnte sich austauschen, und so entstanden einige Freundschaften. Manche von ihnen habe ich später in Alexandria wieder getroffen. Mein Arabisch habe ich dann in Alexandria durch Zuhören und Drauflosreden verbessern können, sodass ich mich jetzt ganz gut verständigen kann. Für mich ist das sehr wichtig, es gibt mir das Gefühl der Sicherheit und Selbstständigkeit, wenn wir in Ägypten sind.

All die Jahre fuhren wir natürlich im Urlaub nach Ägypten. Meistens kamen wir in der Wohnung der Schwiegereltern unter. Später bauten wir uns eine eigene große Wohnung im selben Haus aus. Das Haus gehörte den Schwiegereltern und Abdu hat über viele Jahre dort renoviert und neu gebaut. In Ägypten läuft das so: Wenn man mehr Platz braucht, baut man einfach auf das oberste Stockwerk noch ein Stockwerk drauf. So wachsen die Häuser über die Jahre immer weiter in die Höhe.

Abdu ist natürlich als Moslem aufgewachsen. Ich selbst war evangelisch, aber für uns entstand daraus kein Problem. Was Glauben und Religion anbelangt, so haben wir beide eigentlich sehr ähnliche Ansichten. Abdu ist sehr tolerant und lässt sich von engen Vorschriften überhaupt nicht beeindrucken. Ich bin 1972 zum Islam übergetreten, weil ich fand, dass in einer Familie alle zur gleichen Konfession gehören sollten. Die Kinder eines Moslems sind laut Gesetz von Geburt an ebenfalls Moslems, so ist die islamische Gesetzgebung in allen islamischen Ländern. Was allerdings nicht automatisch heißt, dass sie auch nach den Glaubensregeln leben.

Mittlerweile arbeitete Abdu immer wieder an Projekten im arabischen Raum. Er hatte sich auf Projektsteuerung und Überwachung spezialisiert. Dazu hatte er verschiedene Kurse auf dem Gebiet der Netzplantechnik mit Computerprogrammen belegt und sich entsprechend weitergebildet. Damals war das etwas ganz Neues, und viele Kunden wollten zunächst gar nichts davon wissen. Erst als sie feststellten, wie gut man damit große Projekte überwachen kann, änderten sie nach und nach ihre Meinung.

Anfang der achtziger Jahre flaute die Auftragslage in der deutschen Baubranche immer mehr ab. Gemeinsam mit einem anderen Ägypter gründete Abdu eine Firma und sie versuchten Projekte im arabischen Raum zu betreuen. Aber auch dort war die Wirtschaftslage nicht mehr so gut und in der Folge hatte er einige Fehlschläge zu verkraften.

Nachdem es Abdu nicht gelingen wollte, eine Festanstellung

zu finden und die Selbstständigkeit auch nicht weiter führte, überlegten wir 1986 ernsthaft, mit der ganzen Familie nach Ägypten überzusiedeln. Dort war die Situation zwar auch nicht besser, aber Abdu glaubte, wir könnten dort von unseren Ersparnissen besser leben. Unser Haus hätten wir verkaufen müssen, in Alexandria hatten wir immerhin eine Wohnung. Aber ich konnte mich mit diesem Gedanken gar nicht anfreunden. Ich fand, dass man in Ägypten ohne Geld noch ärmer ist als in Deutschland. Der allgemeine Lebensstandard ist viel niedriger, die Infrastruktur viel weniger entwickelt. Außerdem wäre es für unsere Kinder sicher sehr schwierig geworden. Ahmad war schon erwachsen und aus dem Haus, er war 24. Aber Samia war 14 und Monir erst 9 Jahre alt. Ob sie eine solche Umstellung verkraften würden? Nächtelang zerbrach ich mir darüber den Kopf. Dann kam ich auf die Idee, mir selbst Arbeit zu suchen. Ich war schließlich noch keine vierzig Jahre alt, hatte eine gute Ausbildung und einige Berufsjahre vorzuweisen. Durch Zufall fand ich tatsächlich eine Stelle bei Xerox, auch wenn es zunächst nur ein Aushilfsjob für drei Wochen sein sollte. Ich musste Akten sortieren, es war eine sehr einfache Tätigkeit. Natürlich kein Traumjob, aber ich gab mir trotzdem Mühe und versuchte alles so gut wie möglich zu machen. Die Entscheidung zu arbeiten traf ich übrigens ohne Abdu, denn der war gerade mal wieder in Ägypten. Als er zurückkam, gab es deswegen heftige Diskussionen. Eine Frau, die arbeiten geht – das verträgt sich mit der männlichen Ehre eines Ägypters absolut nicht, denn das sieht ja so aus, als ob er sie nicht versorgen könnte. Nun stand Abdu aber mehr oder weniger vor vollendeten Tatsachen. Meine Arbeitszeit war von acht bis zwölf Uhr. Es blieb mir also durchaus noch genug Zeit für Kinder und Haushalt. Abdu merkte schnell, dass trotz meiner Arbeit zu Hause alles gut klappte, und gab nach. So fand er sich mit meiner Berufstätigkeit ab und ich konnte meinen Aushilfsjob behalten. Die Stelle wurde dann immer wieder verlängert, weil man mich offensichtlich gut einsetzen konnte. Ich kam mit allen Leuten gut aus. Bald kannte ich alle Abteilungen. Ich sprang überall ein, wenn jemand krank war, oder wenn man kurzfristig Verstärkung brauchte. Eine Festanstellung wollte ich zunächst gar nicht, denn so war ich flexibler. Im Sommer konnte ich immer lange frei machen und hatte jederzeit die Möglichkeit kurzfristig zu Hause zu bleiben, wenn eines der Kinder krank wurde. Vier Jahre lang blieb ich als „Springer" bei Xerox.

1990 fusionierte Xerox mit einer zweiten Firma zu XES und jetzt wollte man mich fest einstellen. Ich bekam eine Stelle als Vertriebsassistentin. Allerdings Teilzeit im „Job-Sharing", das heißt eine Kollegin und ich teilten uns ein Aufgabengebiet und eine von uns war immer anwesend. Wir konnten uns die Arbeitszeit selbst einteilen und verstanden uns sehr gut. Gemeinsam organisierten wir die Termine der Vertriebsleute und kümmerten uns um die Auftragsabwicklung. Der Job machte mir Spaß und obendrein verdiente ich besser als vorher. Durch mein regelmäßiges Einkommen konnten wir unser bisheriges Leben ohne größere Einschränkungen weiterführen. In der neu gegründeten Firma XES legte man viel Wert auf Mitarbeitermotivation, es gab viele Seminare und Veranstaltungen, zum Teil sogar mit Familie. In diesen Seminaren habe ich persönlich sehr viel gelernt. Sie brachten Struktur in meine Gedanken, ich lernte besser mit Konflikten umzugehen und Entscheidungen zu treffen. Diese neuen Fähigkeiten konnte ich nicht nur beruflich nutzen, sondern sie halfen mir auch im Familienleben. Samia steckte damals in einer sehr schwierigen Phase, mitten in der Pubertät, mit allem, was an Problemen so dazugehört, und der Rückhalt in der Firma half mir, besser damit umzugehen. Als Tochter eines Ägypters hatte sie außerdem ihre ganz eigenen Kämpfe zu bestehen: allein ins Kino gehen oder in die Disco – in Ägypten völlig undenkbar. Am Ende musste Abdu seine Sichtweise anpassen, aber einfach war diese Zeit für keinen der Beteiligten.

Insgesamt zehn Frauen arbeiteten bei XES in den verschiedenen Geschäftsstellen in ganz Deutschland in der gleichen Funktion. Wir waren ein wunderbares Team, eine so gute Zusammenarbeit und Akzeptanz habe ich später nie wieder erlebt. Die Kontakte aus dieser Zeit bestehen bis heute. Außerdem schickte man mich zu internationalen Messen und Ausstellungen, was mir viel Freude machte. Alles in allem hat mir meine Arbeit viel Spaß gemacht und mein Selbstvertrauen gefördert. Das wiederum tat auch meiner Beziehung mit Abdu sehr gut, denn meine Leistungen nötigten ihm Respekt ab. Er vertraute mir zunehmend, und dadurch konnte ich immer mehr Freiheiten genießen. War es anfangs noch ein Drama, dass ich allein mit einem Kollegen mit dem Auto zu einem Termin fuhr, konnte ich jetzt sogar alleine zu Seminaren reisen.

Abdu arbeitete in dieser Zeit weiterhin an Projekten im arabischen Raum. Außerdem baute und renovierte er an dem Haus seiner Familie. So war er oft in Ägypten. Wenn er dann nach längerer Abwesenheit zurückkam, dauerte es ein wenig, bis wir uns alle wieder aneinander gewöhnt hatten. Allein die Tatsache, dass das Leben auch ohne sie einfach weiterläuft, ist für viele Männer nicht so leicht zu verkraften. Das gilt übrigens soweit ich weiß für deutsche Männer genauso wie für ägyptische. Das geht dann so: In Abwesenheit des Mannes entscheidet frau etwas alleine – bleibt einem ja nichts anderes übrig. Ist der Mann dann wieder da, wird die Entscheidung wieder rückgängig gemacht. Das kann frau natürlich wiederum nicht vertragen. Für genügend Zündstoff ist also gesorgt. Trotz allem haben Abdu und ich die schwierigen Zeiten aber ganz gut meistern können.

Vom Beginn unserer Ehe an hatten wir immer eine gemeinsame Kasse und besprachen zusammen alle Finanzen. Abdu ist sehr gut im Planen und Organisieren. Das ist in seinem Beruf notwendig, aber im Privatleben natürlich auch von Vorteil. So hatten wir nie wirkliche Geldprobleme und konnten unser Leben immer gut bestreiten. Einige Jahre später hat Abdu zugegeben, dass meine Arbeit damals für unsere Familie von großer Bedeutung war.

1998 wurde XES wieder einmal umstrukturiert und ich hörte zunächst auf zu arbeiten. Ich bekam eine schöne Abfindung und hatte dann sieben Monate frei. In dieser Zeit war ich insgesamt vier Monate in Ägypten. Die Kinder waren schon erwachsen und es reichte, wenn ich alle paar Wochen nach Deutschland kam und nach dem Nötigsten schaute. In diesen vier Monaten habe ich mich richtig in Ägypten eingelebt. Nach und nach verbesserte sich mein Arabisch, ich konnte endlich mal allein losgehen, um einzukaufen oder mich im Sporting Club mit den Frauen des „International Women's Club" zu treffen. Dazu fuhr ich mit der Straßenbahn oder nahm ein Taxi. Seither habe ich in Alexandria Freundschaften und Kontakte auch außerhalb der Familie. Jetzt fühlte ich mich dort richtig wohl und Ägypten wurde mir sehr vertraut. An vieles, was mich zunächst gestört hatte, gewöhnte ich mich mit der Zeit: den Schmutz, den Lärm und die vielen Menschen. Gleichzeitig entdeckte ich viel Positives, das in Deutschland fehlt. Die Menschen sind sehr viel hilfsbereiter, und besonders ausländische Frauen werden überall bevorzugt behandelt. Wenn jemand auf der Straße fällt, so eilt jeder sofort herbei, um zu helfen. In Deutschland kann man da manchmal lange warten, viele schauen weg oder gehen einfach weiter. Beim Einkaufen denke ich des Öfteren über die Emanzipation der Frauen nach. Ist es wirklich ein Fortschritt, allein mit dem Auto einzukaufen und sich dann mit Getränken und Tüten abzuschleppen? In Ägypten gehen die Paare gemeinsam einkaufen. Die Frau geht ganz gelassen neben dem Mann her und gibt Anweisungen, was eingepackt werden soll. Der Mann sammelt alles ein und schleppt sich hinterher mit dem Einkauf ab.

Abdu war in diesen vier Monaten ebenfalls in Alexandria, aber die meiste Zeit mit Renovierungen beschäftigt. Auch er musste sich in Ägypten wieder eingewöhnen. Seine Methoden aus Deutschland funktionieren hier nicht immer. Das größte Problem beim Bauen oder Renovieren ist, zuverlässige Leute zu finden, die ihre Termine einhalten und sauber arbeiten. Manche hinterlassen so viel Dreck, dass danach erstmal ein Großputz fällig ist. Im Laufe der Zeit sammelte Abdu so seine Erfahrungen und jetzt kennt er hier Handwerker, die sehr gut und sauber arbeiten.

Wieder in Deutschland zurück nahm ich wieder Suche nach einer Arbeit auf. Ich kannte noch viele Leute bei Xerox und durch diese Verbindungen fand ich 1999 wieder eine Stelle. Diesmal war ich selbst im Vertrieb tätig, das heißt, ich besuchte Kunden und verhandelte mit ihnen. Ich hatte mir das immer ganz schrecklich vorgestellt, etwa so wie Staubsauger verkaufen. Aber es war ganz anders. Ich verkaufte ein Produkt, nämlich Papier und Zubehör, das alle Kunden unbedingt brauchten. Ich musste immer gut informiert sein, um sie fundiert beraten zu können. Außerdem war ich für meine Abrechnungen selbst verantwortlich und musste die mir vorgegebenen Ziele erreichen. Es war eine sehr verantwortungsvolle Tätigkeit und manchmal sehr anstrengend. Im Vertrieb motiviert man die Mitarbeiter über Auszeichnungen und Preise. Für gute Arbeit gibt es „Incentives", und ab und zu wurde ich auch mit einigen Preisen ausgezeichnet. Pro Woche arbeitete ich 25 Stunden. Für mich waren die 7 Jahre bei Xerox eine schöne Zeit, ich wurde geschätzt und fühlte mich wohl.

2005 wurde auch diese Firma wieder neu organisiert. Ich war 58 Jahre alt und hatte keine besonders große Lust mehr zu arbeiten. Außerdem fand ich, dass wir jetzt endlich unseren Plan, mehr in Ägypten zu leben, in die Tat umsetzen sollten. Wie lange sollten wir denn noch warten? Abdu war schon 70 Jahre alt. Also trat ich in den Ruhestand und wir gestalteten unser Leben noch einmal um. Im Frühjahr und im Herbst sind wir jetzt jeweils für zwei Monate in Ägypten. Die restliche Zeit leben wir in Deutschland. 2006 suchte ich mir in Deutschland noch ein neues Hobby. Ich absolvierte eine Ausbildung, um in Düsseldorf Stadtführungen machen zu können. Dabei lernte ich viel über die Geschichte und die Gebäude in Düsseldorf. Zwar habe ich noch nicht so richtig mit dieser Tätigkeit angefangen, aber ich will es unbedingt demnächst ernsthaft tun.

Unsere Kinder leben alle in Deutschland. Ahmad ist verheiratet und hat selbst schon Kinder. Wir lieben unser Haus in Deutschland, wo wir gerne im Garten werkeln. In Ägypten hat kaum jemand einen Garten und wenn, so wird er vom Personal gepflegt. Wenn wir in Deutschland sind, fahren wir viel Fahrrad und sind oft im Grünen. Solange unsere Gesundheit die vielen Reisen zulässt, möchten wir gerne an dieser zweigeteilten Lösung (Ägypten und Deutschland im Wechsel) festhalten.

In Ägypten hat Abdu noch einige Jugendfreunde und inzwischen haben wir einige andere gemischte Ehepaare kennen gelernt, die wie wir hier und dort leben. Man trifft sich zu Hause oder im Sporting Club. Es gibt auch gemeinsame Reisen, 2007 zum Beispiel eine Kreuzfahrt auf dem Nasser-See in einer sehr netten Gruppe. Ich bin Mitglied bei den Deutschen Frauen von Alexandria und im Schweizer Club. So haben wir hier viele Kontakte und führen ein angenehmes Leben.

Mir gefällt auch die ägyptische Küche recht gut. Das großartige Angebot an Obst und Gemüse begeistert mich immer wieder aufs Neue. Man isst sehr viele vegetarische Gerichte wie Malocheia, Ful und Koscheri. Fleischgerichte gibt es ebenfalls reichlich in Ägypten, aber wir selbst essen wenig Fleisch. Die Versorgungslage in Ägypten hat sich sehr verändert, seit ich 1971 das erste Mal hier war. Damals herrschte noch Mangel an vielen Grundnahrungsmitteln. Jetzt gibt es so gut wie alles zu kaufen, das meiste wird im Land selbst erzeugt. Außerdem wird auch viel importiert. Sogar Elektrogeräte werden inzwischen in bester Qualität in Ägypten hergestellt. Wenn man genug Geld hat, kann man hier sehr gut leben. Die Bevölkerung ist stark angewachsen. 1950 sprach man von 20 Millionen, jetzt sind es mindestens 70 Millionen. Trotzdem funktioniert die Versorgung gut, mir erscheint das manchmal unglaublich.

Was den religiösen Fanatismus anbelangt, so habe ich den Eindruck, dass er sich leider immer mehr verstärkt. Früher trugen nur ältere Frauen eine Kopfbedeckung oder Frauen vom Land. Heute gibt es kaum ein Mädchen ohne Tuch. Manchmal kommt mir das lediglich wie eine Modeerscheinung vor, aber dadurch hat sich das ganze Stadtbild verändert. Die große Menge von Menschen auf der Straße führt oft zu unangenehmem Gedränge. Vielleicht hat sich das Verhalten der Ägypter deshalb so verändert und man begegnet nicht mehr so vielen fröhlichen Menschen wie früher. Damals hat mich immer beeindruckt, wie unbekümmert und strahlend die Menschen aussahen.

Ich habe nie bereut, dass ich mich für Abdu entschied. Durch ihn gewann ich sehr viele neue Erfahrungen und mein Leben ist sehr viel reicher und bunter geworden. Allerdings sehe ich auch Deutschland jetzt mit ganz anderen Augen. Ich bin kritischer geworden und in den ersten Tagen in Deutschland muss ich mich genauso wieder neu eingewöhnen wie in Ägypten.

Weil unsere Kinder und Enkel in Deutschland leben, wird unser Zuhause sicher immer dort sein. Aber auch Ägypten ist mir in all diesen Jahren sehr ans Herz gewachsen. Anfangs hat es mich große Mühe gekostet, mich hier zurechtzufinden. Aber am Ende ist es mir gelungen und es hat sich gelohnt. Jetzt betrachte ich dieses Land als meine zweite Heimat.

# Anita W.
# Eine Plantage in Ägypten

*Anita und ihren Mann Mohsen lernte ich durch Freunde aus Alexandria kennen. Ich hatte gerade mit der Arbeit an diesem Buch begonnen, und eine Freundin fand, dass ich Anitas Geschichte unbedingt mit aufnehmen sollte. 1987 hatten Anita und Mohsen ein Stück Land gekauft und es in jahrelanger Arbeit in eine wunderschöne Obstplantage verwandelt. So etwas hatte bisher keine meiner Bekannten gemacht und natürlich waren wir neugierig. Bald wurden wir eingeladen, sie in ihrem kleinen Garten Eden zu besuchen. Es war traumhaft schön dort: ein kleines Paradies voller großer Bäume, Dattelpalmen, Bananenstauden, Orangenbäumen, Rosen und vielen, vielen anderen Blumen. Eine so schöne Gartenanlage hatte ich in Ägypten noch nirgends gesehen. Sie wohnen in einem schönen, großen Haus mit mehreren Terrassen. Auf das Dach gelangt man über eine Treppe und von oben hat man nachts einen unglaublichen Blick auf die Sterne. Das Dach selbst schmückt ein aufwändiges, farbenfrohes Mosaik.*

*Anita ist eine lebhafte Frau mit hellblonden Haaren und braunen Augen. Sie spricht sehr schnell und mit rheinländischem Dialekt, sodass es für mich nicht leicht ist, sie zu verstehen. Ihr Mann Mohsen hat grüne Augen und sieht eigentlich gar nicht ägyptisch aus, eher wie ein Deutscher. Während unseres kurzen Aufenthalts auf ihrer Plantage im Herbst 2007 erzählte mir Anita ihre Geschichte:*

Mein Mann Mohsen und ich lernten uns am Silvesterabend 1959 kennen. Ich war damals 20 und Mohsen 22. Es war Liebe auf den ersten Blick. Und dabei haben wir das alles dem Zufall zu verdanken… Meine Freundin Karin und ich hatten eigentlich zu Freunden auf eine Party gehen wollen und uns am Bahnhof von Köln mit einer Bekannten verabredet, die gesagt hatte, sie würde uns mitnehmen. Aber sie kam einfach nicht. Es wurde immer später, und wir warteten und warteten. Es wurde zehn Uhr, und wir warteten immer noch. Es war Silvester und entsprechend viel los auf dem Bahnhof, aber so langsam wurden wir doch ungeduldig. Da kam zufällig mein Bruder Klös (Klaus) vorbei, der noch unschlüssig war, wie er den Silvesterabend verbringen sollte. Wir unterhielten uns und beratschlagten, was am besten wäre. Dann entschied Klaus spontan: „Ich werde euch ausführen, wir fahren nach Aachen." Ich weiß nicht mehr, warum es ausgerechnet Aachen sein musste, aber wir fuhren jedenfalls mit dem Zug bis zum Aachener Bahnhof. Anschließend nahmen wir uns ein Taxi zur „Kongobar". Das war eigentlich Quatsch, wir hätten die paar Schritte gut laufen können, aber Klaus wollte unbedingt mit dem Taxi vorfahren. Die Silvesterparty war schon in vollem Gange, es war richtig viel los, wir tanzten viel und amüsierten uns prächtig. Mohsen feierte ebenfalls dort mit seinen Freunden. Er tanzte gerade mit einer Holländerin, und sie tanzten so wild, dass das Paar mitsamt dem Weihnachtsbaum umfiel. Nach all der Aufregung tanzte Mohsen nicht mehr mit der Holländerin, sondern mit mir. Wir unterhielten uns, so gut es bei dem Trubel eben ging, und ich beschloss schon in diesem Moment: „Den werde ich heiraten." Mohsen ging es genauso, das hat er mir später erzählt. Von diesem Abend an gehörten wir zusammen.

Mohsen ist in Kairo geboren und aufgewachsen. Seine Eltern waren sehr wohlhabend, sie besaßen Ländereien. Sein Vater war Bauingenieur für Wasserwesen und Städteplaner. Seine Mutter stammte aus der Familie des ägyptischen Königs, die ursprünglich aus dem Osmanischen Reich nach Ägypten gekommen waren. Mohsen war kein guter Schüler. Trotzdem hatte er es sich in den Kopf gesetzt, zum Studium nach Deutschland zu gehen. Geld war, wie gesagt, genug da, und sein Vater versprach ihm, dass er sein Studium im Ausland bezahlen würde, wenn es ihm gelang, das Abitur abzulegen. Das weckte seinen Ehrgeiz, Mohsen wollte es unbedingt schaffen. Er verfiel auf die merkwürdigsten Tricks, um sich selbst zum Lernen anzustacheln. Er rasierte sich die Augenbrauen, damit er nicht mehr ausgehen konnte. So hatte er weniger Ablenkung. Tag für Tag saß er zu Hause und lernte wie ein Besessener. Und sein Fleiß wurde belohnt: Er schaffte sein Abitur und sein Vater hielt Wort und finanzierte ihm sein Studium. 1957 flog Mohsen nach München, wo es ihm auf Anhieb so gut gefiel, dass er schon kurz nach der Ankunft den Entschluss fasste, dieses schöne Land nie mehr zu verlassen. Selbst die Tatsache, dass er noch das deutsche Abitur nachmachen musste, schreckte ihn nicht mehr. Er ging auf eine spezielle Schule mit angeschlossenem Internat in Bad Aibling, verbesserte sein Deutsch am Goethe-Institut in München, machte Abitur und schrieb sich nach bestandener Hochschulreife an der RWTH Aachen ein. Nach dem Vordiplom wechselte er nach Köln, wo er sein Studium mit dem Diplom in Elektrotechnik abschloss.

Ich selbst bin in Buir, einem 1000-Seelen-Ort im Rheinland, aufgewachsen. Ich war das vierte von fünf Kindern, außer mir gab es noch eine Schwester und drei Brüder. Meine Eltern führten eine große Bäckerei am Ort. Sie waren immer sehr großzügig, bei uns am Mittagstisch waren häufig Gäste, manchmal andere Kinder, aber oft auch ärmere Leute, die mit verköstigt wurden. Ich war der Liebling meines Vaters, ständig mit meinen Brüdern unterwegs und kam zum Leidwesen meiner Mutter sehr oft mit dreckigen Hosen oder aufgeschürften Knien nach Hause. Meine ältere Schwester war ganz anders als ich, sie achtete sehr auf ihr Äußeres und machte sich nie schmutzig. Meine Mutter war genauso blond wie ich, aber aus unerklärlichen Gründen färbte sie sich das Haar immer kastanienbraun. Warum sie das machte, verstehe ich bis heute nicht. Meine Schwester und mein jüngster Bruder waren dunkelhaarig wie mein Vater, wir anderen Geschwister blond.

Nun hatte ich also Mohsen kennen gelernt und wir waren verliebt. Wie aber sollte ich das meiner katholischen Mutter beibringen? Mit meinem Vater würde es kein Problem geben, das bekam ich schon irgendwie hin. Er war zwar auch katholisch, aber sehr tolerant und zu mir immer etwas nachsichtiger. Ich überlegte hin und her, wie ich es wohl anstellen sollte. Möglichst unauffällig musste es natürlich sein. Meine Eltern erlaubten uns oft, bei uns zu Hause zu feiern und dazu unsere Freunde einzuladen. Früher sagte man dazu „Hausball", heute würde man es wohl eher als „Party" bezeichnen. Sie meinten immer, es sei besser, wenn wir zu Hause feierten als irgendwo anders. Ich verabredete also mit meinen Brüdern, dass Mohsen als Bekannter zu einem Hausball bei uns eingeladen wurde. Gesagt, getan. Mohsen kam und war sehr charmant. Er unterhielt sich mit meinen Eltern, tanzte sogar mit meiner Mutter, und alle fanden ihn nett. Selbst meine Mutter war überzeugt, er gefiel ihr richtig gut. Sie merkte gar nicht, dass wir uns schon kannten. Sie dachte bis zum Schluss, wir sähen uns zum ersten Mal. Natürlich kam die ganze Geschichte dann schnell heraus, mein Bruder Klös konnte einfach nicht widerstehen und erzählte meiner Mutter, dass Mohsen ja nur wegen mir zu der Party gekommen war. Da war sie erst mal sauer, aber zum Glück beruhigte sie sich bald wieder. Kein Wunder, bei so einem netten jungen Mann…

So wurde Mohsen ganz selbstverständlich Teil unserer Familie. Mein Vater und er waren sich vom ersten Moment an sympathisch. Später nannte Mohsen meinen Vater auch „Pap", genau wie meine Geschwister und ich. Für uns beide war schnell klar, dass wir heiraten wollten, und auch meine Eltern waren einverstanden. So wurde die Ehe 1960 auf dem Standesamt in Buir geschlossen. Natürlich war unsere Familie im ganzen Ort sehr bekannt, das kam ganz automatisch durch die Kunden aus der Bäckerei. Jetzt gab es endlich mal Gesprächsstoff satt für alle: „Die Anita hat einen Afrikaner geheiratet", sagten die Leute. Manchmal brachten uns Kunden sogar Zeitungsausschnitte mit, die davon berichteten, wie schlecht es Frauen ergangen war, nachdem sie in ein arabisches Land geheiratet hatten. Uns war das aber ziemlich egal. Zunächst wohnten Mohsen und ich noch bei meinen Eltern, und 1960 wurde unsere Tochter Mona geboren. Wenn ich mit dem Kinderwagen durchs Dorf ging, versuchten die Leute betont unauffällig unter den vielen Decken nachzusehen, ob das Kind wohl schwarz sei. Sie hatten keinerlei Vorstellung von Ägypten, genauso gut hätte es Timbuktu sein können.

Mohsen schloss sein Studium ab und wir zogen in unsere erste eigene Wohnung nach Düren. Er bekam einen Job bei Siemens und ging oft auf Montage. Wenn er verreist war, fuhr ich meistens mit Mona zu meinen Eltern, was hätte ich alleine zu Hause herumsitzen sollen? Wenn die Leute mir dann im Dorf begegneten, hieß es gleich: „Die Anita ist mit Kind und Koffer zu den Eltern zurück." Sie konnten sich nicht vorstellen, dass unsere Ehe funktionieren würde. Da hatten sie sich aber getäuscht! Uns ging es prächtig und auch ich arbeitete bald wieder:

wie schon vor meiner Ehe in einem Büro. Mona kam in den Kindergarten und außerdem hatte ich Hilfe von einer Kinderfrau. Finanziell ging es uns ganz gut, denn bis Mohsen bei Siemens anfing, war mein Schwiegervater wie versprochen für seinen Lebensunterhalt während des Studiums aufgekommen. Wir waren eine ganz normale, junge Familie und 1965 wurde unser Sohn Ahmad geboren.

Nach Ägypten fuhren wir in den ersten Jahren unserer Ehe gar nicht. Mein Schwiegervater war inzwischen im Ruhestand, aber da ihm das Nichtstun überhaupt nicht zusagte, hatte er eine Beratertätigkeit in Saudi-Arabien angenommen. Er war als Städteplaner in hoher Position in Riad tätig. Da er gerne reiste, besuchte er uns regelmäßig in Deutschland. Meistens wohnte er dann im Hotel Excelsior in Köln. Manchmal brachte er eine ganze Delegation von Wirtschaftsvertretern aus Saudi-Arabien mit. Einmal war sogar ein Prinz aus der Königsfamilie dabei und vor dem Hotel hisste man die saudi-arabische Flagge.

Bei solchen Anlässen konnte Mohsen oft als Dolmetscher einspringen. Dazu holte man ihn ganz standesgemäß mit einer Stretch-Limousine ab. Das war vielleicht eine Aufregung in unserem kleinen Dorf! „Jetzt muss er wieder für die Scheichs übersetzen!", sagten die Kinder auf der Straße.

Mein Schwiegervater war ein richtiges Sprachgenie, er sprach sechs Sprachen. Auf einem seiner Deutschlandbesuche erwähnte er beiläufig, dass er jetzt Deutsch lernen würde. Und das tat er dann auch tatsächlich. Bei seinem nächsten Besuch beherrschte er die deutsche Sprache schon so gut, dass er den Kindern die Gutenachtgeschichten vorlesen konnte. Nun war es auch möglich sich mit ihm auf Deutsch zu unterhalten. Aber schon vorher war die Verständigung für uns kein Problem. Zwar sprach ich damals noch kein Arabisch, aber mit Englisch kamen wir alle ganz gut zurecht.

Meine Schwiegermutter lebte in diesen Jahren weiterhin in Ägypten, sie wollte nicht nach Saudi-Arabien umziehen. Frauen müssen in Saudi-Arabien große Einschränkungen hinnehmen und das wollte sie sich nicht zumuten. Aber auch sie besuchte uns in Deutschland, manchmal gleichzeitig mit meinem Schwiegervater. Ihr erster Besuch 1965 ist mir noch in lebhafter Erinnerung. Ich hatte natürlich schon gelegentlich ägyptische Frauen gesehen, am Flughafen oder in Filmen. Meist trugen sie lange Kleider, manche auch Kopftuch. Wir standen also am Flughafen in Frankfurt und warteten auf Mohsens Mutter. „Da ist sie ja", rief Mohsen und ich guckte mir die Augen aus dem Kopf. Ich konnte keine Ägypterin entdecken. Als Mohsen sie mir dann zeigte, blieb mir erst mal der Mund offen stehen. Richtig mondän sah sie aus, ganz schick angezogen in einem hellblauen Kostüm und hochhackigen Schuhen. Von Kopf bis Fuß war alles Ton in Ton farblich aufeinander abgestimmt. Ihre Haare waren tizianrot, sie hatte grüne Augen und trug sehr viel Schmuck. Himmel, sie sieht aus, als käme sie direkt aus Paris!, dachte ich und kam mir plötzlich sehr underdressed vor. Ich war so platt, dass es mir komplett die Sprache verschlug, mein bescheidenes Arabisch zumindest war plötzlich wie ausgelöscht. Aber das machte nichts, sie umarmte mich sehr herzlich und küsste mich mehrmals. Dann setzte sie sich mit mir noch im Flughafen auf eine Bank und packte sofort den Schmuck aus, den sie mir mitgebracht hatte. Da waren Ringe, ein wunderschönes Armband, Anhänger mit Rubinen, Ketten und noch mehr. Diese Fülle überwältigte mich, ich brachte kaum einen Ton heraus, und das passiert mir wirklich selten.

So sahen wir beide Eltern öfters, aber nicht in Ägypten. Sie kamen uns lieber in Deutschland besuchen. Bei einem ihrer Besuche holten wir sie mit unserem schon etwas älteren Opel am Flughafen ab. Auf der Fahrt zum Flughafen war der Auspuff kaputtgegangen und nun war das Auto fürchterlich laut. Mohsens Mutter bestimmte sofort, dass der „Junge" ein neues Auto brauchte. Gesagt, getan. Wenige Tage später hatten wir einen nagelneuen Wagen. Ein anderes Mal als wir sie abholten, waren die Kinder dabei und Mona quengelte und quengelte, sie gab einfach keine Ruhe. Sie hatte in einer der sündhaft teuren Boutiquen am Flughafen ein rotes Nappa-Lederhöschen gesehen, das sie nun unbedingt haben wollte. Natürlich war es viel zu teuer, ich hätte für so etwas niemals so viel Geld ausgegeben. Meine Schwiegermutter jedoch bestand darauf, dem Kind den Wunsch zu erfüllen. Sie waren beide immer sehr großzügig zu uns und den Kindern. Da sie aber nicht ständig da waren, kamen wir ganz gut damit klar. Unsere Kinder wuchsen ganz normal auf, nur Oma und Opa verwöhnten sie nach Strich und Faden. Aber das ist ja bei vielen Familien so.

Die Religion spielte in unserem täglichen Leben keine große Rolle. Mohsen ist zwar Moslem, aber er ist sehr liberal. Er und seine Familie verlangten nicht von mir zum Islam überzutreten und ich sah auch keinen Grund dazu. Unsere Kinder wurden nicht getauft und als sie aufwuchsen und größer wurden, beantworteten wir nach und nach ihre Fragen. Sie wurden nicht in einer bestimmten Religion erzogen, sondern haben sich später mit diesen Fragen selbst auseinandergesetzt.

Sobald die Kinder etwas größer waren, arbeitete ich wieder im Büro. Aber dann wollte ich doch lieber selbstständig sein und etwas Eigenes aufziehen. Dazu fehlte mir aber noch die entsprechende Ausbildung, bisher hatte ich nur Mittlere Reife und eine Ausbildung zur Bürokauffrau. Ich schrieb mich für Kurse ein und bereitete mich abends auf die Prüfung zur Einzelhandelskauffrau vor. Das war nicht leicht, denn gleichzeitig musste ich den Kindern gerecht werden und den Haushalt versorgen. Aber ich kämpfte mich durch und schaffte es tatsächlich. Mit unserem in der Zwischenzeit selber angesparten Kapital eröffnete ich ein Bäckereigeschäft in Düren. Mein Bruder Günter hatte inzwischen die Bäckerei meines Vaters übernommen und belieferte mich mit Backwaren. Nach einigen Anlaufschwierigkeiten lief mein Geschäft sehr gut. Es sprach sich schnell herum, dass unsere Brötchen und auch die anderen Backwaren sehr gut schmeckten. Gelegentlich half Mohsen im Geschäft mit aus. Allerdings war er immer sehr großzügig und verteilte viele Proben an die Kunden. Das war zwar gut als Werbung, aber schlecht für den Umsatz.

Es folgten recht friedliche Jahre in Düren. Die Kinder gingen zur Schule, Mohsen arbeitete und ich hatte mein Geschäft. Später bauten wir in Buir ein Haus, sodass ich jeden Tag mit dem Auto ins Geschäft fahren musste. Natürlich hatten wir sehr viel zu tun. Aber unser Leben gefiel uns, ich war sehr zufrieden und glücklich.

Dann hatte ich 1975 einen schweren Autounfall, den ich durch Unachtsamkeit auch noch selbst verschuldet hatte. Es passierte auf dem Weg zur Schule, beide Kinder, damals 15 und 10 Jahre alt, saßen hinten im Wagen. Das Auto war ein Totalschaden. Ich war schwer verletzt, bewusstlos und wurde sofort mit dem Hubschrauber ins Krankenhaus nach Köln geflogen. Die Kinder brachte man mit dem Krankenwagen nach Bergheim ins Krankenhaus, aber bis auf ein paar Schürfwunden waren sie mit dem Schrecken davongekommen. Erst mehrere Tage später erwachte ich auf der Intensivstation. Ich hatte verschiedene Knochenbrüche an Rippen und Brustwirbel, außerdem Schnittwunden und Abschürfungen. „Wo sind meine Kinder, ist alles in Ordnung mit ihnen?", war meine erste Frage. Man versicherte mir, dass es beiden gut ginge. Ich konnte das aber nicht glauben, wollte es mit eigenen Augen sehen und machte mir die größten Sorgen. Jeden Tag fragte ich Mohsen nach den Kindern. Dann bekam ich plötzlich hohes Fieber und die Ärzte wussten nicht weiter. Da kam Mohsen auf die Idee, Ahmad und Mona zu mir ins Krankenhaus zu bringen, obwohl sie ihn mit den Kindern gar nicht reinlassen wollten. Aber er blieb stur, stellte einfach seinen Fuß in die Tür und brachte sie zu mir. Als ich die Kinder endlich mit eigenen Augen wohlbehalten sehen konnte, besserte sich mein Zustand sofort und ich wurde wieder gesund. Viel später, als ich erfuhr, dass ich mit dem Hubschrauber ins Krankenhaus gebracht worden war, ärgerte ich mich, dass ich das nicht bei Bewusstsein erlebt hatte. Nun ja, dann hätten sie wahrscheinlich gar keinen Hubschrauber gebraucht!

Bald danach gab ich mein Geschäft auf und ging wieder halbtags ins Büro arbeiten. Es war mir einfach zu viel geworden, mit der vielen Arbeit und der Fahrerei. Jetzt hatte ich endlich wieder mehr Zeit für die Familie. Mohsen wechselte den Arbeitgeber und fuhr nun jeden Tag mit dem Auto zu den städtischen Kliniken in Duisburg. Das war nicht wirklich weit, aber auf der Strecke gab es oft Stau.

1972 fuhren wir zum ersten Mal gemeinsam nach Ägypten. Auch Mohsen war seit vielen Jahren nicht mehr dort gewesen. Unsere Schwiegereltern und andere Verwandte hatten uns all die Jahre in Deutschland besucht und deshalb hatte Mohsen gar nicht das Bedürfnis gehabt, nach Ägypten zu fahren. Auf Wunsch meines Schwiegervaters fuhren wir dann aber doch endlich. Meine Schwiegermutter war zu diesem Zeitpunkt schon verstorben. Unseren Urlaub verbrachten wir damals im Familiensommerhaus in Ras el Barr, das liegt östlich von Alexandria. Ich war sehr erstaunt über die vielen Steine auf den Gehwegen. Alles sah sehr mitgenommen aus. Erst viel später begriff ich, dass es in Ägypten immer so aussah. Im ersten Moment dachte ich: „Na, klar, hier war Krieg." Aber das war ja schon einige Jahre her. Zum Baden fuhren wir mit den Kindern zu einem Strand in Gerby. Damals konnte man noch problemlos im Badeanzug baden ohne Aufsehen zu erregen. Außerdem schauten wir uns Kairo an und besuchten dort Mohsens Schwester, deren Mann als Direktor an einem großen Krankenhaus arbeitete. Ihr Haushalt war sehr groß, es gab verschiedene Dienstboten und alles war im Überfluss vorhanden. Zum Essen deckte man den Tisch festlich mit Tafelsilber und kostbarem Porzellan.

Aber es gab auch noch das andere Ägypten, das zu diesem Reichtum in krassem Gegensatz stand. So erinnere ich mich noch gut an eine kleine Episode aus Ras el Barr. Das Öl zum Kochen war uns ausgegangen und Mohsen erbot sich, welches zu holen. Der „Laden" war eine winzige Klitsche, das Warenangebot für mich vollkommen undurchsichtig. Außerdem starrte alles vor Schmutz, mit einem schwarz verfärbten Lappen wischte man die schwarz verfärbte Flasche ab. Dann wurde aus einem Metallfass unser Öl in die Flasche gefüllt. Ich hielt es erst für Lampenöl und wusste gar nicht so genau, warum wir dort waren. Trotz Prunk und Reichtum bei einigen privilegierten Familien ging es bei der Versorgung noch sehr primitiv zu.

Zwei Jahre später, 1974, ist mein Schwiegervater im hohen Alter von 94 Jahren auf der Straße in Saudi-Arabien angefahren worden und starb an seinen Verletzungen. Er war bis zum Schluss körperlich und geistig fit und hat sogar noch gearbeitet.

1985 bin ich durch Zufall zu einem sehr schönen neuen Hobby gekommen. Meine Tochter Mona hatte sich in einem Töpferkurs angemeldet, dann aber bald keine Lust mehr gehabt hinzugehen. Also bin ich eingesprungen und war sofort fasziniert von dieser kreativen und sinnlichen Tätigkeit. Ich hielt mich nicht lange mit kleineren Stücken auf, sondern legte sofort mit einer großen Vase und einem Lampenfuß los. Ohne größere

Rückschläge konnte ich die Stücke fertig stellen und brennen lassen und meine Werke fanden großen Anklang. Nach Beendigung des Kurses töpferte ich alleine weiter und hatte schon bald eine ganze Reihe schöner Sachen fertig. Da erfuhr ich zufällig von einer geplanten Ausstellung in Kerpen. Ich nahm Kontakt auf und wurde tatsächlich aufgefordert dort auszustellen. Es wurde ein großer Erfolg für mich, praktisch aus dem Stand heraus gewann ich den zweiten Preis. Außerdem konnte ich einige Werke verkaufen, sodass ich mir von diesem Geld einen eigenen Brennofen leistete. Für die Folgeausstellung im nächsten Jahr strengte ich mich noch mehr an und wurde diesmal mit dem ersten Preis belohnt. Später, als ich aus Platzgründen keinen Brennofen mehr hatte, fing ich an zu malen. Unsere Lebensumstände änderten sich, die Kinder waren aus dem Haus und wir verbrachten einen Teil des Jahres in Ägypten. Dazu später mehr. Das Malen ist mir als Hobby aber geblieben und es macht mir bis heute viel Freude.

Schon seit vielen Jahre spukte ein Lebenstraum in Mohsens Kopf herum: Eine Plantage mit Obst und Gemüseanbau, Blumen und schönen großen Bäumen. Auch ich hatte mich schon mit dem Gedanken angefreundet und konnte mir gut vorstellen, so etwas zusammen aufzubauen. Ursprünglich hatten wir uns Spanien als Wunschland für unsere Plantage ausgeguckt. An der Costa Brava, in Sitges, verbrachten wir mit den Kindern regelmäßig unseren Urlaub und lernten schon fleißig Spanisch an der Volkshochschule. Mohsen wusste, dass er von seiner Mutter in Ägypten etwas erben würde, und davon wollten wir Land kaufen. Mohsen erbte dann tatsächlich ein Stück Land, das wir nach einiger Zeit gut verkaufen konnten. Leider war es uns aber nicht möglich, dieses Geld aus Ägypten heraus nach Europa zu transferieren. Die ägyptischen Bestimmungen und Gesetze sind sehr kompliziert und wir stießen schnell auf unüberwindbare Hindernisse. Nach einigem Hin und Her beschlossen wir deshalb, unseren Traum von einer Plantage in Ägypten zu verwirklichen.

1987 war es schließlich soweit, wir konnten loslegen. Westlich des Nils war Land zu verkaufen. Amerikanische Entwicklungshelfer hatten dort Kanäle anlegen lassen, die Nilwasser führen.

Dadurch konnte man Teile der Wüste als landwirtschaftliche Fläche nutzen. Man legte asphaltierte Straßen an und elektrische Leitungen. Mohsen ließ sich für zwei Jahre von der Klinik in Duisburg beurlauben und fuhr zunächst mit Ahmad nach Ägypten. Er kaufte 20 Fadan (das sind etwa 8,4 ha) im Nubreya Gebiet in der Libyschen Wüste, etwa 150 km von Kairo und 100 km von Alexandria entfernt.

Als Mohsen und Ahmad ankamen, gab es dort noch gar nichts, nur braches Land. Als erstes ließ Mohsen eine Holzhütte bauen, damit sie zumindest notdürftig ein Dach über dem Kopf hatten. Vorarbeiter und Arbeiter wurden eingestellt, die zunächst das Land in Parzellen aufteilten und kleinere Kanäle anlegten. Dann mussten die Pflanzen gekauft und eingesetzt werden. Gleichzeitig plante Mohsen ein massives Haus, das nach drei Monaten tatsächlich schon im Rohbau stand. Als ich ankam, wohnten wir erst noch in dem Holzhaus. Immerhin gab es dort Elektrizität und Wasser. Dusche und Toilette lagen außerhalb in einem Extrahäuschen, aber alles funktionierte. Trotzdem machte mir das Klima sehr zu schaffen. Es war unglaublich heiß und ich wurde erst einmal krank. Ich entwickelte Ausschläge und war ständig von Mücken zerstochen. Ich nahm ab. Es war für uns beide eine sehr schwere Zeit. Erst als wir nach sieben Monaten in das andere, massive Haus ziehen konnten, besserte sich mein Zustand langsam. In unserem neuen Haus war es lange nicht so heiß und vom ersten Tag an fühlte ich mich dort sehr wohl.

Langsam aber sicher ging es mit unserer Plantage voran, auch wenn nicht alles so lief, wie wir uns das vorgestellt hatten. Einige Fehlschläge mussten wir schon verkraften. Zum Beispiel die Mandelbäume, von denen wir uns einen guten Ertrag erhofft hatten, die aber nicht richtig anwuchsen und ganz mickrig blieben. Am Ende mussten wir sie alle mitsamt Wurzeln wieder herausziehen. Zum Schutz vor dem oft heftigen Wind hier draußen pflanzten wir kleine Gasualin-Bäume (man nennt sie auch Pionierbäume). Diese Bäume stehen heute auf der gesamten Plantage, sie wachsen sehr schnell, werden bis zu 30 m hoch und spenden viel Schatten. Wenn sie zu groß werden, lassen wir abholzen und verkaufen das Holz mit gutem Gewinn. Auf unserer Plantage kann man überall zu Fuß herumlaufen, es gibt gepflegte Wege, die zu Spaziergängen einladen. Das ist bei Weitem nicht überall so, auf vielen Plantagen wuchert zwischen den Feldern kniehoch das Unkraut und mit normalem Schuhwerk gibt es kein Durchkommen. Anders als die meisten anderen Farmer haben wir auf unserem Land viele verschiedene Pflanzen kultiviert und keine Monokultur. Das macht zwar mehr Arbeit, es ist aber auch viel schöner, als wenn nur eine einzige Sorte wächst. Bei uns gibt es Dattelpalmen, Bananenstauden, Feigen, eine ganze Menge Rosensorten und andere Blumen. Den besten Ertrag liefern die Orangen, Limonen, Grapefruit und Mango. Alle diese Früchte werden von der Ernte weg direkt auf Lastwagen verladen, die auf den Wegen bis an die Felder heranfahren können. Die Lkws bringen die Früchte nach Kairo, wo die Großhändler sie uns abnehmen und in der Markthalle weiterverkaufen. Wir düngen hauptsächlich biologisch. Sämtliche Pflanzenabfälle wie zum Beispiel abgeschnittene Bananenstauden werden zerkleinert und wieder auf dem Land verteilt. Außerdem bewässern wir, indem wir mittels kleiner Kanäle das gesamte Land nach und nach fluten. Dazu wurde ein ganzes System dieser Kanäle angelegt, die einer nach dem anderen geöffnet werden können. Schon die alten Pharaonen bewässerten ihre Felder mithilfe dieser Technik. Man flutet das Land alle paar Tage, und zwar mit Nilwasser aus dem großen Kanal. Dabei geht viel weniger Wasser durch Verdunstung verloren, als bei den sonst gebräuchlichen Tropfanlagen. Unser Trinkwasser gewinnen wir aus einem 22 m tiefen Brunnen, den wir selbst haben graben lassen. Eine Pumpe befördert das Wasser in unseren Wassertank auf dem Dach. Natürlich haben wir dieses Wasser in Deutschland chemisch analysieren lassen, es ist tatsächlich einwandfrei. Davon abgesehen schmeckt es hervorragend.

2007 wird unser erstes richtig gutes Jahr, in dem wir mit unserer Plantage Gewinn erzielen. Wir sind natürlich sehr stolz, dass es uns gelungen ist, das alles hier erfolgreich aufzubauen.

Irgendwann 1987 ging Mohsens unbezahlter Urlaub zu Ende und wir mussten zurück nach Deutschland. Wir beauftragten einen Vorarbeiter, der in unserer Abwesenheit die Plantage führen sollte. In den zwei Jahren auf der Plantage hatten wir all unsere Energie in unsere Farm gesteckt und keinen einzigen Tag Urlaub gemacht. So genossen wir erst einmal unsere Heimat, als wir wieder nach Deutschland zurückkehrten. Mohsen arbeitete wieder in den Kliniken. Die Kinder waren inzwischen aus dem Haus und die tägliche Fahrt von Buir nach Duisburg machte ihm langsam zu schaffen. So verkauften wir 1995 unser Haus und zogen nach Duisburg in eine Wohnung. Mohsen hatte damals außerdem Herzprobleme und nach seiner Operation waren wir froh, dass er nicht mehr so weit fahren musste. Bis 2002 arbeitete Mohsen noch in Duisburg, dann ging er mit 65 Jahren in den Ruhestand.

Seit 1989 fuhren wir natürlich jedes Jahr im Frühjahr und im Herbst für einige Wochen nach Ägypten, um nach unserer Plantage zu sehen. Das war unser „Urlaub". Leider lief es nicht immer so, wie wir uns das vorstellten. Wir hatten verschiedene Vorarbeiter, die mal mehr oder weniger gut waren. Zurzeit haben wir einen sehr guten Mann, der alles im Griff hat. Seit Mohsen im Ruhestand ist, leben wir die halbe Zeit in Ägypten. Mohsen ist jetzt 70 Jahre alt, ich selbst bin 68. In letzter Zeit hatten wir beide gesundheitliche Probleme, deshalb fahren wir nun wieder öfter nach Deutschland. Die medizinische Versorgung in Ägypten ist noch längst nicht auf demselben Standard wie in Deutschland. Unsere Wohnung in Duisburg haben wir 2007 aufgegeben und sind wieder nach Düren gezogen. Dort haben wir eine schöne Wohnung, die alles bietet, was wir brauchen. Sie liegt ganz in der Nähe unserer Kinder, die beide verheiratet sind. Inzwischen haben wir auch vier Enkelkinder.

Mohsen hat seinen Traum verwirklichen können. Am Anfang hatten wir sehr zu kämpfen und es gab viele Enttäuschungen und Rückschläge. Aber am Ende ist es unser kleines Paradies geworden. Es wird uns beiden sehr schwer fallen, wenn wir das eines Tages aufgeben müssen. Diese Plantage ist unser Werk, unser Baby, wir selbst haben uns alles ausgedacht, geplant und umgesetzt. Es ist ein Stück Ägypten, aber vielleicht noch mehr ein Stück von uns. Hoffentlich können wir noch recht lange hier leben und die Früchte unserer Arbeit genießen.

# Ilse T.
# Meine vielen Gärten

*Ilse ist überzeugte Muslimin, hat sich ihre Toleranz anderen Glaubens-richtungen gegenüber jedoch bewahrt. Zum Islam konvertierte sie nach ihrer Heirat. Sie ist mittelgroß, sehr schlank und trägt meistens lange Kleider oder Hosenanzüge. Ilse ist von allen Frauen in diesem Buch die Einzige, die ein Kopftuch trägt. Was unterscheidet sie wohl sonst noch von den anderen? Als sie mir ihre Geschichte erzählt, wirkt sie auf mich sehr spontan und manchmal sogar emotional. Vieles, was schon lange zurückliegt, bewegt sie auch heute noch sehr. Auch mich beeindruckt ihre Geschichte. Vor allem die Geschehnisse in ihrem süddeutschen Heimatdorf damals nach ihrer Verlobung mit ihrem späteren Mann sind für mich unglaublich und vor allem traurig. Hier ist Ilses Geschichte:*

Meinen Mann lernte ich 1962 in unserem Dorf kennen. Schon meine Mutter stammte von hier und auch ich bin dort aufgewachsen. Meine ganze Jugend hindurch war ich fest verwurzelt und hatte viele Verwandte: Großtanten, Tanten, Onkel und Cousins. Man hielt zusammen und unterstützte sich gegenseitig. Meine Lieblingstante brachte mir alle möglichen Dinge bei: Wir bastelten und werkelten oft zusammen. Damals entstand meine eigene Vorliebe für allerlei Handarbeiten. Leider starb diese Lieblingstante schon, als ich zwölf Jahre alt war. Meine Mutter konnte nur stricken, und das immer nach dem gleichen Muster, jeweils ein Jäckchen und ein Mützchen. Jahrelang wiederholte sie das gleiche Muster für sämtliche Kinder der Familie und Bekannten im Dorf. Von mir sagte sie immer: „Die Ilse ist eine geschickte Wurst." Und da ich ja so geschickt war, musste ich auch alles machen. Meine Mutter fand nichts dabei, mich für sämtliche Haus- und Flickarbeiten mit einzuspannen, außerdem schickte sie mich jeden Tag zum Einkaufen. Das war meist ein ganz schönes Gerenne, zum Laden, zum Bäcker, zum Metzger, und so weiter. Als ich etwas älter war, durfte ich mit dem Rad fahren. Außerdem musste ich noch den Rasen mähen – natürlich mit einem Rasenmäher ohne Motor, etwas anderes gab es damals bei uns nicht. Man musste den Rasenmäher allein mit Muskelkraft schieben, was ganz schön anstrengend war. Meine Mutter hielt mich jedenfalls ordentlich auf Trab, und ich fügte mich fast immer.

Schon als Kind hatte ich meinen eigenen kleinen Garten. Wir wohnten zwar nur zur Miete – der Vermieter wohnte mit seiner Familie im Erdgeschoss und wir oben im 1. Stock. Aber der Vermieter teilte mir und meiner Schwester jeder ein Stück Garten zu, den wir uns anlegen durften, ganz wie wir wollten. Einmal schenkte er mir und meiner Schwester je einen Rosenstock, den er persönlich für uns okulierte, also veredelte. Gemeinsam pflanzten wir die Rosen in unseren Gärten und meine Rose wurde tatsächlich wunderschön, auch wenn sie leider nicht duftete. Die Vermieter hatten auch eine Tochter. Sie hieß Sophie und war schon ein Teenager, als ich geboren wurde. Ich erlebte mit, wie sie heiratete und eigene Kinder bekam, und wir haben bis heute noch engen Kontakt.

Eine meiner vielen Großtanten hatte ebenfalls einen wunderschönen Garten, und in meiner Freizeit half ich ihr mit großer Begeisterung. Von ihr habe ich schon damals vieles über Pflanzen und Blumen gelernt. Die Dorfgärtnerei grenzte direkt an unseren Garten und natürlich kannten mich die Leute dort von regelmäßigen Besuchen. Wenn ich für meine Mutter etwas einkaufen musste, holte ich oft für mich selbst kleine Pflänzchen. Die Gärtnersfrau mochte mich sehr und schenkte mir immer mal wieder ein Blümchen oder eine Kleinigkeit für meinen Garten.

Mein Vater stammte aus Schlesien. Er war zum Studium nach Südbaden gekommen. Nach seinem Examen als Zahnarzt ließ er sich 1936 in unserem kleinen Dorf nieder und heiratete meine Mutter. Meine Eltern waren beide evangelisch, aber nicht religiös. Mein Vater liebte die Natur. Er war immer viel draußen, und ich war oft mit ihm unterwegs. Manchmal fuhren wir mit dem Rad das Glottertal hoch, bis der Weg zu steil wurde und wir schieben mussten. Dann ging es zu Fuß weiter. Irgendwo unterwegs kamen wir immer an einen Bauernhof, da gab es dann frische Buttermilch mit Butterklümpchen drin. Das schmeckte herrlich. Da mein Vater Zahnarzt war, kannte er alle Leute im Dorf und in der Umgebung.

Bei uns in der Schule gab es wie überall Religionsunterricht. Unsere Lehrerin forderte uns auf, am Sonntag in die Kirche zu gehen. Ich war damals ungefähr acht Jahre alt und erzählte also meiner Mutter, dass ich nun am Sonntag in die Kirche gehen würde. Sie war etwas erstaunt, sagte aber nicht viel dazu. So ging ich am nächsten Sonntag mit meiner Freundin hin. In der Woche darauf wollte ich wieder gehen, aber meine Mutter fand, das sei doch wohl nicht nötig. Ich bin aber trotzdem noch einmal hingegangen. Beim dritten Mal fing meine Mutter an, mich damit aufzuziehen. Das war mir aber doch zuviel und so ging ich nicht mehr in die Kirche.

Einige Jahre später, ich war vielleicht ungefähr vierzehn Jahre alt, wurde ich in den Ferien von einer Freundin der Familie in die Schweiz eingeladen. Sie war gebürtige Russin, hatte die Schweizer Staatsbürgerschaft und war ziemlich wohlhabend. Sie ging in unserer Familie ein und aus und eine meiner Cousinen war ihr Patenkind. Als diese Cousine erfuhr, dass ich Tante Valerie besuchen sollte, machte sie einige spöttische Bemerkungen, die ich erst viel später verstehen sollte: „Aha, die Tante hat dich eingeladen, ich wünsche dir viel, viel Spaß!"

Die Tante lebte in der Schweiz recht luxuriös. Meine Cousine, ihr Patenkind, wurde immer eingeladen und sehr verwöhnt. Das dachte ich jedenfalls. Aber als ich ankam, musste ich jedoch erst einmal helfen, die Winterresidenz zu schließen. Dann hieß es, wir ziehen um ins Sommerhaus und dort haben wir Handwerker. Ich musste sehr viel schuften, die Tante stand nur dabei und gab Anweisungen. Einmal aßen wir eingeweckte Pflaumen mit Sahne. Ich sah, dass Maden darin waren und ekelte mich schrecklich. Bei uns zu Hause ging es immer ganz sauber zu, denn meine Mutter war sehr auf Hygiene bedacht. Außer mir hatte keiner die Maden bemerkt, alle aßen davon. Die Tante sah, dass ich zögerte. Ich protestierte, dass da Maden drin wären, aber sie zwang mich, das Dessert trotzdem aufzuessen. Sie meinte, daran sei noch keiner gestorben. Jetzt wusste ich immerhin, dass man doch viel mehr aushalten kann, als man denkt.

Yunis, mein späterer Mann, ist in Alexandria geboren und aufgewachsen. Sein Vater war Kaufmann und wollte gern, dass

Yunis im Sudan Volkswirtschaft studiert. Zunächst ging er auch ganz folgsam dorthin, kam aber bald zurück. Es gefiel ihm einfach nicht, das Studium war nichts für ihn. Schon als kleiner Junge wollte er Arzt werden. Die beste Ausbildung versprach Yunis sich von einem Studium in Deutschland. Als sein Vater starb, hinterließ er den Kindern etwas Geld, und damit konnte Yunis nach Deutschland reisen und hier sein Studium anfangen. Um seinen Lebensunterhalt zu finanzieren, hielt er sich mit verschiedenen Jobs über Wasser. Zum Beispiel half er bei einem Maler aus und ist so ganz nebenbei ein ausgezeichneter Anstreicher geworden.

Yunis studierte in Freiburg Medizin und wohnte auch dort. In seiner Freizeit versuchte er, seine Deutschkenntnisse aufzubessern. Einmal kam er mit dem Zug zu einem Ausflug in unser Dorf und sah sich die Gegend an. Es gefiel ihm auf Anhieb so gut, dass er sich ein Zimmer suchte und von nun an in unserem Dorf lebte.

Ich ging aufs Gymnasium und wollte eigentlich gerne Kunst studieren. Meine Mutter redete es mir aber aus – zu brotlos, meinte sie. Da überlegte ich mit meinem Vater, der ja Zahnarzt war, dass ich eigentlich Zahntechnikerin werden könnte. Ich hätte gerne mit meinem Vater zusammengearbeitet und mit den Händen war ich schon immer sehr geschickt. Ich ging also von der Schule ab und begann meine Ausbildung.

Da starb mein Vater ziemlich früh an Darmkrebs, das war 1961. Plötzlich war alles ganz anders. Ich vermisste meinen Vater sehr. Noch viel schlimmer aber war, wie meine Mutter auf seinen Tod reagierte. Schon lange vor seiner Krankheit hatte mein Vater ein Grundstück gekauft, auf dem sie ihr gemeinsames Haus bauen wollten. Es war aber nicht mehr dazu gekommen. Nun hatte sich meine Mutter in die Idee verrannt, das Haus unbedingt bauen zu müssen. Das war natürlich gar nicht möglich ohne den Verdienst meines Vaters. Meine Mutter verlangte von mir meine Ausbildung abzubrechen und mir eine Arbeit zu suchen, die mehr Geld einbrachte. Heute weiß ich, wie kurzsichtig das von meiner Mutter war. Ich hätte ja nach der Ausbildung als Zahntechnikerin recht ordentlich verdient. Außerdem hätte sie ihre Pläne ja auch verschieben können – das

Grundstück lief schließlich nicht weg. Trotzdem, damals gab ich nach und fand durch einen Kollegen meines Vaters eine Stelle bei der Kassenzahnärztlichen Vereinigung. Auch meine drei Jahre jüngere Schwester musste arbeiten gehen. Unser Gehalt hatten wir fast komplett unserer Mutter abzugeben und durften nur ein geringes Taschengeld für uns behalten. Meine Mutter war ziemlich konservativ und sehr streng mit uns Mädchen. Ich war schon fast 21, aber ausgehen wie ins Kino oder zum Tanzen gab es für uns nicht, höchstens wenn einer unserer Cousins mitging und uns im Auge behielt.

Trotz all dieser Hindernisse lernte ich genau in dieser Zeit Yunis kennen. Wir hatten den gleichen Weg zum Zug, und da ergab es sich oft, dass wir uns zufällig trafen und ein Stück gemeinsam gingen. Meine Mutter hätte mir natürlich niemals erlaubt einen Freund zu haben. Yunis war sehr charmant, und er gefiel mir gut, aber ich war wirklich noch sehr naiv. Nach einigen Monaten, in denen wir uns immer nur rein zufällig begegnet waren, fragte er mich einmal, wo ich denn in der Mittagspause hinginge. Manchmal ging ich mit Kolleginnen in die Stadt, aber er fragte mich, ob wir uns in einem Café treffen könnten. Ich war buchstäblich zu schüchtern, um nein zu sagen. Wir trafen uns also. Yunis war immer sehr höflich zu mir und wir waren lange Zeit per Sie. „Fraulein" nannte er mich immer. In den nächsten Wochen begegneten wir uns weiterhin regelmäßig auf unserem Weg zum Zug.

Als unser Haus fertig war, erfuhr Yunis, dass meine Mutter zwei Zimmer zu vermieten hatte. Zuerst fragte er mich, dann meine Mutter, und tatsächlich mietete er ein Zimmer und zog bei uns ein. Meine Mutter fand ihn sehr nett, denn er war äußerst charmant und höflich. Gelegentlich machte er ihr Komplimente, wenn sie zum Beispiel vom Frisör kam. Einmal sagte sie sogar: „So einer könnte mir als Schwiegersohn gefallen. Aber er sollte natürlich Deutscher sein!" Sie war nicht nur konservativ, sie hatte auch viele Vorurteile, wie damals alle im Dorf. Aber das sollte ich erst später merken.

Damals waren wir noch kein Paar. Wir sahen uns immer nur zufällig, unterhielten uns oder gingen mal ein Stück spazieren. Aber er gefiel mir, und irgendwann wurde es dann doch ernst, wir wollten uns verloben. Meine Mutter und die ganze Verwandtschaft, eigentlich das ganze Dorf, waren hell entsetzt: „Sie geht mit einem Ägypter!" Das fanden sie ganz schrecklich. Noch vor unserer Verlobung war Yunis aus unserem Haus ausgezogen, er wollte mich nicht ins Gerede bringen. Trotz aller Unkenrufe feierten wir unsere Verlobung 1963 bei einem Freund in einem anderen Dorf. Er war wie Yunis Ägypter und schon damals mit einer Deutschen verheiratet. Ich war 23 und Yunis 27 Jahre alt. Unsere Verlobungsfeier fand in einem ganz kleinen Kreis statt. Natürlich hatte ich sämtliche Freunde und Verwandte eingeladen. Gekommen ist aber niemand. Nicht einer von all diesen vielen Menschen, die mich schon mein ganzes Leben lang kannten. Selbst meine Mutter kam nicht. Anschließend begann für mich eine wirklich schlimme Zeit im Dorf. Man warf mir scheele Blicke zu und redete allerlei Schlimmes über mich. Es gab Gerüchte und Briefe von meinen Tanten mit Zeitungsausschnitten, die von Horrorgeschichten erzählten, die Frauen nach ihrer Heirat mit „Arabern" erlebt hatten. Meine Mutter sprach nicht mehr mit mir. Nach wenigen Wochen konnte ich diesen Zustand nicht länger ertragen und suchte mir anderswo ein Zimmer. So zog ich nach Freiburg. Zunächst nahm mich eine Tante auf, und dann konnte ich ein möbliertes Zimmer mieten. Meine Enttäuschung jedoch über all diese Menschen, denen ich doch gar nichts getan hatte, die nahm ich mit. Yunis lebte noch eine Weile weiterhin im Dorf, aber auch für ihn war es keine angenehme Zeit.

Als ich noch zu Hause bei meiner Mutter wohnte, hatte sie immer praktisch mein gesamtes Gehalt behalten. Nun war ich ausgezogen und versuchte erst einmal, mir etwas Geld zusammenzusparen. Schließlich würde ich bald alle möglichen Dinge für unseren ersten gemeinsamen Haushalt kaufen müssen. Yunis bot an, für eine Wohnung und Möbel zu sorgen. Aber in Ägypten erwartet man, dass die Braut zumindest die Aussteuer mitbringt. Ich fing also an, wie verrückt zu sparen. Ich suchte mir mehrere Jobs, um schneller Geld zu verdienen. Zum Beispiel arbeitete ich für einen Künstler, der große Mosaiken anfertigte. Ich führte nach seinen Entwürfen die Mosaiken aus und fuhr dazu auch mit ihm zu den Baustellen. Außerdem nähte ich für andere Leute. Nach und nach wuchs mein Erspartes zu einem hübschen Sümmchen. Jedes Wochenende besuchte ich meine Mutter. Eine Versöhnung wäre mir sehr wichtig gewesen, aber ich bekam immer nur Vorwürfe zu hören. Also fuhr ich immer seltener hin.

Inzwischen hatten sich alle – sämtliche Verwandte und Freunde aus dem Dorf – gegen mich gestellt und versuchten mir auf verschiedenste Weise die Ehe mit Yunis auszureden. Viel später wurde mir klar, dass alle wirklich sehr besorgt um mich gewesen waren. Sie konnten sich einfach nicht vorstellen, dass unsere Ehe gut gehen würde. Mit diesem geballten Widerstand hatte ich überhaupt nicht gerechnet, und anstatt von meinen Plänen abzulassen, schaltete ich auf stur. Ich war mir sicher: Yunis und ich gehören zusammen, und wir würden heiraten. Nur meine Schwester hielt zu mir, was sie aber natürlich in eine ziemlich unglückliche Lage zwischen meiner Mutter und mir brachte.

Nur selten beschlichen mich Zweifel. War es das Richtige, mit diesem Mann, den ich ja noch kaum kannte, in die Ferne zu ziehen? In ein so fremdes Land, nach Ägypten? Yunis erzählte mir immer viel von Ägypten, von seiner Familie und dem Leben dort. Oft versuchte ich mir vorzustellen, was mich erwartete. Aber mir war klar, dass ich vom wirklichen Leben in Alexandria keine Ahnung hatte. Gerade in dieser Zeit dachte ich sehr viel an meinen Vater. Wenn er noch gelebt hätte, wäre er sicher mit mir zusammen nach Ägypten gefahren, damit ich alles erst einmal sehen könnte. So war ich auf mich allein gestellt, und für eine Reise, um das Land kennen zu lernen, fehlte einfach das Geld.

Kurz bevor Yunis sein Studium abschließen konnte, erhielt er eine dringende Nachricht von zu Hause. Seine Mutter war schwer erkrankt und er solle sofort zurückkommen. Schweren Herzens fuhr er ab und ließ mich in Freiburg zurück. Sobald ich das Geld für die Überfahrt zusammengespart hätte, wollte ich nachkommen. Das dauerte dann aber noch fast ein ganzes Jahr. Obendrein hatte ich in dieser Zeit noch einen schweren Unfall, bei dem ich aus einer fahrenden Straßenbahn fiel. Mehrere Wochen musste ich im Krankenhaus bleiben und anschließend verging noch einige Zeit, bis ich ganz genesen war und reisen konnte.

Endlich, im Dezember 1966, war es soweit. Ich hatte meine ganze Aussteuer zusammen: Kochtöpfe, Federbetten, Geschirr, Kleidung. Alles, was ich brauchte, wurde in zwei großen Truhen verstaut. Ich hatte sogar ein Auto gekauft, das ich mitnehmen wollte, einen alten VW Käfer. Dann verabschiedete ich mich im Dorf. Die Gemüter hatten sich etwas beruhigt und trotz allem war es meine Heimat. Ich wusste nicht, wann ich wiederkommen würde. Meine Mutter und meine Schwester weinten, ich selbst weinte mit. Es war eine große Fahrt ins Ungewisse, zu der ich mich da aufmachte, und ich hatte keine Ahnung, was mich erwarten würde. Meine Mutter gab mir noch ein kleines Päckchen, das ich erst auf dem Schiff öffnen sollte. Als ich es später aufmachte, lagen darin eine Perlenkette und ein Brief. Jetzt endlich, zur Abreise, hatten wir uns versöhnt. Sie wünschte mir alles Gute. Beim Abschied hatte sie mir das nicht gesagt, sonst wäre er mir sicher noch schwerer gefallen.

Unser ägyptischer Freund, bei dem wir auch unsere Verlobung gefeiert hatten, brachte mich mit dem VW Käfer zum Schiff nach Genua. Meine Truhen mit dem gesamten Umzugsgut wurden mit dem Zug verschickt, kamen aber wohlbehalten an und wurden auf dem gleichen Schiff verstaut. Dann ging es los. Ich hatte eine Einzelkabine und die Überfahrt war sehr angenehm. An Bord lernte ich viele junge Leute kennen, die meisten von ihnen Griechen, die mich ausfragten und denen ich meine Geschichte erzählte. Sie wussten also, dass ich zu meinem Verlobten fuhr, und um mich aufzuziehen, sangen sie manchmal im Chor: „Ilse is getting married, Ilse is getting married."

Nach drei Tagen auf See kamen wir in Alexandria an. Yunis wusste natürlich, wann mein Schiff ankommen würde. So machte er sich mit einem Freund, der Marineoffizier war, in einem Boot auf, um mich zu begrüßen. Noch weit vor Alexandria kam uns das Boot entgegen, ich entdeckte es sofort und meine neuen Freunde sahen es auch. „Da kommt mein Verlobter", sagte ich zu ihnen, und wieder sangen sie: „Ilse is getting married, Ilse is getting married." Es war wirklich ein Spaß und wir kamen mit großem Hallo in den Hafen. Yunis' ganze Familie war gekommen, um mich abzuholen. Es gab überhaupt wahnsinnig viele Menschen dort, es war unvorstellbar laut und für mich alles sehr fremdartig. Nach einer langen Begrüßung ging es dann nach Hause zu Yunis' Mutter.

Sie lebte ganz allein mit einem Dienstmädchen, die schon eine ältere Frau war. Sie hieß Azma und lebte schon viele Jahre bei Yunis' Mutter. Alle Kinder waren schon aus dem Haus, nur Yunis lebte jetzt noch bei ihr. Als seine zukünftige Ehefrau wohnte ich natürlich auch dort. Als erstes servierte mir Azma ein Glas kühle Limonade. Nicht das süße Zeug, was man bei uns Limonade nennt, sondern echte Limonade aus frischen Limonen. Es schmeckte wirklich köstlich und seit damals liebe ich dieses Getränk.

Yunis' Mutter war übrigens gar nicht einverstanden gewesen, dass ihr Sohn eine Deutsche heiraten wollte. Alle in der Familie waren dagegen. Schließlich gab es doch in Alexandria genug heiratsfähige Töchter aus angesehenen Familien! Damals war Alexandria noch nicht so unübersichtlich wie heute, die meisten Familien kannten sich untereinander. Yunis sah gut aus, hatte studiert und stammte aus einer guten Familie. Er hätte große Auswahl gehabt, als Schwiegersohn war er sehr begehrt. Aber für ihn war es ebenso klar wie für mich: Wir gehören zusammen. Schon vor meiner Ankunft hatte er die ganze Familie zu einer Versammlung einberufen. Dort machte Yunis ihnen klar, dass er seine Entscheidung nicht ändern würde, und derart vor vollendete Tatsachen gestellt akzeptierten sie seine Entscheidung. Die Sache war also schon ausgestanden, noch bevor ich ankam. Zu mir waren dann alle sehr nett, und ich fühlte mich von Anfang an willkommen.

Nun wollten wir nicht sofort heiraten, denn es war gerade Ramadan. Man heiratet lieber nach der Fastenzeit. Wir warteten also einige Wochen, was mir sehr angenehm war, denn ich wollte mich erst einmal eingewöhnen. Ich fastete auch und lernte somit gleich, was das bedeutet. Es fiel mir nicht schwer. Es war mitten im Winter, die Temperaturen waren angenehm und die Zeit, in der man nicht essen darf, entsprechend kurz (von Sonnenaufgang bis Sonnenuntergang). Yunis ging jeden Tag zur Arbeit und kam erst am Nachmittag nach Hause. In dieser Zeit war ich tagsüber meistens allein mit Yunis' Mutter. Nachmittags machte sie ihren Mittagsschlaf und oft rief sie mich und bat mich, ihr die Fliegen wegzuscheuchen. Die Biester waren sehr lästig und sie konnte einfach nicht schlafen, wenn ihr noch eine Fliege um den Kopf schwirrte. Sie erzählte mir lange Geschichten, die ich natürlich nicht verstand. Ab und zu schnappte ich aber einige Brocken Arabisch auf, und wenn Yunis nach Hause kam, fragte ich ihn danach. Manchmal erzählte er mir dann die ganze Geschichte auf Deutsch. So lernte ich nach und nach die Sprache, eher zufällig und spielerisch als durch Pauken und Büffeln. Fast jeden Tag bekamen wir Besuch. Ich lernte alle Verwandten kennen, wobei ich mir nicht gleich die Namen merken konnte. Yunis hat sechs Geschwister, dazu noch eine ziemlich unübersichtliche Zahl an Onkeln, Tanten, Nichten und Neffen. In der Zeit des Ramadan besucht man sich gegenseitig nach Sonnenuntergang und das dauert oft bis spät in die Nacht. Ich verstand natürlich nicht viel von der Unterhaltung, aber ich hielt trotzdem tapfer aus. Die Frauen sprachen fast alle Französisch, viele von ihnen hatten französische Schulen besucht. So konnte ich mich immerhin etwas verständigen. Nach und nach machten auch Yunis und ich unsere Besuchsrunde, bis ich alle kennen gelernt hatte. Yunis erklärte mir die Zusammenhänge, wer zu wem gehörte, und langsam fand ich mich in dieser großen Familie zurecht. Die Familie ist in Ägypten sehr wichtig, das verstand ich sofort, und es gefiel mir. Außerdem nahm sich Yunis viel Zeit, um mir Alexandria zu zeigen. Er besuchte mit mir die alten Stadtviertel, Muntazah mit dem Schloss des Königs und einem wunderschönen Park, den Hafen und die Zitadelle. Als meine Schwägerinnen erfuhren, dass ich gerne nähte, gingen sie mit mir in die Straße mit den Stoffläden. Ich war begeistert und fühlte mich vollauf in meinem Element. Hier gab es fast alles, und ich würde meine Hobbys in Ägypten weiterhin ausüben können.

Nach Ende des Ramadans wollten wir heiraten, und die Planungen für die Hochzeit nahmen all unsere Energie in Anspruch. Zum großen Erstaunen meiner neuen Familie hatte ich kein Brautkleid mitgebracht, nicht einmal einen Stoff dafür. Gemeinsam mit einigen Schwägerinnen machte ich mich also auf die Suche nach einem Stoff. Aber alles, was wir sahen, gefiel mir nicht. Es war einfach nicht mein Geschmack: Entweder es war zu kitschig oder zu pompös. Schließlich fand ich doch einen Stoff, der mir gefiel. Die Familie war entsetzt, er kam ihnen für den schönsten Tag im Leben eines Mädchens viel zu einfach vor. Aber ich ließ mich nicht beirren, sondern nähte daraus mein Brautkleid. Das Ergebnis fand ich sehr schön und wäre damit vollauf zufrieden gewesen. Aber die Familie fand, das Kleid bräuchte wenigstens noch Pailletten. Ich wollte das eigentlich nicht, aber wir fanden dann einen guten Kompromiss. Ich nähte aus dem Reststoff einen schlichten Kragen und meine Schwiegermutter bestickte ihn nach Herzenslust mit Pailletten. Die Zeremonie fand zu Hause statt, ganz ohne Gäste. Der Ma'asun, das ist ein islamischer Beamter, kam zu uns, und der Vertrag wurde in seiner Anwesenheit von uns beiden und den Trauzeugen unterschrieben. Erst am nächsten Tag folgte das große Hochzeitsfest. Weil wir nicht so viel Geld hatten, fand das Fest bei Yunis' Mutter in der großen Altbauwohnung statt. Zuerst ging ich zum Frisör. Er stylte meine schulterlangen Haare, die ziemlich dünn sind, indem er sie mit viel Haarspray ganz nach oben toupierte. Ich sah fast aus wie Marie Antoinette. Es dauerte stundenlang. Immer wieder versuchte ich die Haare etwas natürlicher zu kämmen, aber irgendwie setzte er sich durch und so hatte ich zu meinem eigenen Hochzeitsfest eine Frisur, die ich mir selbst niemals ausgesucht hätte. Dann steckte er mir den Schleier fest, den ich wie mein Kleid selbst genäht hatte. Auch der Schleier entsprach natürlich nicht dem, was die Familie eigentlich wollte. Für ihren Geschmack war er viel zu klein und viel zu dünn.

Nachdem Yunis mich abgeholt hatte, zogen wir bei Zeinab, einer Schwester von Yunis, unsere Festtagskleidung an und fuhren von dort zum Fest in die Wohnung von Yunis' Mutter. Es gab ein großes Hallo und alle fanden mich wunderschön. Sämtliche Verwandten waren da, mit allen Kindern. Die Wohnung ist zwar sehr groß, mit vielen Zimmern und einem Salon, aber es war trotzdem sehr voll. Es gab ein Büffet im Stil von damals, Unmengen Kuchen, Sandwichs und andere Köstlichkeiten. Nach einer angemessenen Zeit fuhren Yunis und ich ins Hotel San Stefano, das war damals eines der drei schönsten Hotels in

Alexandria. Aber als ich mich für die Nacht zurechtmachen wollte, stieß ich auf ein großes Problem, bei dem mir schließlich sogar Yunis zu Hilfe kommen musste. Ich kriegte nämlich meine Haare nicht mehr auseinander. Vor lauter Haarspray und durch das Toupieren waren sie so verklebt, dass sie kaum mehr zu lösen waren. Trotz vereinter Kräfte dauerte es eine geschlagene Stunde, bis wir sie einigermaßen lockern konnten. Dabei büßte ich eine ganze Menge Haare ein. Diese Frisur vergaß ich jedenfalls nicht so schnell!

Am nächsten Tag fuhren wir nach einem Kurzbesuch bei der Familie für eine Woche nach Kairo. Das war unsere Hochzeitsreise. Yunis zeigte mir die Sehenswürdigkeiten Kairos, die Museen, die Pyramiden, die Moscheen. In diesen Tagen gingen wir auch viel spazieren: am Nil entlang oder auf den großen Plätzen.

Nach unserer Rückkehr nach Alexandria blieben wir weiterhin bei Yunis' Mutter wohnen. Zwar hätten wir in unsere eigene Wohnung ziehen können, die sogar schon bezugsfertig war. Aber Yunis war lange in Deutschland gewesen und seine Mutter hatte sich so auf ihn gefreut. Außerdem war sie krank, verschiedene gesundheitliche Probleme machten ihr zu schaffen. Wir wollten sie einfach nicht allein lassen. Ich verstand mich von Anfang an sehr gut mit ihr. Später sagte sie einmal zu ihrer ältesten Tochter: „Jetzt habe ich acht Kinder, und eines ist zu mir gekommen, ganz ohne Schmerzen!" Das hat mich sehr gerührt.

Im Sommer wurde es in Alexandria sehr heiß und wir wohnten noch immer bei Yunis' Mutter in einem einzigen Zimmer. Schließlich bestand sie darauf, dass wir nun endlich in unsere eigene Wohnung ziehen sollten. Am Tag des Umzugs gab sie uns noch das Mittagessen mit, in zwei Kochtöpfen und in ein großes Tuch verpackt. Wir fuhren also folgsam in unsere Wohnung. Nach dem Essen hielten wir Siesta, wie es in Ägypten üblich ist. Danach fragten wir dann fast gleichzeitig: „Und was machen wir jetzt? Wir besuchen die Mutter." So standen wir nur wenige Stunden später wieder vor ihrer Türe, worüber sie sich sehr freute. Wir wohnten jetzt zwar in unserer eigenen Wohnung, besuchten sie aber regelmäßig. Yunis ging jeden Morgen bei ihr vorbei, ehe er zum Krankenhaus fuhr. Wenn er dazu keine Zeit hatte, gingen wir am Nachmittag gemeinsam zu ihr. Als sie nach ungefähr einem Jahr starb, war ich sehr traurig, denn sie hatte mich liebevoll in ihre Familie aufgenommen und war mir ans Herz gewachsen.

In Alexandria lebte ich mich schnell ein, nur das Grün der Natur fehlte mir. Leider konnte ich hier nicht Fahrrad fahren, das war in Alexandria einfach nicht üblich. Aber das Meer war gar nicht weit weg von unserer Wohnung, und das war auch sehr schön. Schwimmen ging ich zwar nicht, aber des Öfteren machte ich mit Yunis lange Spaziergänge. Jetzt hab ich die Wüste und das Meer, das sind jetzt meine Berge, dachte ich damals. Die Wüste war auch nicht weit entfernt und später sollte ich sie noch besser kennen lernen.

Yunis hatte inzwischen sein Studium in Ägypten abschließen können und war jetzt Arzt. Zunächst musste er für sehr wenig in einem Krankenhaus arbeiten. Das Studium ist in Ägypten umsonst, aber danach ist man erst einmal verpflichtet, etwas für sein Land zu tun. Jedenfalls reichte Yunis' Verdienst nicht für uns beide aus und ich musste etwas dazu verdienen. So fing ich wieder an zu nähen, das konnte ich gut und es machte mir sogar Spaß.

Einige Zeit später (1968) wurde Yunis von seinem Arbeitgeber aufs Land geschickt, auf eine Krankenstation im Nildelta. Sie lag etwa 120 km von Alexandria entfernt. Dort gab es nur ein Gesundheitszentrum mit mehreren Gebäuden. Es war nicht mal ein Dorf, eher eine kleine Ansammlung von Bauernhäusern, und weitere Bauern lebten in der Umgebung. Der nächste größere Ort und das nächste Krankenhaus waren weit weg. Es gab ein Haus für den Arzt, eine kleine Klink, Stationen für Männer und Frauen, ein Labor und ein Haus für die Krankenschwestern. Yunis war der einzige Arzt. Als wir das erste Mal dort waren, musste ich an Tante Valerie und die Würmer in der Sahne denken. Im Haus wimmelte es nur so von Ungeziefer. Kakerlaken in allen Formen und Größen. Im Bad hing ein ziemlich ramponierter Spiegel. Als ich ihn abnahm, um ihn zu reinigen, kamen allein dahinter Hunderte von Krabbeltieren zum Vorschein. So viele Kakerlaken, wie wir in diesen ersten Tagen beseitigt haben, habe ich später nie wieder irgendwo gesehen. Zum Glück! Wir ließen die Wände unserer Wohnung weiß kalken, dadurch sah es gleich ein bisschen sauberer aus. Ich konnte mir nicht vorstellen, wie vorher jemand in diesen Räumen leben konnte. Nach einer ersten Besichtigung fuhr ich zurück nach Alexandria, um unsere Sachen für den Aufenthalt unter diesen spartanischen Bedingungen zu packen. Yunis versuchte inzwischen, das Haus einigermaßen bewohnbar zu machen. Die Wände wurden dann mit Bildern verschönert: Kunstdrucke und Berglandschaften aus Kalendern, die ich aus Deutschland mitgebracht hatte. Regelmäßig musste man mit großen Spritzen (Sprühdosen gab es noch nicht) gegen Ungeziefer sprühen. Trotzdem hatten wir immer zu kämpfen. Es gab auch Flöhe und von den vielen Flohstichen bekam ich eine Allergie. Strom hatten wir nach Sonnenuntergang nur vier Stunden lang von einem Generator. In dieser Zeit musste alles erledigt werden, wozu man Strom benötigte. Auch unser Wasser wurde in dieser Zeit vom Brunnen in den Tank hoch gepumpt.

Tagsüber, wenn die Klinik geöffnet war, hatte Yunis Dienst, aber manchmal kamen die Leute auch mitten in der Nacht, um Hilfe zu holen. Sie klatschten vor dem Haus in die Hände, wie das auf dem Land üblich ist, um auf sich aufmerksam zu machen. Meistens kam einer mit zwei Eseln, Yunis ritt dann auf dem zweiten Esel mit. Manchmal konnte er auch mit unserem VW fahren, aber das kam darauf an, wo er hin musste, und ob es dorthin überhaupt eine befahrbare Straße gab. Einen Notarztwagen gab es natürlich nicht. Ein kleiner Trampelpfad führte am Kanal entlang, auf dem liefen die Leute mit ihren Kamelen, Kühen und Eseln zum Feld. Abends kamen sie dann zurück. Bald kannten uns alle. Meine Wäsche wurde von einer Angestellten gewaschen, aber aufhängen wollte ich sie selbst. Ich sorgte dafür, dass immer ein großes Laken dabei war. Das hängte ich als erstes auf dem Balkon auf und konnte dann dahinter meine ganze Wäsche aufhängen, ohne dass mich alle Nachbarn und Patienten beobachten konnten.

Trotz dieser einfachen Verhältnisse war unser Leben sehr schön. Der Arzt genießt in einem ägyptischen Dorf hohes Ansehen, die Leute begegneten uns sehr nett und halfen uns, wo sie nur konnten. Es war in der Zeit von Nasser und damals war die Versorgung sehr schlecht. Es gab nichts zu kaufen, aber wir bekamen alles, was wir brauchten von den Bauern. Yunis arbeitete immer zwei Wochen, danach hatte er ein Wochenende frei. Diese freie Zeit verbrachten wir häufig in Alexandria, wo wir ja noch unsere Wohnung hatten. Den Bauern brachten wir immer etwas aus der Stadt mit, zum Beispiel Süßes aus der Konditorei. Wir bekamen von den Bauern selbstgebackenes Brot, Eier, Käse, Butter. Darauf freute sich die Verwandtschaft in Alexandria immer sehr. Natürlich bezahlten wir auch für Lebensmittel, aber oft bestanden sie einfach darauf, uns etwas zu schenken. So fuhren wir mit unserem VW Käfer immer schwer beladen hin und her.

Am Anfang kamen die Leute in Scharen, um den neuen Arzt und seine ausländische Frau zu begutachten. Yunis kannte bald alle Bauern mit ihren Familien. Ich legte mir einen Garten an, und Yunis ließ mir einen Zaun aus großen Palmblättern errichten. Dahinter konnte ich arbeiten, ohne dass man mich sah. Jetzt hatte ich wieder meinen eigenen kleinen Garten und fühlte mich wirklich zu Hause. Unsere Familie aus Alexandria besuchte uns oft im Dorf. Unser Haus war nicht gerade riesig, aber trotzdem kamen sie, manchmal sogar alle zusammen. Die Frauen schliefen dann in einem Zimmer, die Männer in der Diele auf Matratzen aus der Klinik. Es ging immer sehr fröhlich zu. Für viele war das die seltene Gelegenheit einmal auf dem Land zu sein. Sie kamen zum Beispiel an „Sham el Nessim", das ist das ägyptische Frühlingsfest ungefähr zur Zeit von Ostern. Meist brachten sie ihr Essen mit und von den Bauern bekamen wir noch etwas dazu, sodass immer alle satt wurden. Natürlich sprach auf dem Land niemand eine Fremdsprache. Wenn ich mich verständigen wollte, musste ich das also auf Arabisch tun. Von Woche zu Woche ging es immer besser.

In unserem Garten wohnte auch der „Diab", so war sein Name. Wildeste Gerüchte rankten sich um seine Herkunft. Irgendwann hatte er wohl mal eine Familie gehabt, und man munkelte, dass er wegen eines Totschlags in Schande weggejagt worden war. Er war vielleicht um die fünfzig und ein bisschen verrückt. Diab sah schon ein wenig Furcht einflößend aus mit seinem Buckel, die Krankenschwestern scheuchten ihn auch immer weg. Uns war er irgendwie so zugelaufen, hatte sich im Garten eine kleine Hütte gebaut und wurde von uns versorgt. Um sich bemerkbar zu machen, klatschte er immer in die Hände, wenn er etwas brauchte. Dann stand er unten und hielt seine Galabeya hoch, sodass eine Kuhle entstand. Da hinein warf ich dann, was er haben wollte. Ich gab ihm etwas zu essen, Tee und Zucker, auch Zigaretten. Er liebte auch Süßes, das wir aus Alexandria mitbrachten. Für uns war Diab wie ein Wachhund oder ein guter Geist, er passte immer sehr gut auf uns auf. Gelegentlich waren wir abends bei Patienten von Yunis eingeladen. Auf dem Weg dorthin ging Diab mit einer Kerosin-Laterne vor uns her. Wenn wir dann in einem Haus waren, wartete er draußen auf uns und begleitete uns anschließend wieder nach Hause.

Überall im Dorf waren wir gern gesehene Gäste und jeder wollte uns bewirten. Meist gab es Tee, der mir immer zu stark war. Einmal wurde mir richtig schlecht davon und seither trinke ich gar keinen Tee mehr.

Eine der Neuerungen, die wir mitbrachten, war die deutsche Pünktlichkeit. Dass man sich an eine abgemachte Uhrzeit tatsächlich hält, ist in Ägypten nämlich alles andere als selbstverständlich. Die Klink öffnete täglich um acht Uhr und um pünktlich da zu sein, fuhren wir nach dem freien Wochenende um sechs Uhr morgens von Alexandria los. Als wir ankamen, war aber außer uns noch keiner da. Erst nach und nach lernten die übrigen Angestellten, dass der neue Arzt immer pünktlich war. Einmal kamen wir trotz starken Regens und schwierigster Straßenverhältnisse ziemlich pünktlich an. Unterwegs waren wir mit dem Auto abgerutscht und man hatte uns erst wieder mühsam aus dem Graben herausziehen müssen. In dieser Gegend regnet es nur zwei- bis dreimal im Jahr, aber dann schüttet es wirklich wie aus Eimern. Innerhalb kürzester Zeit verwandeln sich die unbefestigten Straßen in gefährliche Rutschbahnen. An diesem Tag rechnete niemand damit, dass wir überhaupt ankommen würden. Wir schafften es aber trotzdem und so ganz allmählich begann sich die deutsche Pünktlichkeit bei uns durchzusetzen.

Zwei Jahre lang lebten wir in dem Dorf im Nildelta. Ich wurde schwanger und 1970 sollte unser erstes Kind geboren werden. Die Familie wollte unbedingt, dass ich zur Entbindung nach Alexandria komme. Ich wollte aber meine gewohnte Umgebung nicht verlassen und konnte Yunis überzeugen, dass ich bis zuletzt im Dorf bleiben durfte. Als die Wehen einsetzten, sollte Yunis mich ins nächste Krankenhaus nach Damanbur fahren. Das waren nur ungefähr 25 km, aber die Straße war sehr schlecht. Mein Köfferchen hatte ich schon seit einiger Zeit gepackt und ich war froh, dass es endlich losging. Aber Yunis war noch mit einem Mann in der Diele beschäftigt und redete und redete. Es dauerte mir viel zu lange. Ich saß im Schlafzimmer und fragte mich, was Yunis da noch so lange zu bereden hatte. Endlich setzten wir uns in Bewegung. Ich spürte jedes Loch in der Straße. Im Krankenhaus angekommen, kam sofort der Arzt zu mir, der mich entbinden sollte. Es handelte sich um den Mann, der vorher in unserer Wohnung gewesen war. Er war direkt von unserem Haus in die Klinik gefahren. Die Geburt verlief ganz normal. Ich fand nur, dass der Junge ziemlich hässlich aussah. Später fragte ich sogar die Schwester, ob sie ihn nicht verwechselt hätten. Aber er war das einzige Kind, das in dieser Nacht geboren wurde. Immerhin, alle anderen fanden ihn schön. Am nächsten Tag kam die ganze Familie und besuchte uns. Alle fanden das Kind wunderschön. Das Krankenhaus entsprach ganz und gar nicht unserem deutschen Standard. In meinem kleinen Zimmer gab es nur ein winziges Waschbecken und darin musste ich mich und das Kind waschen. Ganz zu schweigen von den 36 Mullwindeln, die ich zum Glück von meiner Mutter bekommen hatte. Mein Baby Karim hatte starken Durchfall und wie wohl alle jungen Mütter machte ich mir sofort große Sorgen. Aber der Kinderarzt und sämtliche Schwestern fanden das ganz normal. Es ging dann bald vorbei.

Einige Monate vor der Entbindung hatten wir meine Mutter in Deutschland besucht. Sie freute sich sehr und war auch zu Yunis sehr nett. Ich versuchte nicht mehr daran zu denken, wie sie mir das Leben schwer gemacht hatte. Es sollte ein echter Neuanfang sein, alles war vergessen und vergeben. Trotzdem hat sie uns nie besucht, weder in Ägypten noch irgendwo anders. Ich besuchte noch Freunde und Verwandte im Dorf, die jetzt plötzlich wieder ganz nett zu mir waren. Anscheinend hatten sie eingesehen, dass ich in meiner Ehe glücklich und Yunis ein anständiger Mensch war. Da ich schwanger war, schenkte mir meine Mutter die unvermeidlichen Jäckchen und Mützchen. Außerdem bekam ich von ihr die besagten 36 Mullwindeln, die ich in Ägypten wirklich sehr gut gebrauchen konnte. Von Pampers konnte man damals nur träumen.

1971 zogen wir mit der Familie nach England. Yunis machte dort seine Ausbildung zum Facharzt. Innerhalb von nur fünf Jahren mussten wir innerhalb von Schottland und England fünfmal umziehen. Das gehörte zum System, denn Yunis musste in verschiedenen Krankenhäusern arbeiten. Der Familie bekam immer eine Wohnung direkt beim Krankenhaus zugewiesen. Manche der Wohnungen waren sehr schmutzig und mussten erst gründlich geputzt werden. Die vielen Umzüge waren nicht besonders angenehm. Immerhin hatte ich wieder grüne Landschaft und Berge um mich, was mir sehr gefiel.

Zunächst hatten wir kein Auto, sodass ich nur mit dem Bus zum Einkaufen konnte. Ich wartete also immer, bis Karim fest schlief, und fuhr dann schnell zum Einkaufen ins nächste Dorf. Eine Waschmaschine hatte ich auch nicht, ich musste also alles (!) mit der Hand waschen. Zur Erholung reiste ich in diesen Jahren manchmal für ein paar Wochen nach Deutschland. Später hatten wir dann wenigstens ein Auto, wir kauften in Deutschland einen alten Mercedes. In diesen Jahren musste mein Mann sehr viel arbeiten, oft hatte er auch Nachtdienst. Jedenfalls sah ich nicht viel von ihm. Langweilig wurde es mir aber nie, mit dem kleinen Karim war ich gut beschäftigt. Außerdem machte ich weiter Handarbeiten oder ich nähte und malte. Das habe ich über all die Jahre gemacht. Ende 1971 wurde dann unser zweiter Sohn geboren. Eigentlich hätte Yunis genau an diesem Tag zu einem Vorstellungsgespräch nach Manchester fliegen sollen. Wegen starken Nebels wurde der Flug jedoch gestrichen, sodass er mit dem Auto nach Manchester fuhr während ich unseren Sohn zur Welt brachte. Ich war allerdings fest davon überzeugt gewesen, dass ich ein Mädchen bekäme. Für einen Jungen hatten wir noch gar nicht über Namen nachgedacht. Weil der Kleine starke Gelbsucht entwickelte, musste ich noch zwei Wochen mit ihm im Krankenhaus bleiben. Jeden Tag fragen sie mich, wie der Junge denn nun heißen solle. Ich wusste es aber lange nicht. Erst nach zwei Wochen entschieden wir uns für Nadim. Direkt nach der Entbindung hatte man mich in einen großen Schlafsaal gelegt, mit vielen anderen Frauen. Dann fragte man mich, ob ich stillen wolle. Als ich ja sagte, bekam ich ein Einzelzimmer. Außer mir stillte nur noch eine einzige Frau, sie hatte das Zimmer neben meinem. Von den anderen Frauen stillte keine einzige. In England war das damals einfach nicht üblich.

Die Wochen, die ich im Krankenhaus verbrachte, konnte Karim bei einer Freundin von uns bleiben. Wie freute ich mich, als ich nach zwei Wochen meinen großen Sohn endlich wieder sah! Er war natürlich durcheinander, mit seinen knapp zwei Jahren konnte er noch nicht verstehen, wo die Mama so lange gewesen war. Damals konnte man Kinder nicht mit ins Krankenhaus bringen, das war verboten.

Yunis hatte seine Ausbildung abgeschlossen und war jetzt Facharzt für Gynäkologie, das war 1975. Im Jemen bot man ihm eine gute Stelle an. So zogen wir um nach Boreika, im Süden des Jemen, etwa 100 km von Aden. Yunis arbeitete in einem 80-Betten-Krankenhaus von British Petroleum. Wir wohnten direkt am Meer, es gab sogar eine richtig schöne Strandpromenade. Dort lebten Engländer, Schotten und einige andere Ausländerinnen mit ihren Männern. Ich war die einzige Deutsche. Yunis arbeitete als Gynäkologe mit vier weiteren Ärzten. Außerdem gab es dort noch einige englische Krankenschwestern. Im Sommer wurde es sehr heiß, aber im Winter konnte man Gemüse pflanzen. Wir lebten in einem Bungalow und natürlich legte ich auch dort wieder einen schönen Garten an. Ich pflanzte Spinat und erntete bald ein regelrechtes Meer von Spinat, außerdem Tomaten, Kräuter und Blumen. Für die Kinder gab es in der Siedlung eine kleine englische Schule vom Kindergarten bis zur sechsten Klasse.

Im Jemen herrschte noch ziemliche Mangelwirtschaft. Es gab keinerlei europäische Kleidung zu kaufen, kein weißes Mehl, keine Seife und so weiter, und so weiter. Jedes Jahr stand uns ein langer und ein kurzer Urlaub zu. Einmal im Jahr konnten wir 100 kg Luftfracht mitnehmen. Jede Familie entschied für sich, was mitgebracht wurde. Bei den Engländern war das hauptsächlich Mehl und Puderzucker für ihre speziellen Kuchen. Ich brachte Spielsachen und Bücher für die Kinder mit, außerdem Sachen zum Basteln, Malen, Sticken und Stricken. Jedes Jahr organisierten die Ausländer einen tollen Weihnachtsbasar, zu dem viele Leute kamen, oft von weit her, sogar aus Aden. Dazu brachte jede von uns alles Mögliche aus dem Urlaub mit, das wurde dann auf dem Basar verkauft. Das Geld floss in Wohlfahrtsprojekte. Wir waren alle sehr fleißig und es machte viel Spaß. Einige Freundschaften aus dieser Zeit haben bis heute gehalten.

Während unserer Zeit im Jemen, 1976, trat ich zum Islam über. Ich fand, dass die ganze Familie zur gleichen Religion gehören sollte. Es fiel mir nicht schwer, denn die Gebote des Islam sind nach meiner Ansicht allgemein gültige Gebote. Ich lernte die Gebete des Islam auf Arabisch, und ich las auch den Koran. Leider kann ich den Koran bis heute nur in Deutsch oder Englisch lesen. Ich weiß, dass das eigentlich nicht ganz richtig ist, aber das klassische Arabisch habe ich bislang noch nicht meistern können. Zwar habe ich mehrere Anläufe gemacht, zum Beispiel als die Kinder in Ägypten Unterricht in Arabisch bekamen. Aber irgendwie hatte ich immer zu viel zu tun und ich hätte wirklich viel lernen und büffeln müssen. Yunis hat aber nie von mir verlangt, dass ich zum Islam übertreten solle. Das war schon mein eigener Wunsch. Heute trage ich auch ein Kopftuch und fühle mich wohl damit.

1980 übernahm die jemenitische Regierung die Firma mitsamt dem zugehörigen Krankenhaus. Die gesamte Organisation wurde geändert und für uns hieß es wieder einmal Koffer packen. Yunis bekam eine Stelle in der „Onshore-Klinik" in Qatar am Persischen Golf. Zunächst stellte man ihn als Frauenarzt ein, aber nach einiger Zeit wurde er als praktischer Arzt eingesetzt, weil die Frauen lieber von einer Frau behandelt werden wollten. Früher gab es in den arabischen Ländern viele männliche Frauenärzte, aber heute setzen sich mehr und mehr Frauen in diesem Berufszweig durch.

Unser Hauptproblem in Qatar war es, eine Schule für die Kinder zu finden. Eine englische Schule für die älteren Kinder gab es nicht. Wir hätten sie entweder ins Internat schicken können oder ins 85 km entfernte Doha. Diese lange Anfahrt wollten wir ihnen aber nicht zumuten, zumal die Straße in einem schlechten Zustand war, und es dort immer wieder schwere Unfälle gab. Ein Internat konnten wir uns für unsere Kinder auch nicht vorstellen. Wir wollten nicht, dass sie den Kontakt zu uns verlieren. So blieb für uns nur eine Aufteilung der Familie, wie es bis heute viele Ägypter machen. Ich ging mit meinen Söhnen nach Alexandria und Yunis arbeitete in Qatar. Die Kinder besuchten eine englische Schule in Alexandria und in den Ferien, wenn alle Leute Qatar verließen, flogen wir zu dritt dorthin und verlebten zusammen unseren Urlaub. Die Kinder hatten jeden Sommer fast drei Monate Ferien und die Zeit in Qatar genossen wir alle in vollen Zügen. Im Winter hatten sie noch einmal drei Wochen Ferien und auch diese Zeit verbrachten wir in Qatar. Dazwischen kam Yunis zweimal zum Urlaub nach Alexandria. Natürlich gab es in dieser Zeit auch Reibereien, eine Fernehe ist niemals einfach. Die Kinder waren in einem schwierigen Alter und es ist nicht leicht, wenn der Vater so lange fort ist. Zweimal pro Woche telefonierten wir ausgiebig, so konnten wir wenigsten über alles reden. Yunis war oft der Meinung, dass ich unsere Söhne zu sehr verwöhnte und strenger mit ihnen sein sollte. Aus der Entfernung hatte er da leicht reden, fand ich. Trotzdem haben wir diese Zeit ganz gut überstanden.

1997 verließ Yunis das Krankenhaus und ging in Pension. Allerdings bot man ihm eine attraktive Stelle als Betriebsarzt bei einem großen Projekt in Qatar an. Unsere Söhne waren inzwischen erwachsen und führten ihr eigenes Leben. Also ging ich diesmal mit nach Qatar. Zunächst mussten wir allerdings das Problem der Unterkunft lösen. Yunis sollte in einem Camp wohnen, aber da waren nur Männer. Als Frau konnte ich dort jedenfalls nicht wohnen. Die Suche nach Wohnraum gestaltete sich schwierig. Ein Freund von Yunis hatte etwas außerhalb der Stadt in der Nähe des Camps, nicht weit vom Meer, einen Container stehen. Den konnten wir mieten und ergänzten ihn bald mit noch einem zweiten Container direkt daneben. Jetzt lebten wir also mitten in der Wüste. Wir ließen eine Mauer herum bauen und Säcke mit Erde kommen. Natürlich musste ich wieder einen Garten haben! Wir richteten uns ein, und ich fand mein

Leben dort sehr gemütlich und angenehm. Es gab Wasser und Strom, ich werkelte im Garten und pflanzte alles Mögliche an. Es gab eine überdachte Sitzecke und viele, viele Blumen. Ich war sehr gerne dort – in meinem Garten mitten in der Wüste. Wir hatten alles, was wir brauchten. Zum Einkaufen fuhr ich ungefähr eine halbe Stunde mit dem Fahrrad. Ich kannte die Gegend ja schon lange und besuchte oft Freunde oder sie besuchten mich.

Erst später, als ich dann wieder nach Ägypten kam, hatte ich das Gefühl, dass die Zeit in Qatar doch irgendwie sehr ereignislos war. Hier in Ägypten mit dem vielen Krach, den Autos und den vielen Menschen hatte ich das Gefühl mehr am Leben teilzunehmen. Zwar vermisse ich manchmal die Ruhe, aber auf Dauer möchte ich doch hier leben, in all dem pulsierenden Trubel.

Mein Mann hat das anders empfunden. Er fühlte sich überall wohl, wo er lebte. Er hatte seine Arbeit und fand immer schnell Freunde. In Qatar besaß er ein kleines Boot, mit dem er raus fuhr und fischte. Im Winter 1985 hat er einmal an einem einzigen Tag 85 Makrelen gefangen. Das konnten wir unmöglich alleine essen! Also fuhren wir durch das ganze Camp und verteilten die Fische bei sämtlichen Freunden und Bekannten. So viel Fisch wie in dieser Zeit habe ich nie wieder gegessen.

Nach zwei Jahren kamen wir 1999 dann endgültig zurück nach Ägypten. Yunis fiel es schwer, seine Arbeit aufzugeben. Nun geht er zweimal pro Woche ins Altersheim und betreut die Leute. Zwar gibt es dort einen Hausarzt, der auch jeden Tag kommt, aber es ist wie überall mit den alten Leuten: Es bleibt noch genug zu tun. Manchmal redet er auch nur mit den Alten. Er liest auch Bücher über Geriatrie (Altersheilkunde). Ich gehe fast immer mit ins Altersheim. Der Leiter des Heims wollte den ganz verwilderten Garten neu anlegen lassen. Ich war sofort Feuer und Flamme und erbot mich, dabei zu helfen. Inzwischen ist der Garten fertig gestellt. Es ist zwar nicht ganz so geworden, wie ich es mir vorgestellt hätte. Aber trotzdem ist er sehr schön, und die alten Leute halten sich gerne dort auf. Wenn wir im Altersheim sind, finde ich immer etwas im Garten zu tun, und außerdem besuche ich auch die Menschen, wie mein Mann.

Ganz in der Nähe von Alexandria liegt unser Sommerhaus, zu dem natürlich ebenfalls ein kleiner Garten gehört. In unserer Wohnung in Alexandria nutze ich meinen Balkon, um Blumen und andere Pflanzen heranzuziehen. Ein Garten gehört einfach zu meinem Leben.

Kontakt mit anderen Deutschen hatte ich hier lange Jahre gar nicht. Ich war viel zu sehr mit meinen Kindern und der Familie beschäftigt. Erst vor etwa acht Jahren lernte ich durch Zufall eine Deutsche kennen, und sie nahm mich mit zu der Gruppe der deutschen Frauen von Alexandria. Nach und nach sind daraus Freundschaften entstanden. Ich beteilige mich auch am Weihnachtsbasar. Basteln und Werken gehören noch immer zu meinen Hobbys, was mich für die Dekoration sozusagen prädestiniert.

Als ich Yunis kennen lernte, war ich noch sehr jung und die Entscheidung, mit ihm den Sprung in etwas ganz Neues und Unbekanntes zu wagen, ist mir nicht leicht gefallen. Zwar hat er sich viel Mühe gegeben, um mir alles zu beschreiben, aber trotzdem konnte ich mir nur schwer vorstellen, was mich erwartete. Heute weiß ich, dass mein Entschluss ganz richtig war. Unser gemeinsames Leben ist nicht immer einfach gewesen, aber es war interessant, farbig und ereignisreich. Gemeinsam haben wir sämtliche Hürden gemeistert. Einer unserer Söhne lebt in Kairo, der andere in Qatar. Wir haben drei Enkelkinder.

Seit meine Mutter nicht mehr lebt, fahre ich nur noch selten nach Deutschland. Dort genieße ich wie früher die Natur und das viele Grün. Meine Schwester lebt noch in unserem kleinen Dorf, und wenn ich da bin besuche ich auch die anderen Verwandten und Freunde. Jeden Morgen gehe ich zu Bäcker und hole frische Brötchen. Dann frühstücke ich mit Sophie, der Tochter unseres früheren Hausbesitzers. Dieses Ritual genießen wir beide und oft sitzen wir anschließend noch im Garten, demselben Garten, in dem ich schon als kleines Mädchen so gerne war. Aber meine Heimat ist hier in Alexandria.

# Annelies Ismail
# Nicht ohne meinen Mann!

*Als die Idee zu diesem Buch langsam Gestalt annahm und ich mit den Interviews begann, wurden die anderen Frauen natürlich auch neugierig. „Und wie war das bei dir? Was hat dich nach Alexandria gebracht?" Das will ich meinen Lesern nicht vorenthalten, und so ist dieses letzte Kapitel meiner eigenen Geschichte gewidmet. In Ägypten leben wir erst seit kurzem, seit 2004 haben wir eine Wohnung in Alexandria. Die Sommer verbringen wir aber meistens in Deutschland. In den mehr als 40 Jahren unserer Ehe wurde ich in Deutschland und anderswo sehr oft gefragt: „Wie kommen Sie denn zu dem Namen Ismail?" Eine blonde Frau mit blauen Augen und dann „Ismail", da kann ja was nicht stimmen, dachte man wohl. Meine Antwort war stets die gleiche: „Mein Mann ist Ägypter." Meist folgten noch viele neugierige Fragen, woher wir uns kannten, wie das so wäre und so weiter. Wobei wir wieder beim Thema sind. Hier kommt nun also meine eigene Geschichte, die einer Frau von 65 Jahren, die seit 42 Jahren mit einem Ägypter verheiratet ist.*

Genau genommen beginnt meine Geschichte natürlich auch damit, wie ich meinen Mann kennen lernte. Trotzdem möchte ich davor noch erzählen, wie wir beide ganz entfernt voneinander aufwuchsen.

Abdelmoniem Ismail, von seinen Freunden Moniem genannt, wurde 1932 in Kairo geboren, sein Vater war Gelehrter (Scheich) an der Al-Azhar-Universität. Ursprünglich stammte sein Vater aus einer südägyptischen Bauernfamilie. Schon mit 15 Jahren war er durch einen Unfall blind geworden und in der Landwirtschaft konnte er nicht mehr mit anpacken. Da er recht intelligent war, schickten ihn seine Eltern auf die Koranschule und später auf die Al-Azhar-Universität in Kairo, wo er trotz seiner Behinderung studieren konnte und dann sogar Gelehrter wurde. Moniems Mutter war Hausfrau und stammte aus Nordägypten. Insgesamt gab es neun Kinder, Moniem war der Älteste.

Unter der Regierung Nasser wurde das kostenlose Studium

für alle eingeführt und so konnten fast alle von Moniems Geschwistern studieren. Alle haben später geheiratet, Kinder bekommen und lebten in Kairo. Heute leben noch fünf Geschwister, drei sind schon verstorben.

Moniem studierte Bauingenieurwesen in Kairo. Nach seinem Abschluss arbeitete er zunächst an der Universität und später für die Regierung. Sein erster Kontakt nach Deutschland ergab sich aus der Zusammenarbeit mit der deutschen Firma Hochtief. Jetzt hatte Moniem deutsche Kollegen, er wurde neugierig und bekam große Lust einmal nach Deutschland zu gehen. Damals (1958) war es in Ägypten sehr schwierig ein Stipendium und damit das wertvolle Ausreisevisum zu bekommen. Aber Moniem ließ sich so schnell nicht entmutigen und traf eine Abmachung mit seinem Arbeitgeber: Anstatt ihm sein Gehalt auszuzahlen, bescheinigte man ihm, dass man seine Promotion in Deutschland unterstützen würde. Auch wenn später alles ganz anders ablief als geplant – er bekam die notwendigen Papiere und konnte nach Deutschland reisen. Moniem war überhaupt immer sehr erfinderisch, wenn es darum ging, ein Problem zu lösen.

So machte er sich im Mai 1958 mit Schiff und Zug auf den Weg nach Stuttgart, denn hier lebten schon einige seiner ägyptischen Freunde, die ebenfalls studierten. Als er bei der Einreise nach Deutschland seinen Pass vorlegte, war der Beamte etwas irritiert. Eine ganze Reihe von Namen stand im Pass, ohne dass klar erkennbar war, welcher denn nun Familienname und welche die Vornamen waren: Abdelmoniem Mohammed Ismail Hammouda Achmed. Moniems voller Name ist sogar noch länger, nämlich: Abdelmoniem Mohammed Ismail Hammouda Achmed Schihata Achmed El Dali. In Ägypten ist es üblich, dass sämtliche Vornamen des Vaters, Großvaters, Urgroßvaters usw. aneinander gehängt werden. El Dali ist der eigentliche Familienname. Aber der stand gar nicht in Moniems Pass. Doch das alles dem Beamten zu erklären, war viel zu kompliziert. Also suchte sich Moniem kurz entschlossen den Namen Ismail als Familiennamen aus und dabei ist es all die Jahre geblieben. Moniems Bruder ist übrigens bei der Einreise in England das gleiche passiert, aber er hat den Namen Hammouda gewählt.

Jetzt haben die Brüder eben verschiedene Familiennamen.

Als Moniem in Stuttgart ankam, sprach er gar kein Deutsch, sondern nur Englisch. Dann stellte sich heraus, dass er vor seiner Promotion zunächst ein deutsches Diplom machen musste, denn sein ägyptischer Bachelor wurde nicht anerkannt. Doch selbst von dieser Hürde ließ er sich nicht entmutigen und schrieb innerhalb von nur sechs Monaten seine Diplomarbeit. Ein deutscher Freund half ihm mit der Sprache. Moniems Arbeit wurde angenommen, er erhielt den deutschen Abschluss und machte sich auf die Suche nach einem Doktorvater für seine Promotion. Es dauerte noch ein wenig, aber dann wurde er in Karlsruhe akzeptiert. Dort fand er ein Zimmer bei einer sehr netten Familie. Diese Familie und vor allem seine Hauswirtin Lotti haben sehr dazu beigetragen, dass er sich in Deutschland wohl fühlte. Sie half ihm bei Problemen mit der deutschen Sprache, bemutterte und bekochte ihn. Er lernte die deutsche Küche kennen, deutsche Sitten und Gebräuche und obendrein ganz nebenbei gutes Deutsch ohne Dialekt. Außerdem begann er sich in dieser Zeit für Musik zu interessieren, das hatte in Ägypten gar keine Rolle gespielt. Später hat Lotti mehrmals unsere Kinder gehütet, während wir auf Reisen waren. Sie brachte ihren Dackel Sissi mit und wurde von den Kindern begeistert als Ersatzoma aufgenommen. Noch heute haben wir Kontakt zu Lottis Sohn Michael, sie selbst ist leider schon verstorben.

Nach drei Jahren konnte Moniem seine Doktorarbeit abschließen, für seine Promotion erhielt er die Note Sehr Gut. Sein Ziel in Deutschland war damit eigentlich erreicht und er hätte nun getrost nach Ägypten zurückkehren können. Aber Moniem hatte andere Vorstellungen.

Schon während seiner Doktorarbeit programmierte Moniem auf einem „Zuse" Computer an der TH Karlsruhe. Dieser erste Vorläufer unserer modernen Rechner füllte zwei ganze Zimmer mit großen Kästen mit allerlei Schaltungen und Verkabelungen. Ursprünglich wollte Moniem nur das Geld für den Programmierer sparen, aber nach einiger Zeit fand er immer mehr Spaß an dieser Arbeit. Bevor er nach Ägypten zurückging, wollte er noch etwas mehr Erfahrung sammeln und versuchte bei einer der Computerfirmen einen Praktikumsplatz zu bekommen. Damals gab es nur drei oder vier Firmen, die überhaupt Computer herstellten. Über IBM sagte ihm der Berater bei der IHK: „Ich bin nicht sicher, aber ich glaube, die machen nur Schreibmaschinen."

Zunächst hatte Moniem kein Glück mit seinen Bewerbungen. Stattdessen unterrichtete er einen Bekannten, der seine Sprachkenntnisse aufbessern wollte, in Arabisch. Im Laufe ihrer Gespräche erzählte Moniem nebenbei, dass er sich für die Arbeit mit Computern interessiere. Wie sich herausstellte, hatte sein Schüler neben seiner Professorentätigkeit gute Beziehungen zum Aufsichtsrat der IBM. Dadurch bekam Moniem die Möglichkeit als Werkstudent für drei Monate bei IBM zu arbeiten. Die Arbeit machte ihm Spaß und als die drei Monate um waren, bot man ihm eine Stelle im IBM-Rechenzentrum an. Dort blieb Moniem vier Jahre lang und schrieb zunächst Rechenprogramme für Statik. Damals schrieb man noch in Maschinensprache, was uns heute unglaublich umständlich erscheint. Moniem fand das wohl auch, deshalb entwickelte er eine Art Übersetzungsprogramm (Compiler), das mathematische Formeln selbstständig in Maschinensprache umwandelte. Später gab es die Sprache FORTRAN, die etwas Ähnliches machte, aber damals war es etwas ganz Neues. Stolz stellte er sein Programm MOPSY auf einer IBM-Tagung in Heidelberg vor. Man war sehr beeindruckt, der Leiter der IBM-Systemprogrammierung im Entwicklungslabor Böblingen wurde auf Moniem aufmerksam und bot ihm gleich eine Stelle an. So kam Moniem in dieselbe Abteilung, in der ich schon vier Jahre lang tätig war.

Ich bin 1942 in Berlin geboren, als zweites von zwei Kindern. Mein Vater war im Krieg und kam nach Kriegsende aus amerikanischer Gefangenschaft zu uns zurück. Während des Krieges war meine Mutter mit uns Kindern nach Stuttgart zu ihrer Schwester geflüchtet. Meine Tante Lis bewohnte mit ihrem Mann in Stuttgart-Degerloch eine stattliche alte Villa und während des Krieges fand alles, was irgendwie zur Familie gehörte, bei ihr Unterschlupf. Es war ein ständiges Kommen und Gehen. Unsere Wohnung in Berlin war ausgebombt und vollständig zerstört und so blieben wir nach Kriegsende in Stuttgart. Mein Vater war ursprünglich Bankbeamter. Nach dem Krieg fing er bei einem Verlag als Buchhalter an. Nebenbei begann er für den gleichen Verlag Artikel zu schreiben und sobald er seine Familie davon ernähren konnte, wurde er hauptberuflich Journalist und Schriftsteller. Meine Mutter war Hausfrau. Als es wirtschaftlich langsam etwas besser ging, zogen wir nach Stuttgart-Oberaichen. Dort bin ich aufgewachsen.

Nach meinem Schulabschluss absolvierte ich in Isny im Allgäu eine Ausbildung zur physikalisch-technischen Assistentin. Mir war vor allem wichtig, nicht das zu machen, was alle machten. Fast alle Mädchen in meinem Jahrgang wollten Lehrerin werden – das kam für mich nicht in Frage. Meine erste Stelle war bei IBM im so genannten Messlabor. Dort wurden ca. 1 cm große Transistoren zusammengesteckt und gemessen, eine Arbeit, die mich herzlich langweilte. Dann ließ ich mich vom Messlabor in die neue Abteilung Systemprogrammierung versetzen. Das war für mich ein großer Glücksfall, denn man setzte mich als Programmiererin ein und diese Arbeit machte mir viel Spaß. Außer mir hatten alle studiert und waren somit älter als ich. Ich war erst 20 und machte eventuell fehlendes Fachwissen mühelos durch Schnelligkeit wett. Allerdings gab es damals noch kein Studium der Informatik, alle waren Quereinsteiger, die vielleicht Physik, Elektrotechnik oder Mathematik studiert hatten. Aber alles, was mit Computern zu tun hatte, musste man sich durch Ausprobieren und mit Hilfe von Handbüchern selbst beibringen. Für mich war es genau das Richtige und ich fühlte mich sehr wohl dort. Ich wohnte noch zu Hause bei meinen Eltern und außer meiner Arbeit interessierten mich nur Bücher und Musik. Ich ging gern in die Oper oder ins Theater.

Nun lernten Moniem und ich uns zwar im Büro kennen, aber von einer beginnenden Liebesgeschichte konnte erst mal keine Rede sein. Moniem war es nämlich gewöhnt, dass sich die Frauen in Deutschland um ihn bemühten. Das hing sicher mit seinem Aussehen zusammen, in Deutschland wirkte er mit seinen dunklen Augen und schwarzen Haaren sehr exotisch. Nur bei mir funktionierte es nicht. Zwar gefiel er mir schon gut, aber es wäre mir nicht im Traum eingefallen, ihm nachzulaufen. Schließlich waren wir Kollegen, das kam gar nicht in Frage. Moniem kam jeden Tag in mein Zimmer, wir plauderten ein wenig, aber das war's dann auch. Mir fiel auch nicht auf, dass er nur wegen mir hereinschaute. Erst ein halbes Jahr später, anlässlich einer Faschingsveranstaltung der IBM, kamen wir endlich zusammen. Ein Wunder, dass es überhaupt geklappt hat. Erst einmal musste ich allein hingehen, was mir sehr unangenehm war und mich sehr viel Überwindung kostete. Also kaufte ich kurzerhand zwei Eintrittskarten (man sollte nicht merken, dass ich allein hinging, das hätte sofort die ganze Firma gewusst). Am Nachmittag stellte ich fest, dass ich kein Kostüm hatte. Ich beschloss, als Kleopatra zu gehen, da musste er ja aufmerksam werden. Ich trug eine schwarze Perücke, die ich mir zurechtschnitt, und hatte mich ganz ägyptisch geschminkt. Beinahe wäre das Ganze aber trotzdem noch schief gegangen: Als Kleopatra konnte ich natürlich nicht meine Brille aufsetzen, wie hätte das denn ausgesehen?? Nun lief ich da durch die Menschenmenge und konnte Moniem vor lauter Leuten gar nicht entdecken. Hätte unser gemeinsamer Kollege Willi mich nicht erkannt und an den richtigen Tisch gelotst, wäre wohl alles ganz anders gekommen. Doch nun saß ich mit Moniem und einer Gruppe anderer Kollegen an einem Tisch und es wurde ein toller Abend. Wir amüsierten uns großartig, lachten und tanzten viel – natürlich nur miteinander. Von diesem Abend an war es klar: Wir gehören zusammen.

Einige Wochen nach diesem Abend schlossen wir einen Vertrag. Zufällig fiel er mir vor kurzem wieder in die Hände und ich stellte erstaunt fest, dass ich dem nichts hinzufügen kann. Unsere Vereinbarung gilt noch heute!

Sie lautet wie folgt:

Sindelfingen, den 13.3.1965
Vertrag zwischen
Annelies Will und Moniem Ismail

Wir verpflichten uns folgende Richtlinien nach bestem Wissen und Gewissen einzuhalten:

1. SEHR lieb zueinander zu sein.

2. Treu zu sein.

3. Ehrlich zu sein. „Lügen sind prinzipiell verboten."

4. Nicht kleinlich zu sein.

5. Fehler des anderen gerne und rasch zu verzeihen. Dies beziehe sich auch auf die Verzeihung nach einem Streit.

6. Keine Angst vor der Zukunft zu haben.

7. Gegenseitige Toleranz zu üben. Über die Freizeit kann jeder frei verfügen. Eine Einigung auf friedlichem Wege wird aber immer angestrebt.

8. Die Meinung der anderen ist uns völlig gleichgültig.

9. Die Gleichberechtigung ist zu respektieren.

10. Der Vertrag kann mit Zustimmung beider Seiten beliebig erweitert werden.

Annelies Will    Moniem Ismail  (13.3.65)

In den mehr als vierzig Jahren unserer Ehe gab es natürlich schon ein paar Stolpersteine. Aber im Großen und Ganzen haben wir uns dennoch an diese Grundsätze gehalten. Bevor wir uns April verlobten, brachte ich Moniem mit nach Hause, um ihn meinen Eltern vorzustellen. Zur Begrüßung sagte mein Vater zu Moniem: „Sie sind der erste Ägypter meines Lebens." Sie waren sich gleich sympathisch. Schon im August 1965 heirateten wir auf dem Standesamt in Stuttgart. Meine Eltern freuten sich für mich, aber Moniems Familie hatte keine Ahnung. Er war kein besonders guter Briefeschreiber und hatte den Kontakt ziemlich einschlafen lassen. Die Familie dachte natürlich, dass er zurück nach Ägypten kommen würde. Moniem hatte jedoch andere Pläne. Ihm gefiel es in Deutschland sehr gut, besonders die Freiheiten, die man hier im täglichen Leben genoss, würden ihm in Ägypten später fehlen, so glaubte er. Man konnte unbehelligt reisen und die Natur bot mehr Abwechslung als den ewigen Sand in der Wüste. Man kann also sagen, dass sich Moniem erst einmal in das Land verliebt hat, bevor er mich kennen lernte.

Für mich war Ägypten immer ein sehr spannendes Land, das mich schon lange vor meiner ersten Begegnung mit Moniem fasziniert hatte. „Götter, Gräber und Gelehrte" hatte ich selbstverständlich ebenso gelesen wie verschiedene andere Werke über das alte und das neue Ägypten. Nun fing ich an mehr über den Islam zu lesen, denn ich ging davon aus, dass das für mich wichtig werden könnte. Also kaufte ich mir einen Koran in deutscher Übersetzung und legte los. Ich selbst bin evangelisch getauft und konfirmiert, aber in meinem Elternhaus spielte die Kirche keine große Rolle. Meine Eltern waren beide nicht religiös und später habe ich erfahren, dass schon mein Großvater aus der Kirche ausgetreten war. Moniem ist natürlich als Moslem aufgewachsen. Sein Vater war Gelehrter für Koranstudien an der Al-Azhar-Universität. Nun könnte man denken, dass die Religion bei uns zu harten Diskussionen hätte führen können. Das war aber nie der Fall. Im Gegenteil, wir konnten uns wunderbar darüber austauschen und stellten erstaunt fest, dass wir mit unseren Ansichten gar nicht weit auseinander lagen. Was die Religion betrifft, hat Moniem nie versucht, mich irgendwie zu beeinflussen.

In den ersten Jahren unserer Ehe arbeiteten wir beide als Programmierer bei IBM. Die Abteilung wurde weiterhin aufgebaut und viele Mitarbeiter aus verschiedenen Städten Deutschlands kamen nach Böblingen. Man tat sich schnell zusammen und eigentlich gab es immer irgendetwas zu feiern: Verlobung, Hochzeit, später die Geburten der Kinder. Viele dieser Freundschaften haben bis heute gehalten und jetzt erzählen wir uns gegenseitig von unseren Enkeln. Ich erinnere mich, dass bei einem unserer Feste damals sieben Frauen gleichzeitig schwanger waren, darunter auch ich. Im Oktober 1966 wurde unser Sohn Achmed geboren und ich hörte auf zu arbeiten. Damals gab es noch kein Erziehungsjahr, nur vor und nach der Entbindung hatte man je sechs Wochen Mutterschaftsurlaub. Danach musste man entweder zurück in den Beruf oder man konnte kündigen. Sofort wieder voll einzusteigen, kam für mich nicht in Frage, also kündigte ich. Bald danach konnte ich aber als freie Mitarbeiterin ein kleines Projekt bekommen, sodass ich den Kontakt zu meinem Beruf nie ganz verloren habe.

Schon 1960 hatte Moniem die deutsche Staatsangehörigkeit beantragt, so sicher war er, dass er in Deutschland bleiben wollte. Es dauerte aber zehn Jahre bis er seinen deutschen Pass bekam. Als wir heirateten, war er noch Ägypter und mit diesem Pass konnte er kaum reisen, für alles brauchte er ein Visum. Meistens wurde sein Pass nur um drei Monate verlängert, der ägyptische Staat war nämlich sehr daran interessiert, dass die gut ausgebildeten jungen Leute auch wieder heim nach Ägypten kommen. Irgendwann wurde die Verlängerung seines Passes ganz abgelehnt, der Pass wurde eingezogen. Moniem bekam stattdessen einen deutschen Fremdenpass, das war 1966. Immerhin konnte er mit diesem Fremdenpass zum Beispiel eine Geschäftsreise nach London antreten.

1967 wurde Moniem von IBM eine Stelle in den USA angeboten. Er blieb Angestellter der IBM Deutschland, bekam aber großzügige Zuschüsse zur Lebenshaltung in Amerika. Wir zögerten nicht lange und fuhren im Mai 1967 mit dem Schiff „Bremen" nach New York. Freunde von uns, Norbert und Gudrun, fuhren ebenfalls mit uns auf dem Schiff, auch sie wurden von IBM in die USA geschickt. Die Schiffsreise war sehr angenehm, ich habe sie in guter Erinnerung. Die Leute waren ziemlich elegant, und wenn wir zum Essen gingen, kam ein Babysitter in unsere Kabine, um auf Achmed aufzupassen. Tagsüber genossen wir die frische Luft an Bord und spielten mit unserem Kind. Die Ankunft in New York war spannend, sämtliche Koffer wurden am Zoll geöffnet und von einer großen dicken Afro-Amerikanerin gründlich durchsucht.

Ein großer Mietwagen sollte uns alle zusammen nach Endicott im Staat New York bringen, wo die Männer im Entwicklungslabor ihre Jobs antreten würden. Moniem erklärte sich großzügig bereit, den Fahrer zu spielen, und nach einigen abrupten Bremsmanövern ging es auch ganz gut. Das Auto fuhr nämlich mit Automatik und Moniem hatte Bremse und Kupplung verwechselt. Trotzdem ließen wir New York bald hinter uns und kamen ca. drei Stunden später in unserem neuen Wohnort an. Die ersten Wochen verbrachten wir im Hotel, später zogen wir in eine Mietwohnung.

Finanziell ging es uns in diesen Jahren in USA sehr gut, denn die Zuschüsse von IBM waren großzügig bemessen. Die Umgebung im Staat New York gefiel uns auch, wir schlossen schnell Freundschaften mit Amerikanern und einigen Deutschen, die in der gleichen Siedlung wohnten. Einmal im Jahr flogen wir zum Heimaturlaub nach Deutschland und besuchten Freunde und Familie. Im November 1968 wurde unsere Tochter Mona in Endicott geboren.

Anfang 1969 gingen wir zurück nach Deutschland. Wir zogen wieder in eine Wohnung. Moniem arbeitete im IBM Entwicklungslabor in Böblingen und ich bekam bald wieder Programmieraufträge als Subunternehmer von IBM. Für den Haushalt hatte ich eine Hilfe, die jeden Morgen kam. Ich arbeitete vormittags bei IBM, am Nachmittag war ich dann zu Hause bei meinen Kindern. Mit dieser Lösung war ich sehr zufrieden, ich konnte arbeiten und dennoch viel Zeit mit meinen Kindern verbringen.

1970 kauften wir ein Haus in Gechingen (Kreis Calw), darin haben wir fast 30 Jahre gewohnt und waren dort sehr glücklich. Im selben Jahr bekam Moniem nach 10-jähriger Wartezeit endlich die deutsche Staatsbürgerschaft. Mit ihm wurden auch unsere beiden Kinder eingebürgert. Unsere Tochter hatte von Geburt an die amerikanische Staatsbürgerschaft, aber Achmed besaß bis dahin lediglich einen deutschen Fremdenpass, wie auch Moniem. Für die Amerikaner war der Fremdenpass während unseres zweijährigen Aufenthalts dort aber zum Glück kein Problem gewesen.

1971 tat sich eine Möglichkeit für einen Job in Ägypten für Moniem auf. Das Angebot aus Kairo schien interessant und wir wollten sehr gerne einige Zeit in Moniems Heimatland leben. Im ersten Schritt fuhren wir zu einem so genannten „Look-see-trip" nach Kairo. Das war üblich, damit die Familie, in diesem Fall also ich, sich ein Bild von dem Land machen konnte, in das man den Mann versetzen wollte. Erste Kontakte wurden vermittelt, Schulen angeschaut und zum Teil auch Wohnungen besichtigt.

Damals hatte Moniem seine Familie seit vielen Jahren nicht gesehen, sie wussten noch immer nicht, dass er verheiratet war. Deshalb ließ ich ihn am ersten Tag allein zu seiner Familie gehen, die noch nicht mal wusste, dass er in der Stadt war. Sie waren sehr überrascht und freuten sich natürlich ihn wieder zu sehen. Wie sie auf die Nachricht von seiner Heirat reagierten, weiß ich nicht, aber auf jeden Fall wollten mich alle sofort kennen lernen. Also brachte Moniem mich am nächsten Tag mit. Hussein, das Viertel, in dem Moniems Familie lebte und wo er auch selbst aufgewachsen ist, ist eines der ältesten Viertel Kairos. Auch wenn einige Häuser inzwischen abgerissen wurden, so sind doch viele Häuser heute noch genauso wie damals: viele, viele Stockwerke, verbunden durch alte Treppenhäuser, oft wohnen mehrere Generationen in einem Haus. In einem solchen Haus wohnte auch Moniems Familie. Ich lernte alle kennen und wurde sehr herzlich aufgenommen, obwohl ich mir nicht auf Anhieb jeden Namen merken konnte. Dazu waren es einfach zu viele. Moniems Vater, der blind war, tastete ganz langsam mein Gesicht ab, dann küsste er mich auf die Hand und umarmte mich. Moniems Mutter küsste und umarmte mich auch ganz liebevoll, sie schien sehr glücklich darüber, dass ihr Ältester eine gute Frau gefunden hatte. Leider konnten wir uns nicht verständigen, keiner von beiden sprach Englisch und ich konnte noch kein Arabisch. Aber Moniems Geschwister sprachen Englisch und so konnte ich mich immerhin mit ihnen unterhalten. Dann folgt ein ständiges Kommen und Gehen. Alle Nachbarn wurden sofort verständigt und alle kamen, um Moniem zu sehen. Auch ich wurde sehr herzlich begrüßt.

Wir blieben noch einige Tage in Kairo, Moniem hatte sein Job-Interview und wir sahen uns schon nach einer geeigneten Wohnung um. In den paar Tagen zeigte Moniem mir seine alte Gegend und führte mich mit schier traumwandlerischer Sicherheit durch die engen, verwinkelten Gässchen in Hussein. Außerdem gingen wir natürlich zu den Pyramiden und ins ägyptische Museum. Für mich war alles ganz neu und sehr aufregend. Mit meinen blonden Haaren fiel ich überall auf der Straße sofort auf. Damals sah man übrigens nur ganz wenige Frauen mit Kopftuch, die meisten jüngeren Frauen kleideten sich ähnlich wie ich: Sommerkleid mit kurzen Ärmeln, etwas ausgeschnitten, denn es war ja mitten im Hochsommer und sehr heiß. Die wenigen Frauen mit Kopftüchern oder gar Schleier wirkten sehr exotisch und Moniem erklärte mir, dass sie wohl vom Land kämen.

Ich fühlte mich in Kairo auf Anhieb sehr wohl, die Leute waren freundlich und wir wurden oft angesprochen. Damals gab es dort ja noch nicht so viele Touristen wie heute und die Ägypter sind von Natur aus neugierig und alles andere als schüchtern.

Wieder in Deutschland angekommen, teilte man uns von IBM aus leider mit, dass die Stelle jetzt doch schon anders besetzt worden sei. Das tat uns sehr leid, wir hatten uns beide schon richtig auf Ägypten gefreut.

Bald danach bekam Moniem wieder ein Angebot aus den USA. Wir kannten die Gegend schon vom letzten Mal und mussten nicht lange überlegen. Er nahm an und im Sommer 1972 zogen wir zum zweiten Mal nach Endicott im Staat New York.

Moniem flog voraus und kaufte ein Haus mit Möbeln. Dann kam er zurück und wir flogen gemeinsam mit den Kindern in unser neues Zuhause. Einige unserer Freunde vom letzten Aufenthalt waren noch dort und so lebten wir uns schnell ein.

Unsere Wohngegend lag in der Nähe der Universität und dadurch ergaben sich sehr interessante Kontakte und einige echte Freundschaften, die die Jahre überdauert haben. Die Kinder kamen in eine ganz normale öffentliche amerikanische Schule: Achmed begann mit der Vorschule, Mona kam in die „Nursery School", was in etwa dem Kindergarten entspricht. Mona war vier Jahre alt und weigerte sich zunächst beharrlich Englisch zu lernen. Nach einigen Wochen behauptete sie dann vehement, der Junge von nebenan spreche Deutsch. Das konnte nicht sein, fand ich, und ging los um die Sache zu überprüfen. Schnell stellte ich fest, dass es ganz anders war: Sie selbst hatte inzwischen so viel Englisch aufgeschnappt, dass sie fest davon überzeugt war, das sei Deutsch. Sie lernte die neue Sprache noch ganz unbewusst und von selbst. Achmed war schon sechs und konnte sehr gut zwischen den beiden Sprachen unterscheiden. Manchmal kam er mit anderen Kindern zu mir ins Haus und dann ließen sie sich von mir einige Wörter übersetzen, Achmed ins Englische, die andern Kinder ins Deutsche. Mit der Zeit klappte die Verständigung dann immer besser.

Wir blieben drei Jahre in Endicott und fühlten uns dort sehr wohl. Wir hatten viele Freunde und bald konnte ich wieder arbeiten: Ich bekam eine Stelle als Programmiererin in einem Krankenhaus. Die Kinder gingen zur Schule und kamen erst um 16 Uhr zurück, die Schule war sogar ganz in unserer Nähe, sie konnten zu Fuß hingehen. Wir waren Mitglieder in einem Club, so konnten wir jederzeit schwimmen gehen. Öffentliche Schwimmbäder sind in den USA nicht üblich, es sei denn man wohnt in einer Wohnanlage, die sich ein Schwimmbad teilt. Im Club gab es jede Menge Aktivitäten wie Judo, Ballett und auch so genannte Summer Camps. Das waren Aktivitäten während der Ferien, wo die Kinder ganztags betreut wurden. Zum Schlafen kamen sie aber nach Hause. Beide gingen sehr gerne ins Summer Camp, dort verbrachten sie einen großen Teil der Sommerferien, die in USA fast drei Monate dauern. Außerdem fuhren wir im Sommer auch für einige Wochen zu Besuch nach Deutschland.

1974 reisten wir zum ersten Mal mit den Kindern nach Ägypten. Sie lernten Moniems Heimat kennen und trafen die vielköpfige Verwandtschaft. Moniems Vater war leider schon 1972 verstorben, er wurde 80 Jahre alt. Aber die Mutter und alle Geschwister mussten natürlich die Kinder kennen lernen. Mona war sechs und von den vielen Menschen ziemlich überwältigt. Jedes Mal, wenn wieder die Tür aufging und noch jemand Neues kam, fragte sie etwas ängstlich: „Muss ich die auch küssen?" So war das eben in Ägypten mit Familie, Nachbarn und Freunden: Alle – und ganz besonders die Kinder! - wurden umarmt, geherzt und geküsst, auch wenn man sich gerade zum ersten Mal sah.

Anschließend verbrachten wir noch zwei Wochen am Meer in Alexandria, wo sich die Kinder schnell mit den ägyptischen Kindern, die in der Wohnung unter uns lebten, anfreundeten und sogar ein wenig Ägyptisch aufschnappten. Sie spielten zum Beispiel alle zusammen ein Kartenspiel, das ich zwar nicht verstand, das aber für die Kinder kein Problem darstellte.

Das letzte Jahr in den USA verging wie im Flug und 1975 kehrten wir wieder zurück nach Deutschland. Ich wäre eigentlich lieber in den USA geblieben, die Kinder auch, wir fühlten uns sehr wohl dort. Aber Moniem zog es zurück nach Europa, er wollte nicht auf Dauer in den USA leben. An Europa gefiel ihm besonders die kulturelle Vielfalt, nach nur wenigen Stunden Fahrt mit dem Auto ist man schon in einem anderen Land und einer neuen Kultur. Es gibt in Europa so viel mehr zu erleben. Außerdem lag uns beiden die Ausbildung der Kinder am Herzen und wir meinten, das deutsche Schulsystem sei dafür doch besser geeignet.

So kamen wir zurück nach Gechingen und die Kinder gingen in die deutsche Grundschule. Anfangs gab es einige Schwierigkeiten, aber mit der Zeit hat es sich dann doch ganz gut eingespielt. Achmed kam 1977 aufs Gymnasium, Mona 1978. Die meisten unserer Freunde lebten noch in der Gegend und bei den Kindern hatte auch die eine oder andere Freundschaft die lange Trennung überstanden. Moniem arbeitete wieder bei IBM in der Entwicklung und ich bekam wieder Programmieraufträge als freie Mitarbeiterin. Zwar konnte ich mir nach wie vor meine Arbeitszeit frei einteilen, aber die Bedingungen waren für mich trotzdem längst nicht so gut wie in den USA. Die Kinder kamen nie zur gleichen Zeit aus der Schule. Manchmal standen sie schon um 12 Uhr, dann wieder erst um 13 Uhr vor der Tür. Manchmal wurde es später. Dann wieder kam auf einmal eines schon um 11 Uhr, weil ein Lehrer krank geworden war. Ganztagsschulen gab es noch gar nicht. Man erwartete von den Müttern, dass sie zu Hause sind und die Kinder betreuen, Berufstätigkeit war nicht vorgesehen. Bei mir ging es zwar einigermaßen, aber für die meisten Frauen war es so gut wie unmöglich zu arbeiten. Außerdem schlossen die Läden schon um 18.30 Uhr, deshalb hatte ich nie genug Zeit zum Einkaufen. In den USA waren die Geschäfte schon damals rund um die Uhr geöffnet und ich ging oft ganz in Ruhe abends einkaufen, wenn Moniem zu Hause und die Kinder schon im Bett waren.

Trotzdem gewöhnten wir uns schnell an den neuen Rhythmus und waren eigentlich ganz zufrieden. Nur Moniem bekam bald wieder Lust auf Veränderung. 1979 nahm er ein Job-Angebot von IBM in Saudi-Arabien an. Wir überlegten ernsthaft, mit der ganzen Familie umzuziehen, obwohl die Kinder nicht gerade begeistert waren. Sie hatten sich gerade wieder halbwegs eingelebt und nun sollten sie schon wieder in ein neues Land. Trotzdem fuhr ich mit Moniem nach Dahran und wir sahen uns schon Häuser und Schulen an. Die amerikanische Schule gefiel uns ganz gut, aber jetzt stellten wir fest, dass es ein rechtliches Problem gab. Die Schule konnte unsere Kinder nicht aufnehmen, weil Moniem Moslem ist. In Saudi-Arabien ist es nämlich gesetzlich vorgeschrieben, dass ein Moslem seine Kinder nur auf eine arabische Schule schicken darf. Damit war für uns als Familie ein Umzug nach Dahran nicht möglich, denn das wollten wir den Kindern dann doch nicht zumuten. Ich selbst war fast ein bisschen erleichtert, dass es nicht geklappt hatte. Mein Leben wäre dort sehr eingeschränkt gewesen: Ich hätte nicht Auto fahren dürfen, nicht arbeiten können und mein Alltag hätte sich vermutlich komplett in einer abgeschlossenen Ausländersiedlung abgespielt.

Wenig später wurde Moniem dann nach Paris versetzt. Dort sitzt die IBM Zentrale für den Nahen Osten und seine Aufgabe war die Organisation von IBM Konferenzen für Entscheidungsträger in Saudi-Arabien. Natürlich musste er viel reisen, aber den Großteil seiner Arbeitszeit verbrachte er doch in Paris. Paris – das klang doch schon ganz anders als Saudi-Arabien! Es gab eine Deutsche Schule und in den Ferien konnten wir jederzeit nach Deutschland fahren. Die Koffer waren bald gepackt und nach einem komplett verregneten Urlaub in der Normandie kamen wir in unserer neuen Wohnung in einem Vorort von Paris an. Zwei Jahre blieben wir in Paris und die Kinder haben diese Zeit später als ihre schönste Zeit bezeichnet. In der deutschen Schule fühlten sie sich sehr wohl und schlossen viele Freundschaften, von denen einige bis heute gehalten haben. Ich selbst habe in diesen zwei Jahren nicht gearbeitet. Als Erstes machte ich mich daran, mein Schulfranzösisch aufzupolieren und nach einigen Kursen war ich recht stolz auf meine Fortschritte. Dann besuchte ich mehrere Kurse für französische Küche. Das hat meiner Familie besonders gut gefallen, denn am Wochenende kochte ich die Gerichte dann zu Hause nach. In meiner übrigen Freizeit genoss ich die Möglichkeiten, die Paris mir bot: Ich machte Ausflüge ins Zentrum, ging in Museen und Parks und schaute mir alles an, was mich interessierte. Außerdem hatten wir natürlich auch immer viel Besuch aus Deutschland. Erst gegen Ende der zwei Jahre begann mir so langsam doch meine Arbeit zu fehlen. Um besser gerüstet zu sein, begann ich mich in den französischen Wortschatz für Computertechnik einzuarbeiten. Aber bevor ich damit fertig wurde, ging es dann zurück nach Deutschland.

Im Nachhinein fällt mir auf, dass ich diese unruhige Zeit mit den vielen Umzügen vielleicht doch etwas zu reibungslos dargestellt habe. Tatsächlich war es nicht immer so einfach. Moniem arbeitete fast zwei Jahre lang in Saudi-Arabien und kam nur alle sechs Wochen nach Deutschland. In dieser Zeit hat unsere Beziehung sehr gelitten, die Kinder waren im Grundschulalter und ich musste Kinder, Haushalt und Arbeit ganz allein bewältigen. Wenn Moniem dann endlich zu Hause war, lagen wir uns wegen Kleinigkeiten in den Haaren und alles war ganz anders als erhofft. Ich dachte, in Paris würden wir uns besser vertragen. Das taten wir eigentlich auch, aber trotzdem begann Moniem eine Affäre mit einer Französin. Irgendwann kam natürlich alles raus, ich war wie vor den Kopf geschlagen und dachte ernsthaft daran, mich von ihm zu trennen. Schließlich blieb ich aber doch bei ihm. Er hat immer gesagt, dass er keine Trennung wollte und unsere Kinder waren für uns beide das Wichtigste. Heute bin ich sehr froh, dass ich damals ausgehalten habe und wir uns wieder zusammenrauften, denn danach haben wieder sehr schöne gemeinsame Jahre erlebt.

1981 kamen wir zurück nach Deutschland, die Kinder gingen weiter zur Schule und machten beide Abitur. Achmed leistete anschließend seinen Zivildienst beim Roten Kreuz und studierte Medizin. Mona ging direkt nach dem Abitur für ein knappes Jahr in die USA. Durch einen Schüleraustausch hatte sie Kontakte nach Kalifornien geknüpft und wohnte in San Francisco mit einer Freundin zusammen. Da sie in den USA geboren ist, hat sie die amerikanische Staatsbürgerschaft und konnte ganz problemlos einreisen und dort arbeiten. Wir dachten erst, dass Mona bestimmt auch in den USA studieren würde. Aber dann entschied sie sich für ein Studium der Werbewirtschaft und Werbetechnik an der Fachhochschule in Stuttgart-Vaihingen. Sie wohnte sogar noch einige Zeit bei uns. Nach dem Studium fand Mona eine Stelle bei einem Verlag im internationalen Marketing. Moniem arbeitete weiter bei IBM, ich bekam auch wieder Aufträge. Wir wohnten in unserem Haus in Gechingen, so weit so gut. 1984 trat man an mich heran, ob ich nicht Schulungen für Software halten wolle. Ich beschloss, es einfach auszuprobieren, hielt einige Schulungen für IBM und auch ein paar Kurse an der Volkshochschule. Das war für mich eine ganz neue Richtung, und ich entdeckte erstaunt, dass es mir richtig Spaß machte.

Mit meinen Schulungen als erstem Standbein gründeten wir dann 1986 unsere Firma „Ismail Computer Calw". Wir kauften ein großes altes Haus in Calw, renovierten es und stellten einige Mitarbeiter ein. Zunächst war ICC meine Firma, Moniem arbeitete ja noch bei IBM. Erst ein Jahr später ging er dort in den Vorruhestand und stieg ganz bei ICC ein. Praktisch sofort wurden wir als „IBM Business Partner" eingestuft. Damit konnten wir IBM Computer und Software vertreiben, außerdem hielten wir Schulungen, schrieben Programme und vertrieben Netzwerke. Selbstverständlich waren wir immer auf dem neuesten

Stand der Technik, von IBM waren wir schließlich nichts anderes gewohnt. In der besten Zeit beschäftigten wir zwanzig Mitarbeiter. Mein Aufgabenfeld waren die Schulungen, ich entwickelte eigene Kurse und reiste zu den Kunden, um Schulungen zu halten. Moniem war meistens in der Firma, er verhandelte mit Kunden und programmierte. Es war ein interessantes, spannendes Leben. In dieser Zeit arbeiteten wir sehr viel, aber es machte uns Spaß.

1993 machte uns eine allgemeine geschäftliche Flaute zu schaffen, die Schulungen gingen zurück, und es wurden weniger Computer verkauft. Wir wollten schon aufgeben, da bekamen wir einen neuen Auftrag von IBM. Es ging um die Entwicklung eines Programms zur Abnahme von Tests und Verwaltung der Ergebnisse – natürlich komplett mit den dazu notwendigen Dienstleistungen wie Datenbankverwaltung und Updates. Damals wussten wir es noch nicht, aber dieses Programm sollte uns viele Jahre beschäftigen und unser Leben mehr oder weniger bestimmen. Moniem und ich programmierten zum ersten Mal gemeinsam an einem großen Projekt. Nach einigen Anfangsschwierigkeiten klappte es erstaunlich gut. Es ist wohl ungefähr so, wie wenn man gemeinsam ein Haus baut. Entweder schweißt es einen zusammen, oder man lässt sich anschließend scheiden. Bei uns traf zum Glück das Erstere zu.

Schon nach vier Monaten konnten wir die erste Version auf den Markt bringen. Auf Knopfdruck konnten per Zufallsgenerator Testfragen generiert werden, der Test konnte online abgelegt werden und sämtliche Ergebnisse waren in unserer Datenbank allzeit abrufbar. IBM setzte das Programm bald weltweit in allen möglichen Bereichen ein: zur Zertifizierung, bei Assessment Centern und so weiter. Das Datenmanagement sowie die Erstellung von Statistiken lagen ebenfalls in unserer Hand. Zwischen 1994 und 2001 reisten eigentlich ständig Mitarbeiter von uns mit der gesamten technischen Ausrüstung umher, stellten das Programm vor und nahmen Tests ab. Moniem und ich reisten zu Konferenzen nach Istanbul, Paris, Lissabon, Warschau, Tokio und in viele andere Städte, es war wirklich spannend. Die Software entwickelten wir immer weiter und nach einigen Jahren programmierten wir noch einmal alles komplett neu nach dem neuesten Stand der Technik. In diesen Jahren arbeiteten Moniem und ich sehr eng zusammen, meistens reisten wir auch zusammen. Man konnte uns nurmehr im „Doppelpack" erleben.

Da viele unserer Kunden in den USA saßen, kauften wir ein Haus in Atlanta, USA, gründeten eine Firma und verbrachten nun einen großen Teil des Jahres dort. Etwa gleichzeitig verkauften wir unser Haus in Gechingen und bauten uns im Dachgeschoss unseres Geschäftshauses in Calw eine Wohnung aus. Wenn wir in Deutschland waren, mussten wir lediglich die Treppe runter gehen und waren im Büro. In unserem Büro in Atlanta beschäftigten wir nur einen Mitarbeiter und versuchten von dort aus den Vertrieb für unser Produkt voranzutreiben. Alles lief recht viel versprechend. 2001 hatten wir in USA neue Verträge und verhandelten mit einer Universität, die unser Produkt im ganzen Land einsetzen wollte. Die Pläne für das Pilotprojekt lagen schon komplett vor, wir saßen quasi in den Startlöchern, als etwas gänzlich Unvorhergesehenes passierte, das alle unsere hochfliegenden Pläne zunichte machte. Am 11. September 2001 entführten Terroristen vier Passagierflugzeuge und steuerten zwei davon in das World Trade Center in New York. Es gab mehrere tausend Tote und abgesehen von dieser menschlichen Tragödie bedeutete dies für uns geschäftlich schließlich das Aus. Alle unsere Verträge wurden für das nächste Jahr nicht mehr verlängert. Wir bekamen auch keine neuen Verträge. Sämtliche Kontakte ließen uns kalt auflaufen, auf Anrufe, Briefe, Emails reagierte man nicht mehr. Einige der Attentäter sollen Ägypter mit Wohnsitz in Deutschland gewesen sein. Plötzlich standen wir unter Generalverdacht, keiner wollte mehr mit uns Geschäfte machen. Es war ein sehr merkwürdiges Gefühl, plötzlich so abgeschnitten zu werden, man will das gar nicht wahr haben. Eine ganze Weile versuchten wir noch, unser Geschäft zu retten. Erst 2003 gaben wir endgültig auf, obwohl es uns sehr schwer gefallen ist. Unser ganzes Herzblut steckte in diesem Projekt und ganz ohne unser Zutun hatten wir alles verloren. 2004 verkauften wir unser Haus in Atlanta und kehrten den USA endgültig den Rücken.

In den fast zwanzig Jahren mit „Ismail Computer Calw"

waren wir mehr und mehr in der Firma aufgegangen, hatten viel gearbeitet und waren sehr beschäftigt. Manchmal fast zu beschäftigt. Unsere beiden Kinder hatten längst Berufe ergriffen und außerdem fast gleichzeitig geheiratet. Im Jahr 1996 bekamen wir innerhalb von drei Wochen zwei Enkel (zwei Jungs, Tarik und Simo). 1998 kamen noch ein Mädchen (Paula) und ein Junge (Musa) dazu und im Jahr 2000 bekamen wir noch unser „Jahrtausendmädchen" Meryem. So sind wir heute sehr glückliche Großeltern von fünf Enkeln.

Aber die Familie war noch immer nicht komplett! Die große Überraschung kam 2002, eigentlich aus heiterem Himmel. Aus Frankreich meldete sich eine junge Frau von 20 Jahren mit dem Namen Isis, die Moniem vor die Tatsache stellte, dass sie wahrscheinlich seine Tochter sei. Sie wurde im Januar 1982 in Paris geboren, ihre Mutter war Catherine, die Frau, mit der Moniem eine Affäre hatte. Ihr Name Isis ließ auch darauf schließen, dass sie wohl irgendetwas mit Ägypten zu tun hatte. Ihre Mutter war schon 1993 gestorben ohne ihr mitzuteilen, wer ihr Vater war. Sie kam in eine Pflegefamilie und erst als sie als Erwachsene in den Papieren ihrer Mutter stöberte, fand sie zufällig Moniems Adresse.

Von ihrem ersten Anruf bei uns habe ich nichts mitbekommen. Moniem war wohl ziemlich verunsichert, er wusste nicht, wie er damit umgehen und was er mir sagen sollte. Kurz darauf fuhren wir auf eine Ägyptenreise mit Freunden. In Ägypten ist so ungefähr jeder zweite Tempel der Göttin Isis geweiht, überall sind Abbilder und Anspielungen auf Isis. Da lief Moniem nun zwischen all diesen „Isis"-Schriftzügen herum und fragte sich, was er wohl jetzt tun sollte. Ich selber habe nichts bemerkt, fand ihn auch nicht verändert. Eine solche Reise ist immer sehr aufregend und für Moniem noch mehr, weil er sich quasi als Gastgeber in seinem Heimatland für alles verantwortlich fühlt.

Als wir wieder zurück in Deutschland waren, kam dann noch ein Anruf von Isis und diesmal war zufällig ich am Telefon. Ich dachte, es sei eine Kundin und gab Moniem den Hörer. Nach einiger Zeit legte er auf und holte mich von meinen Büchern weg, um mir etwas mitzuteilen. Ich war verwundert, denn sonst machte er nie hoch offizielle Ankündigungen. Nachdem ich die ganze Geschichte gehört hatte, stand für mich gleich fest, dass diese junge Französin seine Tochter sein musste, ich zweifelte keinen Augenblick. Ich wusste auch, dass ihre Mutter schon verstorben war. Mein erster Gedanke war, dass wir Isis sofort sehen mussten. Ich stellte mir vor, dass sie bei Pflegeeltern aufgewachsen war, wo wir hier in Deutschland doch eigentlich gut für sie hätten sorgen können. Moniem rief sie umgehend zurück und verabredete mit ihr, dass sie uns am Wochenende besuchen sollte. Vor diesem ersten Treffen führten Moniem und ich sehr lange Gespräche, aber für Vorwürfe war es längst zu spät. Das war alles so lange her und inzwischen hatten wir schon wieder so viele schöne Dinge erlebt – ich hatte ihm längst verziehen. Unsere Beziehung hatte die damalige Krise gut überstanden und heute verstehen wir uns vielleicht sogar besser als zu Beginn unserer Ehe. Das Einzige mir bis heute Unbegreifliche ist, wie Moniem mir diese ganze Geschichte volle drei Wochen vorenthalten konnte. Schließlich waren wir auf unserer Reise und auch im Alltag fast 24 Stunden am Tag zusammen und erzählten uns sonst immer alles. Moniem fiel natürlich ein Stein vom Herzen, dass ich das Ganze so gelassen nahm.

Dann kam das Wochenende. Moniem holte Isis am Flughafen in Stuttgart ab. Aus der ganzen Menschenmenge, die durch die Absperrung kam, erkannte Moniem seine Tochter auf Anhieb. Sie sahen sich und es gab keinerlei Zweifel. Sie sehen sich nämlich so ähnlich, dass man sofort erkennt, sie müssen Vater und Tochter sein. Ich saß derweil zu Hause wie auf heißen Kohlen und konnte es vor Spannung kaum aushalten. Als sie endlich ankamen, schloss ich Isis als Erstes in die Arme und sie weinte sogar ein bisschen. Es muss ein überwältigendes Gefühl sein, nach so langer Zeit endlich die eigene Familie zu finden. Sie war sehr froh, dass wir sie so freundlich aufnahmen und wir saßen lange einfach nur zusammen und erzählten. Isis erzählte von ihrer Mutter, davon, wie sie aufgewachsen war, wie sie gelebt hatten. Finanziell war es den beiden immer sehr schlecht gegangen, denn Isis' Mutter konnte überhaupt nicht mit Geld umgehen. Gleichzeitig war sie zu stolz, jemanden um Hilfe zu bitten. So hatte ihre Familie in Paris (Mutter, Bruder und Schwester) nie gewusst, wie schlecht es ihr ging. Uns hat das sehr Leid getan. Isis' Mutter starb an Hepatitis C, das hat Isis aber erst vor einigen Jahren erfahren. Isis war gerade elf Jahre alt und kam zu einer Pflegefamilie. Sie lebten auf dem Land, Isis ging zur Schule und schaffte alle notwendigen Prüfungen. In der Pflegefamilie fühlte sie sich trotzdem nie wirklich wohl. Man akzeptierte sie nicht als gleichwertiges Familienmitglied, sie wurde gegenüber den eigenen Kindern immer benachteiligt. Das fing beim Essen an und hörte bei der Kleidung noch lange nicht auf. Isis hat schon mit zwanzig Jahren geheiratet, ihr Mann Omar stammt aus Marokko. Moniem kannte ihn schon vom Telefon. Die beiden unterhalten sich normalerweise auf Arabisch miteinander und ein bisschen ist es so, als ob sich der Kreis wieder schließt.

Am nächsten Tag rief ich unsere Kinder an und erzählte ihnen von Isis. Beide waren sehr verblüfft und wollten Isis so schnell wie möglich kennen lernen. Noch am selben Tag besuchten wir Mona, die damals mit ihrer Familie nur eine knappe Stunde von uns entfernt wohnte. Die ganze Familie nahm Isis sehr herzlich auf, vor allem die Kinder, die mit einer plötzlich auftauchenden neuen Tante überhaupt kein Problem hatten. Mona sagte: „Und ich hab mir immer eine Schwester gewünscht, jetzt endlich hab ich eine!" Achmed und Isis haben sich dann später an Weihnachten kennen gelernt. Da war die ganze Familie zusammen: Achmed mit Frau und Kindern, Mona mit Mann und Kindern und Isis mit Omar. Die Verständigung fand in bis zu vier Sprachen statt: Die meisten in unserer Familie sprechen untereinander Deutsch, aber Achmeds Frau ist Türkin und spricht mit den Kindern Türkisch. Omar spricht kein Deutsch, also spricht er mit Moniem Arabisch und mit dem Rest Englisch oder Französisch, je nach dem, was gerade einfacher ist. Nach dem Wochenende schwirrte uns allen ziemlich der Kopf von dem babylonischen Sprachgewirr.

Natürlich müssen derart aufregende Neuigkeiten in einem passenden Rahmen verkündet werden. Ich lud also alle meine Freundinnen zum Kaffeeklatsch ein und erzählte ihnen feierlich die ganze Geschichte. Sie waren sehr überrascht und fasziniert, der Kommentar meiner Freundin Isolde ist mir noch in Erinnerung: „Wie bei Rosamunde Pilcher!"

2003 haben wir Isis offiziell adoptiert, so ist sie gleichberechtigt mit den anderen beiden Kindern und gehört jetzt richtig zur Familie. Inzwischen hat sie bei beiden Geschwistern längere Besuche gemacht, bei Mona war sie in einem Sommer sechs Wochen und arbeitete in einer Firma und bei Achmed sogar drei Monate. Ihr Deutsch war schon vorher gut, aber durch die langen Aufenthalte in Deutschland ist es natürlich noch besser geworden. Im Sommer 2003 nahmen wir sie mit nach Amerika und auf dieser und einigen anderen Reisen haben wir sie richtig gut kennen gelernt. Sie hat sehr viel von ihrem Vater, vielleicht sogar mehr als die beiden anderen Kinder.

Nachdem wir 2004 unser Haus in Atlanta verkauft hatten, war unser Hauptwohnsitz jetzt endgültig unsere Wohnung in Calw. Aber bald fingen wir an, darüber nachzudenken, ob es nicht schön wäre, die Winter in Ägypten zu verbringen. Die ganzen Jahre über waren wir immer wieder in Ägypten gewesen, aber nur als Touristen. Moniem hatte für uns und unsere Freunde mehrere Reisen organisiert: nach Kairo, zu den Pyramiden und zu den Tempeln in Südägypten. Fast alle unsere Freunde sind irgendwann einmal mit uns in Ägypten gewesen. Im Mai 2004 flogen wir zu zweit nach Kairo, um uns umzusehen. Ich dachte gleich an Alexandria am Mittelmeer, denn dort hatte es mir immer besonders gut gefallen. Eine unserer Nichten und ihr Mann fuhren mit uns nach Alexandria und wir besichtigten verschiedene Wohnungen. Zunächst probierten wir es mit Mietwohnungen, aber dabei war nichts, was uns gefiel. Dann schauten wir drei Wohnungen an, die zum Verkauf standen. Die zweite Wohnung war es dann, wir sahen uns an und waren uns sofort einig. Vom Schlafzimmer aus konnte man aufs Meer sehen. Die Wohnung sollte versteigert werden. Man richtete den Termin so ein, dass wir noch daran teilnehmen konnten, kurz danach ging unser Flug zurück nach Deutschland. Die Versteigerung verlief sehr spannend. Zuerst waren ganz wenige Leute im Raum. Dann wurden es langsam immer mehr. Das Bieten sollte Moniem übernehmen, ich saß ganz hinten und hörte nur immer wieder Moniems Namen. Irgendwann war es zu Ende, und er kam zu mir, gab mir einen Kuss und sagte: „Wir haben sie." Später hat er mir erzählt, dass es einen zweiten Bieter gab, der immer noch mitging. Als sich der Preis unserer Obergrenze näherte, sah Moniem den andern an und sagte: „Wenn ich diese Wohnung nicht kriege, komme ich nie mehr nach Ägypten!" Der Mann war so verblüfft, dass er aufhörte zu bieten.

Als nächstes mussten wir, also eigentlich Moniem, die Renovierung organisieren. Moniems Familie vermittelte uns einen Ingenieur, der sich mit Umbauten auskannte. Aber noch viel wichtiger war, dass er alle Handwerker kannte und mit ihnen umgehen konnte. So lief die Renovierung recht glatt und schon Ende Oktober 2004 konnten wir einziehen. Unser gesamter Hausrat stand aber noch im Keller unseres Hauses in Atlanta. Das hatten wir zum Glück mit dem neuen Besitzer so vereinbaren können. Nun mussten wir von Ägypten aus den Transport unserer Sachen von Atlanta nach Alexandria organisieren. Mithilfe von E-Mail, Internet, Fax und der Unterstützung von guten Freunden vor Ort klappte das sogar, ohne dass wir noch mal nach USA mussten. Der Termin zur Ankunft unserer Möbel wurde uns für einen Nachmittag Ende Oktober angekündigt. Wir saßen also in unserer Wohnung und warteten. Der Nachmittag wurde zum Abend. Keine Möbel. Gegen zehn Uhr beschlossen wir schlafen zu gehen. Irgendwann würden die Möbel schon kommen, so hofften wir jedenfalls. Und tatsächlich: um zwölf Uhr nachts klingelte es plötzlich Sturm, die Möbel waren da! Innerhalb von nur zwei Stunden standen sämtliche Sachen an ihrem Platz. Zu viert hatten sie alles herauf getragen, was nicht in den Fahrstuhl passte. Möbel, Lampen, Bettwäsche, Decken, die gesamte Kücheneinrichtung. Und es war nichts kaputt. Gegen zwei Uhr morgens, saßen wir auf unserer Couch und hatten das Gefühl, von Atlanta direkt nach Alexandria „gebeamt" worden zu sein. Es war irgendwie unwirklich.

In Alexandria lebten wir uns schnell ein. Wir machen fast alles zu Fuß, mit Bus, Straßenbahn oder Taxi. Ein Auto brauchen wir hier nicht. Darüber wundern sich zwar viele Ägypter, aber uns fehlt das Auto kein bisschen. Wir wohnen direkt an der 25 km langen Strandpromenade, der „Corniche". Wenn wir aus dem Haus gehen, überlegen wir nur kurz in welche Richtung wir gehen wollen. Dann laufen wir einfach los. Zum Einkaufen gehen wir oft auf einen der großen Märkte. Wir haben unsere

Lieblingshändler, die uns auch schon gut kennen. Überhaupt kennen uns in der Umgebung sehr viele Leute. Wenn wir aus Deutschland zurückkommen, fragen sie uns immer, wo wir so lange waren.

Arabisch ist Moniems Muttersprache. Für mich hatte diese Sprache bisher kaum eine Rolle gespielt, denn als wir uns kennen lernten, sprach Moniem schon sehr gut Deutsch. Einfache Dinge wie Gemüse, Obst, Fleisch wusste ich schon auf Arabisch. Aber ich wollte doch noch etwas mehr lernen. Ich meldete mich bei der Universität Alexandria zum Arabischkurs an und hielt zwei Semester eisern durch. Mit mir studierten junge Leute aus Japan, England, Kanada oder Schweden. Wie erwartet fiel es mir sehr schwer. Vier Tage in der Woche je zwei Stunden und dann noch jede Menge Hausaufgaben. Ohne Moniem hätte ich sicher schnell aufgegeben. Zuerst brachte er mir die Schrift bei. Eigentlich wäre das im ersten Semester dran gewesen, aber außer mir hatten alle schon Vorkenntnisse. Obwohl ich es sehr schwer fand, hat es mir doch Spaß gemacht, und ich habe tatsächlich viel gelernt. Jetzt kann ich Arabisch lesen und einigermaßen verstehen, nur sprechen fällt mir immer noch sehr schwer. Ich kann einkaufen, die Schilder lesen und einfache Unterhaltungen führen. Am liebsten spreche ich mit Kindern, da habe ich am wenigsten Hemmungen.

Moniem ist glücklich wieder in seiner Heimat zu leben und genießt es, mit allen Arabisch sprechen zu können. Aber in den 46 Jahren in Deutschland, Amerika und Frankreich hat er sich doch sehr verändert. Eigentlich ist er kein typischer Ägypter mehr. Wahrscheinlich war er das auch nie, sonst hätte er nicht als junger Mann diesen Freiheitsdrang gehabt, der ihn nach Deutschland brachte. Jetzt versuchen wir beide, uns mit der ägyptischen Mentalität anzufreunden. Vieles ist uns einfach unerklärlich: Warum halten die Ägypter ihre Termine nicht ein? Warum legt keiner Wert darauf, dass es auch außerhalb der Wohnung sauber ist? Unser wunderschönes altes Haus (mehr als sechzig Jahre alt) schreit förmlich danach, dass man den Marmorfußboden und die Säulen im Eingang putzt und aufpoliert. Es ist ein Jammer, wie es auf der Straße aussieht. Aber wenn wir dann wieder einige Wochen im Land sind, dann gewöhnen wir uns daran und genießen einfach die Umgebung, das schöne Wetter, die Freundlichkeit der Menschen.

Es gibt in Alexandria sogar eine Oper, in der aber fast nie Opern gespielt werden. Dafür gibt es oft Konzerte: klassische Musik, arabische Musik oder auch Konzerte von Ensembles aus dem Ausland. Inzwischen habe ich mich sogar etwas an die arabische Musik gewöhnt.

Bei einer der Konzertvorstellungen lernten wir durch Zufall eine Deutsche kennen, die mit ihrem ägyptischen Ehemann vor uns saß. Noch bevor ich sie ansprechen konnte, drehte sie sich schon nach uns um und sprach uns an. Seither sind wir befreundet und auch unsere Männer verstehen sich sehr gut. Durch sie habe ich viele Deutsche und andere Ausländerinnen kennen gelernt. Ohne diese Begegnung wäre dieses Buch gar nicht entstanden – sie hat mir eine neue Welt erschlossen und ich bin ihr sehr dankbar.

Kontakt mit Ägyptern haben wir natürlich auch, schon durch Moniems Familie. Ich finde es aber sehr schwer, mich mit ihnen zu unterhalten. Es gibt einfach sehr wenig gemeinsamen Gesprächsstoff, wenn man einmal die Themen Familie, Kinder und Enkel erschöpft hat. Sicher liegt das auch an meinen mangelnden Sprachkenntnissen. Aber meine deutschen Freundinnen in Alexandria, von denen manche sehr gut Arabisch sprechen, erzählen genau dasselbe. Ich hoffe, dass sich das noch bessert und wir bald auch Ägypter kennen lernen, mit denen man sich gut unterhalten kann.

Wenn wir in Ägypten sind, freuen wir uns nach einigen Monaten auf die Rückkehr nach Deutschland. In Deutschland haben wir einen großen Freundeskreis, der über die Jahre gewachsen ist. Natürlich wollen wir auch regelmäßig unsere Kinder und Enkel sehen, das ist für uns beide sehr wichtig. Wenn wir aber in Deutschland sind, zieht es uns bald wieder nach Ägypten, vor allem wenn das Wetter kalt und grau ist. Auch in Alexandria haben wir jetzt Freunde und genießen unser Leben. Wie alle Ägypter liebt mein Mann seine Heimat sehr. Manchmal wird er melancholisch. Es fällt ihm schwer zu verstehen, warum viele Dinge hier so kompliziert sind, wo sie doch anderswo viel einfacher erscheinen. Es gibt so viele intelligente Menschen hier, aber oft können sie nicht das tun, was sie gerne möchten und was uns selbstverständlich erscheint.

Der ständige Wechsel zwischen Deutschland und Ägypten erfordert viel Flexibilität. Man lernt viele Dinge mehr schätzen, wenn man sie nicht dauernd hat. In Ägypten genießen wir das schöne Wetter, die Freundlichkeit der Menschen, die frischen Früchte und alle anderen Lebensmittel, die wir in Deutschland nicht bekommen können. An Deutschland schätzen wir die Zuverlässigkeit der Menschen, die herausgeputzten Ortschaften und die schöne Natur. Wir werden sicher immer auch ein Zuhause in Deutschland haben, aber im Moment ist uns Ägypten mindestens genau so lieb. Wohin wir auch gehen, eines ist für mich jedenfalls klar: „Nicht ohne meinen Mann!"

# Schlusswort

Was mir bei allen Geschichten auffiel, war die spontane Bereitschaft der Frauen aus ihrem Leben zu erzählen. Manche schienen richtig erleichtert, endlich in Ruhe über alles sprechen zu können und auf Verständnis zu stoßen. Ihre Geschichten sprudelten nur so heraus und es war nicht immer einfach, all die Informationen strukturiert wiederzugeben. Aus allen Lebensgeschichten in diesem Buch ergibt sich am Ende ein gemeinsames Bild. So unterschiedlich die Frauen und ihre Geschichten auch sein mögen, vieles haben sie doch gemeinsam. Fast alle haben in Deutschland erlebt, dass ihre persönliche Umgebung, Freunde, Verwandte oder Eltern auf ihren Entschluss, einen Ägypter zu heiraten, ziemlich abweisend, manchmal sogar kränkend reagiert hat. Am Ende haben sie ihren Entschluss nicht nur allen Unkenrufen zum Trotz durchgesetzt, sondern sind mit der von ihnen gewählten Entscheidung glücklich geworden. Innerhalb dieser Gruppe von Frauen gibt es ein ganz erstaunliches Gefühl der Zusammengehörigkeit. Was sie verbindet, ist nicht nur Freundschaft, sondern auch das Bewusstsein, alle Schwierigkeiten in Ägypten meistern zu können. Die anderen haben es ja auch geschafft. Über die Jahre stießen sie auf ganz verschiedenartige Probleme. Fast alle haben unter der schlechten Versorgungslage in der Zeit von Nasser gelitten. Aber es gibt noch viele andere Dinge, die nicht ganz so offensichtlich, aber genauso schwierig sind. Die Familie kommt in Ägypten immer an erster Stelle, und vielen war der große Einfluss der Eltern oder der Geschwister auf ihren Mann lästig. Für einen Ägypter kommen die Eltern immer zuerst. In Europa sieht man das anders, da kommen zuerst die eigene Frau und die Kinder.

Diese Frauen haben also an Erfahrungen viel mehr gemeinsam, als es bei Freundinnen in Deutschland normalerweise der Fall ist.

Fast alle haben über die Eifersucht ihrer Männer gesprochen. Natürlich gibt es auch in Deutschland eifersüchtige Männer, aber in Ägypten ist es der Normalfall. Die Gesellschaft ist eben so. Die Eifersucht dient in ihren Augen dem Schutz der Frau. Erstaunlich ist, wie tolerant die meisten Ehemänner im Punkt der Religion sind. Allerdings gehe ich davon aus, dass eine gewisse Toleranz in dieser Hinsicht schon als Voraussetzung für ihre Ehe mit einer Ausländerin vonnöten ist. Ein fanatischer Moslem käme sicher nicht auf die Idee, eine Christin zu heiraten.

Wir Frauen in Deutschland halten uns für emanzipiert. Aber ob das immer nur Vorteile bringt? Wir müssen viel mehr selbstständig denken und handeln, das kann ganz schön anstrengend sein. Wenn wir Familie haben, reiben wir uns zwischen Beruf, Kindern und Haushalt auf. Die meisten Männer unterstützen ihre emanzipierten Frauen rein theoretisch – bei der Hausarbeit ertappt man sie eher selten. Wenn die Frauen den Einkauf erledigen, schleppen sie anschließend die schweren Tüten allein vom Auto in die Küche.

In Ägypten redet kaum jemand von Emanzipation. Die Frau gilt immer als schwächer als der Mann. Man hilft ihr, damit sie nicht schwer tragen muss. Das gilt fürs Einkaufen, aber auch sonst sind die Menschen in Ägypten sehr viel hilfsbereiter als in Deutschland. Innerhalb der Familie sorgt der Bruder für seine Schwester, und natürlich sorgen die Kinder für die Eltern.

Wenn ein Unfall passiert, oder jemand auf der Straße hinfällt, läuft sofort alles eilends herbei, um zu helfen. Manchmal ist das eher hinderlich, denn wenn zu viele Leute beteiligt sind, fangen die erst einmal an zu diskutieren, was denn jetzt zu tun sei.

Wir alle haben über die Jahre den Wandel in der ägyptischen Gesellschaft beobachtet. War es früher ein offenes, fröhliches Land, in dem kaum eine Frau ein Kopftuch trug, so sieht man heute immer mehr extremistische Tendenzen. Keiner weiß wirklich, warum es so gekommen ist. Wie diese Entwicklung weitergehen wird, ist Gegenstand vieler Diskussionen. Wir kennen persönlich niemanden mit fanatischen oder extremen Ansichten. Bisher gelten für uns als Ausländerinnen offenbar andere Maßstäbe als für ägyptische Frauen. Trotzdem beobachten wir alle diese Veränderungen sehr aufmerksam.

Wir alle wünschen uns, dass dieses Buch zu mehr Toleranz und Verständnis zwischen den Religionen und Kulturen beiträgt.

**Annelies Ismail**                    **Alexandria, Dezember 2007**

# Anhang A
# Ägyptische Küche

Die meisten Frauen, mit denen ich gesprochen habe, erwähnten irgendwann die ägyptische Küche. Schließlich ist essen ein wichtiger Teil unseres täglichen Lebens, ganz egal, wo wir leben. Jeder hat eine Meinung dazu, und von einigen Frauen habe ich sogar Rezepte bekommen. Da man nicht alle Zutaten in Deutschland kaufen kann, sind hier im Anhang nur einige wenige Rezepte angefügt. Im Internet findet man problemlos noch mehr dazu. Zum Beispiel unter
**www.lamiz.de/aegypten-reisen-rezepte**

Zunächst ein paar grundsätzliche Bemerkungen zur ägyptischen Küche. Im Allgemeinen wird in Ägypten nicht sehr scharf gekocht, für unseren Gaumen ist das Essen manchmal fast mild. Es gibt aber einige Gewürze, die in Deutschland selten benutzt werden:

*Cumin (Kreuzkümmel, in arabisch Camun)* wird in Fleischgerichten verwendet. Das Gewürz ist auch ein Bestandteil des Curry, der ja ein Gemisch von Gewürzen ist. Gehen Sie mit diesem Gewürz sparsam um, denn es hat einen sehr intensiven Geschmack. Gemahlenen Cumin gibt es in den meisten Supermärkten. Ganz sicher aber gibt es Cumin immer in den türkischen Läden. Auf Türkisch heißt er *Kimyon*.

*Koriander Samen (in arabisch Cusbara)* wird ebenfalls zu Würzen von Fleisch verwendet. Man brät den Koriander mit Knoblauch in Öl an und verwendet diese Mischung für Suppen als zusätzliches Gewürz bei Tisch. Koriander gibt es im Supermarkt. Frischer Koriander sieht aus wie glatte Petersilie und wird in Salaten und zu gegrilltem Fleisch gegessen. Zu Fleisch und Fisch gibt es oft frischen *Gergir*, das ist das gleiche wie Rukola. Man isst ihn einfach aus der Hand.

Es wird viel Gemüse gegessen, sehr viele Hülsenfrüchte wie Linsen oder Bohnen. Man isst auch Reis und Nudeln in jeder Form. Kartoffeln werden als Gemüse gekocht, meistens in Eintöpfen. Insgesamt wird weniger Fleisch gegessen als bei uns, denn es ist relativ teuer.

Salat, wie wir ihn in Deutschland kennen, wird sehr klein geschnitten und meistens nur mit Limone gewürzt. Als Salat bezeichnet man in Ägypten auch die Saucen wie Auberginensoße *(Babaganug)* und Sesamsauce *(Tahina)* die bei keinem Essen fehlen dürfen. Man isst sie mit Fladenbrot, meistens vor dem eigentlichen Essen.

An Gemüse gibt es vieles, was wir auch aus Europa kennen: Auberginen, Zucchini, Karotten, Lauch, grüne Bohnen, Erbsen, Blumenkohl, Broccoli. Außerdem gibt es *Okra (in Arabisch Bamia)*, das sieht aus wie kleine grüne Bohnen. Sie werden meistens mit Tomaten und Fleisch gekocht und sind nach dem Kochen ein bisschen glitschig.

Sehr beliebt bei den Ägyptern ist die *Malocheia*, das sind fein gehackte kleine grüne Blätter, die in Fleischbrühe gekocht werden. Man isst sie mit Brot oder Reis. Sie haben ebenfalls eine glitsche Konsistenz. Alle Ägypter lieben Malocheia, viele Ausländer tun sich eher schwer damit. Manche essen sie ganz gerne.

Bei Eintöpfen wird meistens so vorgegangen: Man brät zunächst Zwiebeln und klein geschnittenen Knoblauch in Butterschmalz an, und würzt mit Koriander, Cumin, Salz und Pfeffer. Dann gibt man das Fleisch in Stücken dazu, lässt das Ganze eine Weile dünsten und gibt dann Gemüse, wie Karotten, Zucchini, Kartoffen dazu. Als letztes kommen Tomaten (in Ägypten verwendet man meistens weiche, frische Tomaten) dazu. Man lässt das Ganze köcheln, bis Fleisch und Gemüse weich sind, und schmeckt dann ab. Dazu gibt es Reis oder Fladenbrot.

# Ful Medamis

Ful Medamis ist ein Nationalgericht in Ägypten und wird zum Frühstück serviert. In Hotels in Ägypten sieht man manchmal Touristen ratlos vor diesen braunen gekochten Bohnen (in Deutschland Pferdebohnen oder Saubohnen genannt) stehen. Ich habe schon öfters Fremde angeleitet, wie man diese Bohnen isst. Alle Ägypter lieben sie. Man vermutet, dass diese Bohnen schon zur Pharaonenzeit gegessen wurden. Heute wird Ful Medamis auf der Straße verkauft, wo es in großen Kupfergefäßen angeboten wird. Man sieht am Morgen Arbeiter und andere Leute, die sich ihr Frühstück holen und es auf der Straße verzehren. Wenn man eine Portion gegessen hat, kann man einen ganzen Tag ohne weiteres Essen auskommen.

Man kann Ful Medamis selbst kochen, allerdings dauert es sehr lange. In manchen Städten in Deutschland gibt es Ful Medamis auch in Dosen zu kaufen.

## Vorbereitung der trockenen Bohnen:

500 g Bohnen waschen und mit viel Wasser und 1 Teelöffel Backpulver auf kleinster Flamme 6-9 Stunden köcheln lassen. Alternativ können die Bohnen in einem verschlossenen Römertopf bei 120 Grad langsam gekocht werden. Ab und zu muss man kontrollieren, ob noch genügend Wasser im Topf ist. Nach Ende der Garzeit sollte das gesamte Wasser von den Bohnen aufgesogen sein. Diese Menge reicht für ca. acht Portionen.

## Zubereitung der fertigen Bohnen:

Man gibt für jede Portion die warmen Bohnen in einen tiefen Teller, fügt Olivenöl und etwas Zitronensaft oder Limone hinzu und würzt mit Salz, Cumin (Kreuzkümmel) und Chili (Schärfe nach Belieben). Je nach Geschmack gibt man gehackte Zwiebeln, Tomaten und Gurken hinzu. Alles wird vermischt und mit Fladenbrot gegessen.

# Ads (Ägyptische Linsensuppe)

Dies ist ein weiteres Nationalgericht Ägyptens. Es wird noch heute viel gegessen und ist sehr gesund.

**Zutaten: (für vier Personen)**
1 Tasse rote Linsen (Ads Asfar)
1 Zwiebel, gehackt
1 Möhre, geschält, in kleine Würfel geschnitten
1 Zucchini, geschält, in kleine Würfel geschnitten
1 Tomate, geschält, in kleine Würfel geschnitten
5 Tassen Brühe oder Wasser
1 Teelöffel frisch gemahlener Kreuzkümmel (Cumin)
Salz
Zitronensaft nach Geschmack

**Zubereitung:**
Linsen mit der Brühe und dem Gemüse aufsetzen. Etwa 30 Minuten kochen, bis die Linsen und das Gemüse gar sind und fast zerfallen. Durch ein feines Sieb drücken (Flotte Lotte). Die Suppe mit Cumin (Kreuzkümmel), Salz und dem Zitronensaft abschmecken. Die Suppe sieht nach dem Kochen gelb aus.

Dazu serviert man

# Taleya (Knoblauchsauce)

**Zutaten:**
10 Knoblauchzehen
1 Teelöffel gemahlener Koriander
1 Esslöffel Öl
Salz
Pfeffer oder Cayenne Pfeffer

**Zubereitung:**
Knoblauch im Mörser klein hacken, mit Salz, Pfeffer und Koriander vermischen. 3 Minuten in einer Pfanne goldgelb rösten. Über die Suppe geben.

# Koscheri

Koscheri ist neben Ful Medamis und Ads das beliebteste Essen in Ägypten. Man findet es in kleinen, einfachen Restaurants. Meistens wird es in Blechschüsseln serviert und mit einem Löffel gegessen. Es ist sehr einfach herzustellen und ich kenne niemanden, der es nicht mag. Bei uns gibt es dieses Essen immer, wenn keine Zeit zum Einkaufen ist. Die Zutaten hat man fast immer zu Hause.

## Zutaten (für 4 Personen)
2 Tassen braune Linsen (Ads Iswid)
1/2 Tasse kleine Nudeln, z.B. kleine Makkaroni
2 Tassen Rundkornreis
Etwas Tomatensauce
Öl

## Zubereitung
Makaroni in einem Topf mit etwas Öl anrösten, bis sie Farbe annehmen. Den Reis dazu geben und ebenfalls anrösten. Das Ganze mit 5 Tassen Wasser ablöschen und salzen. Zugedeckt auf ganz kleiner Flamme kochen lassen, bis der Reis gar ist und alles Wasser aufgesaugt wurde.

Linsen gleichzeitig in einem anderen Topf mit Wasser zum Kochen bringen, langsam köcheln lassen, bis die Linsen gar sind. Eventuell überschüssiges Wasser abgießen.

Alles zusammen mischen.

Dazu reicht man eine scharfe Tomatensauce und geröstete Zwiebeln.

Man kann auch Taleya (Knoblauchsauce) dazu servieren.

# Tameya
# auch bekannt unter dem Namen Falafel

Auch Tameya findet man oft in Hotels am Frühstücksbuffet. Es ist nicht nur bei Ägyptern sehr beliebt. Es wird aus den gleichen Bohnen hergestellt wie Ful Medamis. Allerdings sind diese dann geschält.

## Zutaten
200 g trockene, geschälte, dicke Bohnen (Ful Nabed)
1 Bund glatte Petersilie
1 Bund Koriandergrün
eine Zwiebel
1 Teelöffel Salz
1/4 Teelöffel Cayenne Pfeffer
1/4 Teelöffel Backpulver
Sesamsamen
Pflanzenöl zum Ausbacken

## Zubereitung
Die geschälten Bohnen 24 Stunden in Wasser einweichen.
Bohnen in der Küchenmaschine mahlen. Zwiebel, Petersilie, Koriandergrün, Cayenne Pfeffer, Backpulver und Salz dazugeben. Weiter in der Küchenmaschine alles zu einem Teig vermischen. Etwa 1 Stunde ruhen lassen. Aus dem Teig kleine Kugeln formen, etwas flach drücken und in Sesamsamen wälzen.
In heißem Pflanzenöl goldbraun ausbacken. Die Tameya schmecken am besten ganz frisch gebacken.
Wenn man sie nicht gleich braucht, macht man am besten den Teig fertig und brät die Tameya dann bei Bedarf.

# Auberginenauflauf

**Zutaten (**für 6 Personen):
8 Auberginen mittelgroß
3 rote Paprika
3 grüne Paprika
3 große Gemüsezwiebeln
6 Knoblauchzehen
Öl
Salz, Pfeffer
1 Dose geschälte Tomaten
Füllung:
40 g Margarine
500 g Rinderhack
2 Zwiebeln
2 Knoblauchzehen
Salz, Pfeffer

**Zubereitung:**
Die Auberginen waschen. In 1 cm dicke Scheiben schneiden, von beiden Seiten salzen und ca. 10 Minuten in einem Sieb ausbluten lassen. Von beiden Seiten abtupfen. Paprika säubern, in 4 cm große Scheiben schneiden. Zwiebeln schälen in 5 mm dicke Ringe schneiden. Knoblauchzehen schälen, in Stifte schneiden.

Öl erhitzen und die Auberginen, Paprika und Zwiebelringe gut anbraten. Alles auf Küchenpapier abtropfen lassen.

**Füllung:**
Margarine schmelzen, gehackte Zwiebel und Knoblauchzehen anbraten, Rinderhack dazugeben und gut durchbraten lassen. Mit Salz und Pfeffer abschmecken.

In eine große Auflaufform die Hälfte der Aubergine, Paprika und Zwiebel schichten. Salz und Pfeffer darüber streuen. Mit der Hälfe der Knoblauchstifte spicken. Die Rinderhackfüllung verteilen. Die restlichen Auberginen, Paprika und Zwiebelringe verteilen. Mit den restlichen Knoblauchstiften spicken. Tomaten gut zerdrücken, dann auf den Auflauf gießen.

Gut 1 Stunde bei 180 Grad im Backofen garen. Danach mit Petersilie bestreuen und mit Reis servieren.

# Kosbareya
# Fisch nach alexandrinischer Art

Kosbareya ist die Standardzubereitungsart für Fisch in Alexandria.

**Zutaten** (für zwei Personen)
500 g Fischfilet
1/4 Teelöffel Kreuzkümmel (Cumin)
1/4 Teelöffel Koriandersaat
3 Zwiebeln
1 kleine Dose Tomaten (oder 500 g frische Tomaten geschält)
1 Esslöffel Tomatenmark
2 Knoblauchzehen
Salz
Pfeffer
Mehl

**Zubereitung:**
Kreuzkümmel, Koriandersaat mit Pfeffer und Salz fein mörsern.

Fisch waschen und mit einer gepressten Knoblauchzehe und der Gewürzmischung aus dem Mörser einreiben. Etwa 30 Minuten stehen lassen.

Zwiebeln in feine Streifen schneiden und goldgelb braten. Tomatenmark kurz mitrösten. Die Tomaten dazugeben und mit Pfeffer und Salz würzen. Einige Minuten köcheln lassen.

Den Fisch in Mehl wenden und auf beiden Seiten goldbraun braten. Den Fisch auf Küchenpapier abtropfen.

Die Hälfte der Tomatensauce in eine feuerfeste Form geben. Fisch einlegen und mit der anderen Hälfte der Tomatensauce bedecken. Bei 180 Grad für etwa 15 Minuten im Ofen backen.

Mit Reis oder Fladenbrot servieren.

# Tahinasauce

Tahina ist eine Paste, die aus Sesam-Mehl hergestellt wird. Es gibt sie in türkischen und arabischen Läden zu kaufen. Aus der Paste macht man einen wohlschmeckenden Dip. Man bekommt ihn in Ägypten immer mit den üblichen Salaten als Vorspeise.

**Zutaten** (für 4 Personen als Vorspeise)
1 Tasse Sesampaste (Tahina)
3 Knoblauchzehen
1/2 Tasse Wasser
Zitronensaft von einer Zitrone
1/4 Teelöffel Kreuzkümmel (Cumin) gemahlen
1 Bund Petersilie fein gehackt
Salz

**Zubereitung**
Die Sesampaste in eine Schüssel geben. Knoblauch möglichst fein pressen und unterrühren. Wasser und Zitronensaft zugeben, bis die Konsistenz cremig ist. Mit den restlichen Zutaten abschmecken. Man isst diesen Dip meist mit Fladenbrot.

# Baba Ganug
## Auberginenpüree mit Sesampaste

Baba Ganug gehört ebenfalls zu den Salaten, die oft vor dem eigentlichen Essen serviert werden. Es ist auch eine Beilage zu gebratenem Fleisch.

**Zutaten** (für 4 Personen als Vorspeise)
2 Auberginen (mittelgroß)
1/2 Tasse Zitronensaft
1/2 Tasse Tahina (Sesampaste)
Salz nach Geschmack
3 Knoblauchzehen fein gehackt
2 Esslöffel Olivenöl
1/2 Bund gehackte Petersilie

**Zubereitung**
Auberginen an mehreren Stellen einstechen und im Backofen eine halbe Stunde grillen. Die Auberginen müssen ganz weich sein. Mit einem feuchten Tuch bedecken, abkühlen lassen. Das weiche Auberginenfleisch mit einem Löffel aus der Schale schaben.

Auberginenfleisch mit einer Gabel zerdrücken und mit dem Pürierstab oder in der Küchenmaschine pürieren.

Die weiteren Zutaten untermischen, nach Geschmack abschmecken.

Mit Paprikapulver und etwas Petersilie garnieren.

# Om Ali (Süßspeise)

Von den vielen Süßspeisen Ägyptens wird hier nur ein Beispiel gegeben.

**Zutaten** (für 4 Personen)
2-3 trockene Brötchen (in Würfel geschnitten, etwa 2 cm)
30 g gemahlene Nüsse (Haselnüsse, Walnüsse oder Mandeln)
20 g Kokosflocken
30 g Rosinen
30 g Zucker
1/2 Liter Milch
100 ml Sahne (geschlagen)

**Zubereitung:**
Milch mit Zucker warm machen, über die Brötchen geben.
Alles mit den übrigen Zutaten vermischen, in eine Backform geben.
Die Sahne über die Mischung geben.
Bei 220 Grad etwa 15 Minuten backen.
Lauwarm servieren.

# Anhang B
# Kurzer Abriss der neueren Geschichte Ägyptens

| | |
|---|---|
| **1917-1922** | Britische Besatzung (Sultan Fouad als höchster ägyptischer Repräsentant). |
| **1922-1952** | Unabhängiges Königreich Ägypten (zunächst unter König Fouad, später unter König Farouk). |
| **1945** | Ägypten gehört zu den Gründungsmitgliedern der Vereinten Nationen. |
| **1952** | Revolution der jungen Offiziere und Staatsstreich von General Naguib. König Farouk wird zur Abdankung gezwungen. |
| **1953** | Ägypten wird Republik. Erster Präsident ist Naguib. Ein Jahr später wird er von Gamal Abdel Nasser abgesetzt. Nasser wird Staatsoberhaupt. |
| **1956** | Verstaatlichung des Suezkanals durch Nasser und Suezkrise. Israel, Frankreich und England greifen militärisch ein. Durch Intervention der UN wird die Krise beigelegt.<br>Außerdem: Einführung des Frauenwahlrechtes. |
| **1958-1961** | Vereinigte Arabische Republik (VAR) durch Zusammenschluss mit Syrien und Nordjemen. |
| **1961** | Auflösung der Vereinigten Arabischen Republik (VAR). |
| **ab 1961** | Sozialistischer Kurs von Nasser. |
| **1967** | im 6-Tage-Krieg gegen Israel geht der Sinai an Israel verloren. |
| **1970** | Tod Nassers und Amtsübernahme durch Anwar el Saddat. |
| **1973** | Jom-Kippur-Krieg gegen Israel, Ausweisung der sowjetischen Militärexperten. Saddat öffnet die Türen des Landes, die vielen Einschränkungen werden gelockert. |
| **1977** | Beginnender Friedensprozess zwischen Ägypten und Israel. Dadurch zunehmende Isolation Ägyptens in der arabischen Welt. |

| 1979 | Abzug der israelischen Truppen aus dem Sinai. |
|------|----------------------------------------------|
| 1981 | Ermordung Saddats. Nachfolger wird Hosni Mubarak. Es folgt eine Notstandsgesetzgebung. Mubarak verfolgt weiterhin den Weg der Verhandlungen und versucht im Palästina-Konflikt zu vermitteln. |
| 1995 | bestätigen Parlamentswahlen die Regierungspartei. Trotz einiger Fehlschläge wird der Friedensprozess in Nahost fortgesetzt. Dies führt zu verstärkter Militanz der Islamisten, die mithilfe der Notstandsgesetze von 1981 bekämpft werden. |
| 2005 | erstmals stehen bei einer Präsidentschaftswahl mehrere Kandidaten zur Wahl. Mubarak wird für eine 5. Amtszeit wieder gewählt. |
| 2007 | Verfassungsreform. |

Mehr über die ägyptische Geschichte im Internet unter **www.lamiz.de**

# Inhalt

Vorwort .......................................................... 5

Betty I.: Manchmal führt der Weg
nach Ägypten über England ........................... 6

Elisabeth H.: Meine große Liebe ............................... 25

Heike B.: Ein Blick wie Feuer ..................................... 44

Margarete H. Ägypten ist meine zweite Heimat ..... 55

Renate H. Ägypten war mein Schicksal! ................... 69

Susan S.: Von Amerika nach Ägypten ...................... 88

Jutta S.: Ein Kästchen mit Skarabäen ...................... 106

Brigitte H.: Ein Zwilling in Ägypten
(und einer in der Schweiz) ........................................ 119

Johanna O. : Trotz allem! ............................................ 135

Hildegard S.: Verheiratet mit einem Kopten .......... 161

Martha H.: Eine Liebe in Deutschland ................... 178

Beate S.: Mein Leben in zwei Welten ....................... 189

Anita W.: Eine Plantage in Ägypten ........................ 204

Ilse T.: Meine vielen Gärten ...................................... 217

Annelies Ismail: Nicht ohne meinen Mann! ........... 240

Schlusswort ................................................................. 267

Anhang A: Ägyptische Küche ................................... 269

Anhang B:
Kurzer Abriss der neueren Geschichte Ägyptens .. 280

## Thema Islam

**Hermann Schulze-Berndt: Abrahams Erben. Moses, Christus, Mohammad.** Warum Juden, Christen und Muslime zur Zusammenarbeit berufen sind. 65 S. 8,50 €. ISBN-10: 3-930761-48-3/ISBN-13: 978-3-930761-48-7

**Sabine Allafi: Bitteres Erbe. Frauenleben in Iran heute.** 3. Aufl. 194 S. 18,00 €. ISBN-10: 3-930761-41-6/ISBN-13: 978-3-930761-41-8

**M.H. Allafi: Islam, Gesellschaft und europäische Moderne.** 300 S. 27,00 €. ISBN-10: 3-930761-27-0/ISBN-13: 978-3-930761-27-2

**M. und S. Allafi: Iran an der Schwelle zur Demokratie?** 140 S. 18,00 €. ISBN-10: 3-930761-33-5/ISBN-13: 978-3-930761-33-3

## Erfahrungen

**Amor Ben Hamida: Tunesier sucht Europäerin – zwecks Heirat.** 140 Seiten. 14,90 Euro. ISBN-10: 3-930761-51-3/ISBN-13: 978-3-930761-51-7

**Irmtraud Habib: Unter der heißen Sonne von Bagdad.** Meine Jahre im Irak. 124 S. 14,00 €. ISBN-10: 3-930761-36-X/ISBN-13: 978-3-930761-36-4

**Irmtraud Habib: Als Bastard geboren.** Die wahre Geschichte einer Kindheit. 120 S. 13,90 €. ISBN-10: 3-930761-61-0/ISBN-13: 978-3-930761-61-6

**Sybill Zweigert: Sind Sie glücklich?** Eine kreative Reise zu sich selbst. 218 S. 12,90 €. ISBN-10: 3-930761-55-6/ISBN-13: 978-3-930761-55-5

**Gerda Blechner: Seelenärzte im Visier.** Die Tragik ihrer Falschdiagnosen. 214 S. 18,00 €. ISBN-10: 3-930761-38-6/ISBN-13: 978-3-930761-38-8

## Weitere Titel:

**Kaouther Tabai: Das kleine Dienstmädchen.** Aus dem Leben tunesischer Frauen. Der andere Orient 20. 174 S. 14,90 €. ISBN-10: 3-930761-39-4/ ISBN-13: 978-3-930761-39-5

**Noshin Shahrokhi: Unerfüllte Träume einer Iranerin.** Roman. 186 S. 15,90 €. ISBN-10: 3-930761-60-2/ISBN-13: 978-3-930761-60-9

**Armin Wertz: Tränen im Heiligen Land.** Erzählung nach einer wahren Begebenheit. 240 S. 19,00 €. ISBN-10: 3-930761-30-0/ISBN-13: 978-3-930761-30-2

**Shmuel Kedi: Jerusalem liegt am Nordpol.** Roman. 150 S. 14,90 €. ISBN-10: 3-930761-59-9/ISBN-13: 978-3-930761-59-3

**Shmuel Kedi: Auf ewig fremd.** Ein Road-Roman. 176 S. 14,90 €. ISBN-10: 3-930761-34-3/ISBN-13: 978-3-930761-34-0

**Sahand Zimmermann: Anahita.** Roman über die alt-iranische Göttin. 180 S. 15,90 €. ISBN-10: 3-930761-49-1/ISBN-13: 978-3-930761-49-4

**Agapi Mkrtchian: Meine andere Hälfte.** Märchen und Poesie aus Armenien. 130 S. 14,90 €. ISBN-10: 3-930761-50-5 / ISBN-13: 978-3-930761-50-0

**Samvel Ovasapian: Onkel Aschot.** Ein Armenier erzählt. 160 S. 14,90 €. ISBN-10: 3-930761-53-X / ISBN-13: 978-3-930761-53-1

**Shirin Kumm (Hrsg.): Von fernen Gefühlen und Orten.** Neun Autorinnen erzählen. 106 S. 13,80 €. ISBN-10: 3-930761-45-9/ISBN-13: 978-3-930761-45-6

**Massoud Atai: Irrwege der Leidenschaft.** Eine Novelle und weitere Erzählungen. 128 S. 14,90 €. ISBN-10: 3-930761-44-0/ISBN-13: 978-3-930761-44-9

**Karsten Masch: Im Zweifel aller Dinge.** Roman. 260 S. 19,00 €. ISBN-10: 3-930761-32-7/ISBN-13: 978-3-930761-32-6

**Liz Wieskerstrauch: Mitten im Film.** Roman aus dem Filmemacher-Milieu. 284 S., geb. 18,90 €. ISBN-10: 3-930761-24-6/ISBN-13: 978-3-930761-24-1

**Martin Rudiger: Poetischer Schachzug.** Kurzprosa und Lyrik. 118 S. 11,80 €. ISBN-10: 3-930761-29-7/ISBN-13: 978-3-930761-29-6

**Depp Zonzen: Trash.** Geschichten aus Religion und Kultur. 90 S. 9,80 €. ISBN-10: 3-930761-58-0/ISBN-13: 978-3-930761-58-6

## Iranische Literatur bei Glaré

**Simin Daneshwar: Drama der Trauer.** Savushun. Roman. 368 S., gebundene Ausg. 20,35 €. ISBN-10: 3-930761-07-6/ISBN-13: 978-3-930761-07-4

**Moniro Ravanipur: Die Steine des Satans.** Erzählungen. 132 S. 15,25 €. ISBN-10: 3-930761-04-1/ISBN-13: 978-3-930761-04-3

**Ahmad Mahmud: Die Rückkehr.** Roman. 208 S., gebundene Ausgabe. 18,90 €. ISBN-10: 3-930761-06-8/ISBN-13: 978-3-930761-06-7

**Esmail Fassih: Winter '83.** Roman aus der Zeit des 1. Golfkriegs. 400 S. 20,35 €. ISBN-10: 3-930761-11-4/ ISBN-13: 978-3-930761-11-1

## Unsere Anthologien

**Mina mit dem blauen Kleid.** Moderne Erzählungen iranischer Frauen. 200 S. 20,35 €. ISBN-10: 3-930761-13-0/ISBN-13: 978-3-930761-13-5

**Das kleine Geschenk.** Eine Anthologie moderner iranischer Erzählungen. 192 S., geb. 15,25 €. ISBN-10: 3-930761-01-7/ISBN-13: 978-3-930761-01-2

**Ein Bild zum Andenken.** Eine zweite Anthologie moderner iranischer Erzählungen. 240 S. geb. 17,80 €. ISBN-10:3-930761-08-4/ISBN-13: 978-3-930761-08-1

**Östliche Brise.** Ein literarisches Forum. 168 S. 15,25 €. ISBN-10: 3-930761-12-2/ISBN-13: 978-3-930761-12-8

## Lyrik bei Glaré

**Dirk Sörnsen: Gott – Geist – Menschheit.** Auf der Suche nach dem Sinn. 110 S. 7,80 €. ISBN-10: 3-930761-37-8/ISBN-13: 978-3-930761-37-1

**Anja Steinert: Und dann ...** bleiben die Hoffnung und die Erinnerung. Gedichte. 40 S. illustriert. 9,00 €. ISBN-10:3-930761-52-1/ISBN-13: 978-3-930761-52-4

**Olaf Hagedorn: Ewiges Verlangen.** Poesie für Frieden, Liebe, Menschlichkeit. 128 S. 14,00 €. ISBN-10: 3-930761-47-5/ISBN-13: 978-3-930761-47-0

❦❦❦❦❦❦❦❦❦❦❦

Glaré Verlag, der ein Auge hat,
das andere haben Sie!
www.glareverlag.de

GLARÉ

❦❦❦❦❦❦❦❦❦❦❦